INHALT

VORWORT

Die Biologische Systematik „schafft die Voraussetzung für die Identifizierung von Organismen und ermöglicht den Zugang zu der über sie vorhandenen Information. Damit liefert sie für die Ökologie und andere experimentell arbeitende biologische Disziplinen die Grundlagen für den Vergleich und die Reproduzierbarkeit von Ergebnissen." Da sie andererseits aber bei ihrem Vorgehen auf die Ergebnisse aller biologischen Disziplinen zurückgreift, hat sie eine „integrierende Funktion". Schließlich ging von ihr auch der „Anstoß zur Formulierung der neuen synthetischen Evolutionstheorie" aus. „Auch Populationsbiologie, Populationsgenetik sowie das weite Feld der Evolutionsbiologie haben seit ihrer Entstehung immer wieder wesentliche Impulse von der Systematik erhalten und können nicht ohne enge Wechselbeziehungen zu ihr bestehen."

Trotz dieser positiven Bilanz in einer Denkschrift der Deutschen Forschungsgemeinschaft (Kraus & Kubitzki 1982) besteht über Ziele und Grundlagen der Biologischen Systematik selbst bei vielen Biologen eine mitunter sehr gepflegte Unkenntnis, mit der Konsequenz, daß die Systematik (oder Taxonomie) weithin als überholt und überflüssig angesehen wird. In einer Zeit des zunehmenden Interesses an der Ökologie, „die ihrerseits auf taxonomische Grundlagenforschung zwingend angewiesen ist", wird der notwendigen Kenntnis der vielfältigen Organismenarten und den übrigen Belangen der Biologischen Systematik im Unterricht an den höheren Schulen und in der Lehre an den meisten Universitäten kaum ausreichende Beachtung geschenkt. Darüber hinaus gelangt die genannte Denkschrift zu der Feststellung: „vor allem in der Bundesrepublik, aber auch in anderen europäischen Ländern, zeichnen sich erhebliche quantitative wie qualitative Erosionserscheinungen der Forschungskapazitäten ab ..."

Es besteht daher Anlaß, in einer einführenden Darstellung für Biologen und interessierte Laien Grundlagen und Ziele der Biologischen Systematik zu erörtern, wobei selbstverständlich auch den vieldiskutierten Ansichten über den Artbegriff und den verschiedenen Ergebnissen über Wege der Artbildung Rechnung zu tragen ist. Dies soll nicht ohne Bezug auf theoretische und erkenntniskritische Grundlagen, aber dennoch in der für eine Einführung gebotenen Kürze geschehen. Über die genannten Themenbereiche gibt es zudem eine beachtliche Reihe guter, von kompetenten Autoren verfaßter Darstellungen mit unterschiedlichen Akzentsetzungen, auf die wir – freilich in Auswahl – verweisen müssen. Überhaupt erschien es uns erforderlich, wichtige Fragen aufzugreifen, dann aber dem Leser durch entsprechende Literaturhinweise einen

Zugang zum gründlicheren Studium der verschiedenen Themenbereiche und Sachgebiete zu erschließen. Dies gilt ebenso für die Darstellung der in der Biologischen Systematik gebräuchlichen Arbeitsmethoden unter Berücksichtigung auch der verschiedenen biologischen Disziplinen, deren Ergebnisse in größerem Ausmaß zur Klärung der Verwandtschaftsverhältnisse der Organismengruppen herangezogen werden. Dabei haben wir versucht, auch möglichst viele praktische Hinweise zu liefern, bis hin zu Verzeichnissen über Botanische und Zoologische Museen und bis zur Handhabung der wichtigsten internationalen Nomenklaturregeln. Auch hier gibt es eine Anzahl guter und nützlicher Handbücher zur Arbeitsmethodik, auf die hinzuweisen wir uns besonders angelegen sein ließen.

Beide Verfasser sind Botaniker – wir haben uns dennoch bemüht, bei unseren theoretischen Erörterungen auch Aspekte der Zoologie zu berücksichtigen und auch Hinweise auf die Arbeitsmethoden der Zoologischen Systematik einzuschließen. Es versteht sich wohl von selbst, daß dabei keine Vollständigkeit erreicht werden konnte, ja daß im begrenzten Rahmen dieses Buches manche Fragestellungen nur kurz erwähnt, andere sogar überhaupt nicht berührt werden konnten. Zumindest hoffen wir, mit Hinweisen auf speziellere Literatur und einschlägige Handbücher ausreichende Informationen gegeben zu haben.

Für die Bearbeitung einzelner Themenbereiche wurde uns verschiedentlich die Hilfe von Kollegen zuteil, die uns mit sachkundigen Erläuterungen und fördernder Kritik sowie Literaturhinweisen zur Seite standen oder uns bei der Erstellung der Abbildungsvorlagen halfen. Ihnen allen gilt unser Dank, unter ihnen vor allem Frau Dr. Evelyn Böhnke-Gütlein, Beimerstetten, Frau Dipl. Biol. Monika Briechle, Ulm, Frau Dipl. Biol. Brigitte Krach, Ulm/Pappenheim, und den Herren Prof. Dr. Wilhelm Barthlott, Bonn, Prof. Dr. Heinz-Dietmar Behnke, Heidelberg, Prof. Dr. Detlef Bückmann, Ulm, Prof. Dr. Hans-Joachim Conert, Frankfurt, Prof. Dr. Werner Funke, Ulm, Prof. Dr. Wolfgang Frey, Berlin, Prof. Dr. Wilhelm Inthoff, Mainz/Bingerbrück, Prof. Dr. Arndt Kästner, Halle, Prof. Dr. Otto Kraus, Hamburg, Dr. Pieter W. Leenhouts, Leiden, Dipl. Biol. Ulrich Mäck, Ulm, Dr. Hermann Muhle, Ulm, Prof. Dr. Helmut Schraudolf, Ulm, Dr. Jörg Stumpp, Ulm/München. Dem Springer-Verlag, Heidelberg, danken wir für die Überlassung der Klischees zu den Abbildungen 8 und 17. Für ihre wesentliche Hilfe bei der Anfertigung der Abbildungsvorlagen danken wir der Graphikerin der Abt. Spezielle Botanik der Universität Ulm, Frau Graciela Hintze.

1. SYSTEMATISIEREN ALS VORAUSSETZUNG WISSENSCHAFTLICHER ERKENNTNIS

Zu Beginn eines der Biologischen Systematik gewidmeten Buches erscheint der Hinweis angebracht, daß Systematisieren, d.h. „die Gliederung eines Stoffes oder Gegenstandsbereichs nach sachlichen und logischen Zusammenhängen“ vorzunehmen (BROCKHAUS 1973, Bd. 18), ein allgemeiner, wesentlicher Bestandteil unseres Denkens und eine unerläßliche Voraussetzung wissenschaftlichen Arbeitens ist. Ohne das Ordnen von Objekten, Beobachtungen, Sachverhalten und Gedanken nach übergeordneten Prinzipien und an Hand geeignet erscheinender Kriterien ist weder ein Überblick über den Untersuchungsbereich und den bisherigen Stand der Kenntnisse noch eine sinnvolle Zuordnung von Fakten zu Problembereichen möglich – ganz abgesehen von der Entwicklung allgemeiner Theorien, Arbeitshypothesen oder der Formulierung „sinnvoller“ Fragen. Dies gilt unabhängig von der Beantwortung der Frage, ob das angewandte Ordnungsprinzip einer Realität im ontologischen Sinne entspricht oder subjektiv bestimmt ist.

Um über eine große Fülle von Objekten Überblick zu erlangen, müssen diese Objekte zunächst gegeneinander abgegrenzt und dann in zweckentsprechende Gruppen zusammengefaßt werden. „Zweckentsprechend“ heißt hierbei vor allem auch, daß man die Gruppen zu unterscheidender „Objekte“ so umgrenzt, daß man damit arbeiten kann – so wie es beim Begriff der Art in der Biologie im allgemeinen der Fall ist. Wie später auszuführen sein wird, schließt dies die Berücksichtigung einer begrenzten Variabilität mit ein. In entsprechender Weise verfahren wir immer wieder im Alltag, etwa wenn man in einer Werkstatt Schrauben von Nägeln trennt und sie weiter nach Länge und Dicke, der Form des Kopfes usw. unterteilt. Nach diesem Verfahren der immer wieder neuen Gegenüberstellung von mindestens zwei Alternativen gehen üblicherweise auch die botanischen und zoologischen Bestimmungsbücher vor, um den Namen einer Pflanze oder eines Tieres an Hand von Eigenheiten ihrer Form herauszufinden. Diese wiederholte Einteilung nach den verschiedenen Ausprägungen von Merkmalen ist der Beginn der Analyse und daher auch der Systematik.

Entsprechend der fortschreitend sich gabelnden Unterteilung (Dichotomie) weist das beschriebene Ordnungssystem eine hierarchische Struktur nach über- und untergeordneten Kriterien auf, wobei die kleineren Einheiten jeweils in die größeren „eingeschachtelt“ sind. Jede der untergeordneten Einheiten ist dabei sowohl durch ihre spezifischen Kriterien als auch durch die Gesamtheit der Merkmale aller sie einschließenden Einheiten höherer Kategorie charakterisiert. Diese „Enkapsis“ ist ein allgemeiner Grundzug der hier skizzierten Ordnungssysteme und unabhängig davon, ob den zur Klassifizierung herangezogenen Kriterien auch über die vorgenommene Einteilung hinaus eine dem Ordnungsrang entsprechende Bedeutung zukommt.

Beim Systematisieren von Objekten aus der belebten Natur, also in der Systematischen Botanik und der Systematischen Zoologie, ist allerdings das Bestreben schon darauf gerichtet, in der Natur deutlich erkennbare, konstant auftretende Unstetigkeiten und Unterschiede zur Abgrenzung natürlicher Gruppen jeweils als gleichförmig anzusehender Individuen heranzuziehen und bei der Auswahl der Klassifikationskriterien möglichst den „natürlichen Zusammenhängen“ dadurch gerecht zu werden, daß man die Korrelation zwischen vielen Merkmalen berücksichtigt, womit das Klassifikationssystem erheblich „aussagekräftiger“ wird. Das Charakteristische solcher (auf der Erkenntnis allgemeiner Baupläne – vgl. S. 18 ff. – beruhender) Systeme ist, daß die Glieder einer systematischen Einheit auch Übereinstimmungen in vielen Eigenschaften zeigen, die bei der Klassifikation gar nicht in Betracht gezogen wurden und die zu den Klassifikationskriterien offensichtlich nicht in unmittelbarem Zusammenhang stehen. So ist z. B. – ohne erkennbaren Grund – der Konstruktionstyp des Vegetationskörpers der einkeimblättrigen Pflanzen (Monokotylen), insbesondere das Fehlen eines Leitbündelkambiums und folglich auch des für zweikeimblättrige Pflanzen üblichen kambialen sekundären Dickenwachstums weithin mit dem Auftreten eines bestimmten Typs von Pollenkörnern (monocolpat, d. h. mit 1 Keimspalte) und einem dreizähligen Blütendiagramm gekoppelt. Solche Feststellungen bestärken uns in der Auffassung, daß die Monokotylen tatsächlich eine Art „natürlicher Gruppe“ darstellen, und bestätigen unsere unausgesprochene Voraussetzung, daß es so etwas wie ein „natürliches System der Organismen“ geben müsse.

Die Ähnlichkeit der in dieselbe systematische Klasse eines derartigen Systems eingeordneten Organismen reicht somit in diesem und in vielen ähnlichen Fällen weit über die Übereinstimmung in den zur Einteilung verwendeten Kriterien hinaus, und die Einordnung an einem bestimmten Platz eines solchen Systems impliziert stets eine Fülle weiterer Aussagen über Bau und Funktionsweisen eines Organismus und über Ähnlichkeiten und Unähnlichkeiten mit anderen Organismen. Ohne nähere Untersuchung darf man z. B. unterstellen, daß ein als Insekt klassifiziertes Tier ein Tracheensystem, drei Paar Mundwerkzeuge und viele andere Baumerkmale besitzt, die allesamt zum Merkmalbestand der Insekten gehören. Die daraus sich ergebende Orientierungsmöglichkeit für Wissenschaft und Praxis wird ständig mit einer solchen Selbstverständlichkeit genutzt, daß man sich der unabdingbaren Voraussetzungen meist gar nicht mehr bewußt ist.

In den in mehr oder minder starkem Maße „natürlichen Systemen“ ist die hierarchisch-enkaptische Struktur Ausdruck einer Ordnung nach abgestufter

Ähnlichkeit (enkaptische Gradation). Daß die Natur selbst systemhaft aufgebaut sei, wird – wie bereits angedeutet – im allgemeinen vorausgesetzt, und im Hinblick auf die Welt der Organismen erscheint dies sogar evident, wobei sich nun freilich die Frage nach dem Zustandekommen der durch das System gewissermaßen abgebildeten Ordnung erhebt. Die „Idealistische Morphologie" der Goethezeit gab darauf eine andere Antwort als die Epoche nach DARWIN mit ihrer Erklärung im Sinne der Evolutionstheorie, welche die abgestufte Ähnlichkeit der Organismen als Hinweis auf ihren genealogischen Zusammenhang erklärt.

Ungeachtet der theoretischen Begründung konnte die Biologie bis heute gute Erfahrungen mit den Möglichkeiten der Orientierung und Voraussagen sammeln, welche das bisher erarbeitete System der Organismen in all seiner Unvollkommenheit jetzt schon bietet. Es erscheint daher lohnend, den „natürlichen Zusammenhängen" der Organismen weiterhin nachzuspüren und das „natürliche System" der Organismen bis in alle Auszweigungen hinein zu erforschen. Das gilt erst recht, wenn sich die in diesem System abgebildete abgestufte Ähnlichkeit der Organismen als Ausdruck stammesgeschichtlicher Zusammenhänge darstellt, wie es die Evolutionstheorie behauptet. Wir haben dabei allerdings auch die Frage nach der Realität der systematischen Kategorien zu stellen, also zu fragen, ob Art, Gattung und Familie nur Hilfskonstruktionen unseres Ordnungssystems sind oder ob ihnen darüber hinaus auch eine Strukturierung in der Formenfülle der Organismen entspricht. Das gilt vor allem für den Begriff der Art, die einerseits als Grundelement unseres Systems der Organismen betrachtet wird, andererseits aber nach DARWINS ›On the origin of species‹ das eigentliche Objekt des Wandels im Verlaufe der Erdgeschichte sein soll.

2. GRUNDLAGEN UND ZIELE DER BIOLOGISCHEN SYSTEMATIK

2.1 Aufgaben der Biologischen Systematik

2.1.1 Zielsetzung

Wesentliche Fortschritte biologisch-medizinischer Erkenntnisse wie auch drängende Probleme des Umweltschutzes haben die Biologie in den letzten Jahrzehnten in den Mittelpunkt allgemeinen Interesses gerückt. Dabei haben die physiologisch-chemisch ausgerichteten Disziplinen in Forschung und Lehre ein beträchtliches Übergewicht erlangt und man billigt ihnen bisweilen sogar einen „größeren Erkenntniswert" zu. Ein bekanntes Biologie-Lehrbuch empfiehlt seine neueste Auflage sogar mit dem Hinweis, daß die „Systematik deutlich gestrafft" – lies: zugunsten der übrigen Textteile stärker gekürzt – wurde.

Grundsätzlich hat die Systematik jedoch keineswegs an Bedeutung für die Biologie verloren. Sie ist es, welche nach wie vor grundlegende Voraussetzungen für die Arbeit der anderen Disziplinen sicherstellt.

Allen diesen Disziplinen geht es letztlich um die Erkenntnis allgemeiner biologischer Gesetzmäßigkeiten. Diese Erkenntnisse können jedoch nicht durch die Untersuchung einer einzelnen Pflanze oder eines einzelnen Tieres von begrenzter Lebensdauer gewonnen werden: „Sämtliche Ergebnisse biologischer Untersuchungen, in welchem Teilgebiet der Biologie sie auch gewonnen werden, haben nur unter der Bedingung Sinn, daß ihnen ein bestimmter, über diejenigen Individuen (Einzelorganismen), an denen sie gewonnen wurden, hinausgehender Geltungsbereich zugesprochen werden kann" (Hennig 1982, S. 15). Sie müssen also für bestimmte Individuen-Gruppen gültig sein. In erster Linie sind dies solche Gruppen, die wir in der Systematik als „Art" bezeichnen.

„Wenn das allen Einzelerscheinungen zugrunde liegende allgemein gültige, also wesenhafte Geschehen erkannt werden soll, so müssen erst die Einzelerscheinungen selbst und ihre Träger nach Möglichkeit bis ins kleinste bekannt sein", schreibt Dürken (1949, S. 2). Es ist somit eine wichtige Aufgabe, alle Organismenarten zu erfassen und ein vollständiges Bild über die Mannigfaltigkeit der Organismen und ein Verständnis für die zwischen ihnen bestehenden Formzusammenhänge zu gewinnen. Dazu ist andererseits aber erforderlich festzustellen, was als gleichförmig und was als ungleichförmig zu werten ist. Voraussetzung für beides ist, so viel wie möglich an Daten über Form, Lebensweise, Verbreitung, Veränderlichkeit, genetisches Verhalten, Biochemie – bis hinein in die Molekularbiologie – und alle anderen Eigenschaften der Organismen in Erfahrung zu bringen. Das ist nur möglich, wenn man 1. eine eindeutige Kennzeichnung und Abgrenzung der als „gleichartig" oder „ungleichartig" anzusehenden Organismen vornimmt und 2. die große Formenfülle in einem übersichtlichen System gliedert, das allerdings – wie im vorigen Kapitel bereits angedeutet wurde – weit mehr zu leisten vermag als ein bloßes „Schubladensystem".

„Es ist eine der Hauptaufgaben der Systematik, durch Vergleich zu bestimmen, welches die einzigartigen Besonderheiten jeder Art und jedes höheren Taxons sind. Eine andere Aufgabe besteht darin, zu ermitteln, welche Besonderheiten gewisse Taxa gemeinsam haben und welches die biologischen Ursachen für Unterschiede oder gemeinsame Merkmale sind. Schließlich befaßt sie sich mit der Variation innerhalb der Taxa. Durch diese Aufgabengebiete erhält die Systematik innerhalb der biologischen Wissenschaften eine einmalige, unentbehrliche Stellung. Erst die Klassifikation macht die organische Vielgestaltigkeit für die anderen biologischen Disziplinen zugänglich" (so MAYR 1975 in der Übersetzung von KRAUS).

Die Bewältigung der genannten Aufgaben erfolgt im wesentlichen durch zwei einander ergänzende Arbeitsrichtungen, die analytisch-deskriptiv arbeitende Pflanzen- und Tierbeschreibung (*Phytographie* und *Zoographie*) und die vergleichend-synthetisch orientierte *Systematik im engeren Sinne*.

Aufgabe der *Phytographie* bzw. *Zoographie* ist es, von allen systematischen Einheiten, den Pflanzen„sippen" und Tier„sippen", eine so vollständige Beschreibung zu geben, daß man die beschriebene Sippe jederzeit wiedererkennen und von anderen, eventuell sehr ähnlichen, unterscheiden kann. Dies geschieht durch eine Formanalyse und die Beschreibung des jeweils vorliegenden Organismus und seiner einzelnen Organe mit Hilfe einer Terminologie, deren Begriffe möglichst eindeutig definiert und in ihrem Gebrauch möglichst streng fixiert sind.

Auch wenn bei der Beschreibung pflanzlicher und tierischer Organismen schon aus praktischen Gründen (vgl. S. 56) meist morphologische und anatomische Eigenschaften im Vordergrund stehen, so ist das Bestreben heute immer stärker darauf gerichtet, auch cytologische, physiologische und phytochemische oder andere Eigenarten mit zu erfassen. Bei der Beschreibung und Klassifikation der an morphologischen Merkmalen armen „niederen" Organismen, wie Bakterien, stehen solche Eigenschaften sogar im Vordergrund.

Wesentlich ist jedoch nicht allein die Beschreibung, sondern auch die Feststellung der gegenseitigen Abgrenzung von Organismengruppen an Hand durchgreifender Unterschiede, wobei es sich nicht nur um Arten, sondern auch um Gattungen oder Rassen, also *Sippen – Taxa* (Einzahl: *Taxon*) höheren oder niedrigeren Ranges handelt. „Ein Taxon ist eine Gruppe von Organismen, die als formale Einheit auf irgendeiner Stufe der hierarchischen Klassifikation gewertet wird" (MAYR 1975, S. 16). Diese Abgrenzung der Sippen und ihre Einstufung als höhere oder niedrigere Kategorie wird oft als *Taxonomie* („Ordnungslehre") bezeichnet: „Taxonomie ist die Theorie und Praxis der Klassifikation der Organismen (E. MAYR 1975, S. 14). Weithin, zumal im angelsächsischen Bereich, wird dieser auf A. P. DE CANDOLLE (1813, S. 28) zurückgehende Begriff heute an Stelle der Bezeichnung *Systematik* gebraucht.

Die voneinander unterschiedenen und ihrer Kategorie nach bestimmten Sippen müssen durch eindeutige Namen gekennzeichnet werden. Dafür bildet sowohl in der Botanik als auch in der Zoologie die Kategorie der Art den Ausgangspunkt. Ihr wissenschaftlicher Name besteht jeweils aus zwei lateinischen bzw. latinisierten Wörtern *(binäre Nomenklatur)*, von denen das erste, mit großem Anfangsbuchstaben geschriebene der Gattungsname ist (z. B. *Turdus* für die Drosseln), der mit einem die betreffende Art kennzeichnenden Epitheton (z. B. *merula*) kombiniert wird (also *Turdus merula*, Schwarzdrossel, Amsel). Mit dieser binären Nomenklatur wird die Amsel eindeutig benannt und von allen anderen Tieren unterschieden, zugleich aber auch in die Verwandtschaft der anderen Drosselarten – etwa *Turdus philomelos* (Singdrossel) – gestellt. Ähnlich wird das weißblühende Buschwindröschen, *Anemone nemorosa*, gegenüber *Anemone ranunculoides*, dem in vielfacher Hinsicht sich unterscheidenden Gelben Buschwindröschen, gekennzeichnet. Aufstellung und Gebrauch der wissenschaftlichen Sippenbeziehungen sind durch internationale Regeln der botanischen und zoologischen Nomenklatur (vgl. S. 156/159) festgelegt, wobei die zoologische Nomenklatur von der botanischen unabhängig ist. Übereinstimmung herrscht jedoch darin, daß bei der Originalbeschreibung eines neuen Taxons ein Typusexemplar (z. B. eine herbarisierte Pflanze) zu bezeichnen ist, auf das sich diese Beschreibung bezieht (vgl. S. 156).

2.1.2 Die diskontinuierliche Variabilität als Grundlage für die Unterscheidung von Sippen

Es ist jedoch daran zu erinnern, daß man in der Praxis stets von Untersuchungen an Individuen und nicht von der Betrachtung von Arten oder anderen systematischen Einheiten ausgeht. Wir untersuchen gewöhnlich eine mehr oder minder große Anzahl von Vertretern aus einem Bestand von uns gleichartig erscheinenden (und von anderen, unter Umständen ähnlichen deutlich unterscheidbaren) Individuen, die ein bestimmt umgrenztes Gebiet (Areal) besiedeln; wir bezeichnen einen solchen Bestand von Individuen als eine *Population*. Im allgemeinen setzen wir voraus, daß sich die Individuen einer Population auch sexuell untereinander fortpflanzen und wir betrachten eine Population somit zugleich als eine *Fortpflanzungsgemeinschaft (Gamodem)* mit einem gemeinsamen Grundbestand an Genen (Genpool). Auch von den Angehörigen verschiedener Populationen der als gleichartig betrachteten Individuen erwarten wir, daß sie sich sexuell untereinander fortpflanzen können. So gut wie irgend möglich versuchen wir, die Eigenschaften der Vertreter der untersuchten Populationen und die Unterschiede gegenüber anderen, unter Umständen in mancher Hinsicht ähnlichen Organismen herauszufinden und sie auf diese Weise eindeutig zu charakterisieren.

Es ist nun keineswegs selbstverständlich, daß die beschriebene Unterscheidung von Gruppen jeweils ähnlicher Individuen, also von Sippen, überhaupt möglich ist. Es erscheint vielmehr durchaus als denkbar, daß die mannigfaltigen Formen der Organismen kontinuierlich durch Übergangsformen miteinander verbunden sein könnten.

Bei Pflanzen und Tieren beobachten wir, daß kein Individuum dem anderen völlig gleicht. Auch Individuen, die wir derselben Art oder Rasse zurechnen, selbst Geschwister, zeigen in ihrem Aussehen vielerlei mehr oder minder auffällige Verschiedenheiten, man achte einmal auf die unterschiedliche Zahl der Blütenblätter bei nebeneinander wachsenden Buschwindröschen oder auf deren Färbung!

Wenn man jedoch „sehr viele Lebewesen vergleichend betrachtet, bemerkt man sofort, daß die festgestellte Variabilität keine Zufallsverteilung darstellt. Statt dessen findet man eine große Anzahl voneinander abgegrenzter Gruppen. Die Welt der Lebewesen ist also mit anderen Worten nicht eine einfache Aneinanderreihung von Individuen, bei der je zwei Varianten durch Zwischenstufen verbunden sind, sondern es handelt sich um eine Aneinanderreihung mehr oder weniger deutlich getrennter Reihen, zwischen denen es keine oder nur selten Übergänge gibt“ (Dobzhansky 1939, S. 1/2).

Es herrscht somit kein „Formenkontinuum“, sondern „eine gruppenweise Anordnung bestimmter Merkmalsverteilungen“ (Dobzhansky 1939, S. 214), und zwar in der Weise, daß wir einerseits bei einer Gruppe von Individuen – etwa Angehörigen ein und derselben Art *(Anemone nemorosa)* – eine starke Gleichförmigkeit beobachten, andererseits eine Ungleichförmigkeit zwischen Angehörigen verschiedener Arten *(A. nemorosa – A. ranunculoides)* vorfinden, die nicht durch Zwischenformen überbrückt wird. Diese *diskontinuierliche Variation* (Dobzhansky 1939) bildet die Grundlage dafür, daß wir „natürliche Sippen“ unterscheiden können – unabhängig davon, wie man die Existenz dieser Sippen theoretisch begründen mag. Dabei dienen gewöhnlich einzelne besonders hervorstehende und konstante Eigenschaften (z.B. die gelben Blüten von *Anemone ranunculoides* gegenüber den weißen von *A. nemorosa*) als Merkmale zum Erkennen. Mit der Registrierung dieser Erkennungsmerkmale verbindet sich zugleich die Erwartung, daß diese auch in der Folge der Generationen konstant erhalten bleiben, mit anderen Worten: mit dem Begriff einer Organismen-Art verknüpfen wir die Vorstellung, daß diese – ungeachtet einer gewissen Variabilität (siehe unten) – stets wieder gleichartige Nachkommen erzeugt. „Pflanzen, die vom gleichen Samen abstammen und ihre Eigenart durch Aussaat weiter fortpflanzen, stimmen der Art nach überein", hatte schon JOHN RAY (1628–1705) in seiner Schrift ›Historia Plantarum‹ (1686–1704) definiert.

Die Aufgabe, die Unterschiede und Abgrenzungen zwischen den Organismengruppen möglichst genau herauszufinden, wird mit zunehmender Anzahl der erfaßten Organismen immer schwieriger. Sie erfordert die Berücksichtigung immer neuer Merkmale und eine ständige Verfeinerung der Betrachtungsweise. Man bedenke nur, daß zu den seit LINNÉ (und früher) bekannten ca. 20 *Anemone*-Arten, zu denen außer *A. nemorosa* und *A. ranunculoides* auch die großblütige weiße behaarte *A. sylvestris* und die Küchenschelle, *A. pulsatilla* (heute korrekt: *Pulsatilla vulgaris* MILL.) gehören, inzwischen etwa 100 weitere Arten beschrieben wurden! Noch vor Abschluß einer ersten Inventarisierung besteht daher bereits wieder die Notwendigkeit, die Merkmalskataloge schon bekannter Sippen zu vervollständigen und die Abgrenzungen zwischen einander ähnlichen Sippen zu überprüfen.

Selbstverständlich ist dabei auch der schon erwähnten Variabilität Rechnung zu tragen, mag diese nun durch Verschiedenheit der Lebens- bzw. Entwicklungsbedingungen oder durch erblich bedingte Unterschiede zustandekommen. Als Beispiel für Verschiedenheiten, die äußeren Einflüssen zuzuschreiben sind, mögen etwa die auffälligen Unterschiede zwischen Pflanzen genannt sein, die derselben Art angehören, oft sogar von derselben Mutterpflanze stammen, jedoch im Licht oder im Schatten heranwuchsen. In vielen Lehrbüchern der Botanik findet man Abbildungen von einer halbierten Löwenzahnpflanze, von der die eine Hälfte ins Tiefland, die andere ins Hochgebirge verpflanzt wurde (Abb. 1).

Diese, auf die Untersuchungen BONNIERS (1985) zurückgehenden Beispiele zeigen die oft erstaunliche Anpassungsfähigkeit pflanzlicher Individuen, die freilich nicht unbegrenzt, sondern in einem Spielraum genetisch festgelegt ist, den man als die *Reaktionsnorm* einer Pflanze bezeichnet. Noch erstaunlicher als beim Löwenzahn, dessen Modifikationen sich vor allem in der Größe unterscheiden, ist der Spielraum der Reaktionsnorm beim Wasserknöterich, der bezeichnenderweise den wissenschaftlichen Namen *Polygonum amphibium* L. trägt. In der Schwimmpflanzenzone stehender oder langsam flutender Gewässer bildet diese Pflanze lange, flutende, meist mäßig verzweigte Stengel mit langgestielten länglich-eiförmigen Schwimmblättern, welche denen des Schwimmenden Laichkrautes ähneln. In der Uferzone desselben Gewässers kann man dieselbe Art in ihrer Landform finden, die sich durch ihren steif-aufrechten, ringsum beblätterten Stengel und länglich-lanzettliche kurzgestielte, graugrüne statt dunkelgrüne Laubblätter so sehr von der Wasserform unterscheidet, daß man zweifelt, ob es sich wirklich um dieselbe Art handelt. Dies um so mehr, als sich die Landform auch in ihrer Anatomie, z. B. in der Ausbildung festigender Elemente im Stengel und der Rückbildung der Hohlräume

Abb. 1: Modifikationen von Taraxacum officinale L. Von derselben Pflanze wurde die eine Hälfte an einen Standort im Hochgebirge verpflanzt und wuchs dort zur Pflanze M (in M′ stärker vergrößert) heran, die andere Hälfte (P) wuchs in der Ebene auf (nach Bonnier 1895).

ganz erheblich von der Wasserform unterscheidet. Bezeichnend ist zudem, „daß die eine klebrige Flüssigkeit absondernden Drüsenhaare nur bei der Landform vorkommen; sie dürften als Schutz gegen Insektenfraß dienen" (*Hegi* 2. Aufl., Bd. III/1, S. 414, 1957/58). Beobachtungen lehren jedoch, daß sich die Pflanzen tatsächlich in der geschilderten Weise an das Leben im Wasser oder auf dem Land anpassen können, zwischen Land- und Wasserform gibt es mancherlei Übergangsformen mit – entsprechend dem Wasserstand – niederliegend aufsteigendem Wuchs.

Außer der Ausbildung solcher „Standortsformen“ oder *Modifikationen* kennen wir auch zahlreiche unmittelbar genetisch fixierte Unterschiede, wie in der Haarfarbe oder der Augenfarbe beim Menschen – Unterschiede, die auch zwischen Geschwistern oder zwischen Eltern und Kindern auftreten können.

Die Erfassung der Merkmale und ihrer Abänderungen bei einer Sippe kann erheblich erschwert werden durch regelmäßig auftretende Unterschiede zwischen Individuen verschiedenen Geschlechts *(Sexualdimorphismus)* oder die mit Arbeitsteilung verknüpfte unterschiedliche Form und Größe von Individuen, wie sie etwa bei staatenbildenden Insekten zu beobachten ist (Abb. 2, III–VII *Polymorphismus*), oder durch den sogenannten *Saisondimorphismus*, für den die Frühjahrs- und Sommerform des Landkärtchens (*Araschnia levna* [LINNÉ], Abb. 2: I, II) wohl das bekannteste Beispiel ist. Hier sind ferner die *Larven* vieler Tiere, aber auch die nach Gestalt und Organisationshöhe oft überaus verschiedenen Individuen zu nennen, welche bei Tieren und Pflanzen die aufeinanderfolgenden Stadien eines mehr oder minder komplizierten formenreichen *Generationswechsels* repräsentieren können, so etwa Polyp und Meduse der Scyphozoen oder die verschiedenen Generationen parasitischer Würmer (Kleiner Leberegel, *Distomium lanceolatum* [MEHL]) oder vieler Algen und Pilze. Nicht selten wurden tierische oder pflanzliche Organismen beschrieben und in sehr verschiedene Verwandtschaftskreise eingeordnet, die man später als Repräsentanten der verschiedenen Generationen im Entwicklungszyklus ein und derselben Art identifizieren konnte. Die unter dem Gattungsnamen *Codiolum* beschriebenen bläschenförmigen Sporophyten verschiedenster Grünalgengruppen mögen als Beispiel dafür dienen. Im Grunde kennt man ein Taxon erst, wenn man seinen vollständigen Entwicklungszyklus kennt.

Um die phänotypische und genotypische Variabilität einer Sippe zu erfassen und die Sippe trotz aller unterschiedlichen Merkmalsausprägungen gegen andere abgrenzen zu können, bedient man sich verschiedener Methoden, z. B. der statistischen Erfassung der Merkmalsvariabilität (*Variationsstatistik)* und Darstellungen von Merkmalsverteilungen durch Streudiagramme, Merkmalspolygone oder Merkmalstabellen (vgl. S. 142) und numerischer Verfahren bei der Auswertung der Merkmalskataloge, mit Einschluß moderner Datenverarbeitungsmethoden. Dabei versucht man die bei der Begrenzung von Sippen unweigerlich auftretenden subjektiven Momente soweit wie irgend möglich auszuschalten (vgl. S. 25, 140ff.).

Die „Bestandsaufnahme“ der Pflanzen- und Tiersippen ist auch heute noch von einem vorläufigen Abschluß weit entfernt. Selbst die Pflanzen- und Tierbestände – Flora und Fauna – der bereits besser durchforschten gemäßigten Zonen sind noch keineswegs ausreichend bekannt; für die Tropen gilt dies in weit stärkerem Maße. Vor allem aus der Neuen Welt werden Jahr für Jahr viele neue Arten (zwischen 1961 und 1965 jährlich etwa 1600 Arten von Blüten-

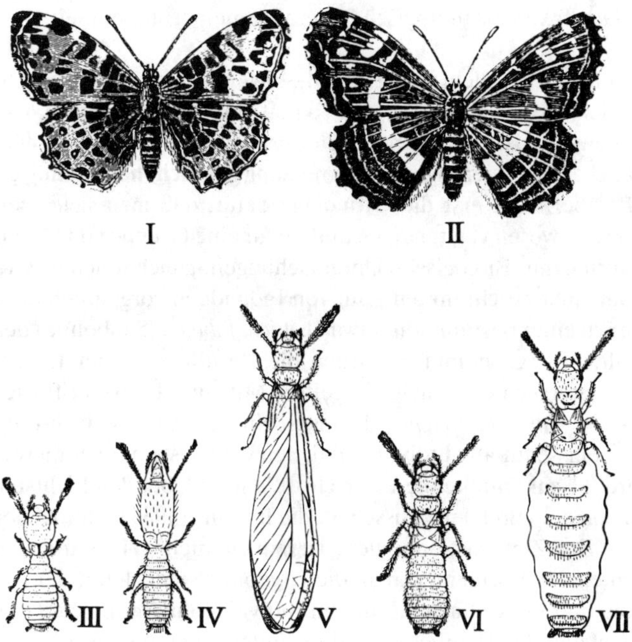

Abb. 2: I, II *Araschnia levana*, Weibchen. I Winterform, II Sommerform (nach Weismann). III–VII *Termes lucifugus* (Termite). III Arbeiter, IV Soldat, V geflügeltes Geschlechtstier (♂ oder ♀), VI Geschlechtstier nach Abwurf der Flügel, VII Weibchen mit vergrößertem Hinterleib (nach Lespes); aus W. Stempel, Zoologie im Grundriß (Berlin: Gebr. Bornträger 1926).

pflanzen!, ENDRESS 1974), ja auch Gattungen (allein bei Blütenpflanzen 10–20/ Jahr, ENDRESS 1974) und sogar neue Familien von Pflanzen und Tieren beschrieben. Allein für die Blütenpflanzen *(Angiospermae)* muß man mit etwa 100000 noch unbekannten Arten rechnen, wobei schon einkalkuliert ist, daß immer wieder ein gewisser Prozentsatz der neu beschriebenen Arten bei näherer Überprüfung der betreffenden Verwandtschaftskreise in die bereits bekannten Arten einbezogen werden muß. Daß selbst in Mitteleuropa heute noch neue Arten gefunden werden können, zeigt die Entdeckung von *Draba dolomitica* BUTTLER (BUTTLER 1969). Von den Arten der Taufliege *(Drosophila)*, denen zugleich größte allgemein-biologische Bedeutung zukommt, wurden von 1950 bis 1967 fast ebenso viele Arten (516) beschrieben wie in den vorausgegangenen 163 Jahren (566), und allein bei den Fadenwürmern (Nematoda) muß man zu den etwa 10000 bekannten Arten vermutlich weitere 20000 hinzurechnen (KRAUS & KUBITZKI 1982). Die Gesamtzahl der Tierarten schätzt man auf 5–10 Millionen; 1758 führte LINNÉ 4162 Tierarten auf!

2.1.3 Das Taxon als biologische „Verallgemeinerungseinheit“

Bedenkt man, daß allein schon die Ökologie bei ihrer Arbeit zwingend auf die Kenntnis der Organismenarten und damit auf systematische Grundlagenforschung angewiesen ist, so kann man den Wert der zuvor grob umrissenen Tätigkeit der Sippencharakterisierung und -abgrenzung gar nicht hoch genug einschätzen. Sie schafft überhaupt erst die Grundlage dafür, daß man sich über Beobachtungen an Lebewesen verständigen und sie für eine Gruppe von Organismen verallgemeinern kann. Biologische Untersuchungen, gleich welcher Art, werden ja stets nur an einer beschränkten Zahl von Individuen vorgenommen, die der Systematiker zu einer bestimmten, etwa als *Vicia faba* L. (Saubohne) bezeichneten Sippe stellt. Strenggenommen würden die Resultate solcher Untersuchungen nur für die untersuchten Individuen gelten. Mit einer Überschrift wie ›Über den Lichtsinn von *Carcinus maenas*‹ beansprucht der Autor jedoch die Gültigkeit seiner Ergebnisse für alle Individuen, denen vom Systematiker dieser Name beigelegt wird. „Exakt müßte die Überschrift lauten: Über den Lichtsinn von etwa 30 Tieren von dem und dem Aussehen, die im Jahre 1934 in der Kieler Förde gelebt haben. Zur Zeit existieren diese Tiere nicht mehr“ (REMANE 1956, S. 3). In beiden Fällen verallgemeinert man die Ergebnisse jedoch mit der Nennung des Artnamens für eine vielfache Zahl von Individuen und für viele Generationen, die vom Systematiker sämtlich der so bekannten Sippe zugerechnet werden. Man wertet somit die von der Systematik ermittelten natürlichen Gruppen als *Verallgemeinerungseinheiten*, d. h. man betrachtet alle Individuen einer solchen Sippe nicht nur als mehr oder minder isomorph, sondern auch als isoreagent (vgl. REMANE 1956). Die Erfahrung hat gezeigt, daß man die an Vertretern einzelner Arten gewonnenen Erkenntnisse auch bei den größeren Gruppen höheren systematischen Ranges bis zu einem gewissen Grade verallgemeinern darf, sofern man sich auf Kategorien des „Natürlichen Systems“ bezieht. Voraussetzung ist dabei aber, daß wir die Verallgemeinerungseinheiten genau kennen und daß sie innerhalb der geforderten Genauigkeit echte Einheiten darstellen, was – wie zuvor schon erwähnt – immer wieder zu überprüfen ist.

Damit sind wir bei der Frage angelangt, was es mit diesem „Natürlichen System“ der Organismen eigentlich auf sich hat, und damit bei den Grundlagen und der Arbeitsweise der vergleichend-synthetisch orientierten Systematik im engeren Sinne.

2.1.4 Die systematischen Kategorien

Wir haben bereits erwähnt, daß man einander ähnliche, in zahlreichen Merkmalen übereinstimmende Arten in einer Gruppe höherer Kategorie, der Gattung zusammenzufassen pflegt, so etwa das Gelbe Buschwindröschen und das weißblühende Buschwindröschen in der Gattung *Anemone*. In der Botanik pflegte man dies seit CASPAR BAUHIN (1550–1624) zu tun; als „Vater des Gattungsbegriffs“ moderner Form wird jedoch J. P. TOURNEFORT (1656–1708) angesehen, von dem viele der heutigen botanischen Gattungsnamen stammen, z. B. *Salix* (Weide), *Populus* (Pappel) und *Acer* (Ahorn). In der zoologischen Systematik wurde der Gattungsbegriff zugleich mit der binären Nomenklatur durch CARL VON LINNÉ (1707–1778) in der 10. Auflage seines Werkes ›Systema naturae‹ (1758) konsequent angewandt, wobei er ebenso wie in seinem Werk ›Species plantarum‹ (1. Mai 1753) verschiedentlich auf frühere Gattungsnamen zurückgriff. Die Veröffentlichungsdaten beider Werke sind wichtige Stichdaten für die Anwendung der Prioritätsregel in der systematischen Literatur (vgl. S. 158/160).

Gattungen, die in allen oder den meisten „wesentlichen“ Merkmalen Übereinstimmungen zeigten, wie etwa *Anemone* und *Ranunculus* (Hahnenfuß), vereinigte man zu Familien (A. L. DE JUSSIEU, 1748–1836, von diesem jedoch als „Ordnungen“ bezeichnet), auch die Familien faßte man zu Einheiten höheren Ranges zusammen. Damit erhielt man eine abgestufte Rangordnung „systematischer Kategorien“: Arten, Gattungen, Familien, Ordnungen, Klassen usw. Die Rangordnung dieser Kategorien und ihre Benennungsweise ist im „Internationalen Code der Botanischen Nomenklatur“ in der unten dargestellten Weise festgelegt. Dabei wird zugleich teils verbindlich vorgeschrieben, teils empfohlen (für die Kategorie Abteilung, Unterabteilung und Klasse, Empf. 16 A der bot. Nomenklaturregeln), die Namen der Organismengruppen zur Kennzeichnung ihrer jeweiligen Rangstufe mit jeweils bestimmten Endungen zu versehen (vgl. die folgende Übersicht).

In ähnlicher Weise verfährt man in der *zoologischen* Systematik, die Familie wird dort durch die Endung *-idae*, die Unterfamilie durch *-inae* gekennzeichnet (Internat. Code Zoolog. Nomencl. Art. 29 a); empfohlen wird die Kennzeichnung des Namens einer Superfamilie durch die Endung *-oidea* und des Namens einer Tribus durch die Endung *-ini* (Empf. 29 a). Die Benennung der der Klasse übergeordneten Kategorien ist nicht einheitlich.

2.2 „Künstliche“ und „natürliche“ Systeme, der Bauplangedanke und die Deszendenztheorie

Die Forderung nach Übersicht über die Vielfalt der Organismen ist mit Hilfe eines derartigen hierarchisch gegliederten Systems verschiedener Kategorien erfüllt. Sie wird daher bereits in hohem Maße durch die sog. künstlichen Systeme gewährleistet, unter denen das von C. v. LINNÉ 1735 veröffentlichte Sexualsystem der Pflanzen (Abb. 3) das bekannteste ist. LINNÉ hat selbst auch an einem davon völlig verschiedenen und von ihm selbst als „natürlich“ bezeichneten System gearbeitet und dadurch das Künstliche des Sexualsystems erst be-

Tab. 1: Die systematischen Kategorien und ihre Kennzeichnung

Botanik

Abteilung *(phylum, divisio)*: *-phyta*, bei den Pilzen *-mycota*
Unterabteilung *(subphylum, subdivisio)*: *-phytina* bzw. *-mycotina*
Klassic *(classis)*: bei den Algen *-phyceae*
bei den Pilzen *-mycetes*
bei den Flechten *-lichenes*
bei den Gefäßpflanzen *-opsida* oder *-atae*
Unterklasse *(subclassis)*: *-idae*
bei den Algen *-phycidae*
bei den Pilzen *-mycetidae*
Überordnung *(superordo, cohors)*: *-iidae*
Ordnung, Reihe *(ordo)*: *-ales*
Unterordnung *(subordo)*: *ineae*
(Familiengruppe: *-ineales*)
Familie *(familia)*: *-aceae*
Unterfamilie *(subfamilia)*: *-oideae*
Tribus *(tribus)*: *-eae*
Subtribus *(subtribus)*: *-inae*
Gattung *(genus)*
Untergattung *(subgenus)*
Sektion *(sectio)*
Untersektion *(subsectio)*
Serie *(series)*
Art *(species)*
Unterart *(subspecies)*
Varietät *(varietas)*
Untervarietät *(subvarietas)*
Form *(forma)*

Zoologie

Die gebräuchlichen zoosystematischen Kategorien am Beispiel von *Culex pipiens*. Sind Endungen von Kategorien vorgeschrieben, sind sie jeweils hinter den Kategorien angeführt. Nicht in jedem Fall kommen alle Kategorien zur Anwendung, wobei die Untergliederung im Einzelfall unterschiedlich vorgenommen werden kann. Manchmal werden zusätzliche Zwischenkategorien benutzt (nach G. Kümmel)

Reich	Tiere	
Unterreich	Vielzeller	*Metazoa*
Abteilung		*Eumetazoa*
Unterabteilung		*Bilateria*
Stamm	Gliederfüßler	*Arthropoda*
Unterstamm	Tracheentiere	*Tracheata (= Antennata)*
Überklasse	–	–
Klasse	Insekten	*Insecta*
Unterklasse	geflügelte Insekten	*Ptergyota*
Kohorte	–	–
Überordnung	–	*Mecopteroidea*
Ordnung	Zweiflügler	*Diptera*
Unterordnung	Mücken	*Nematocera*
Überfamilie *(-oidea)*	–	–
Familie *(-idae)*	Stechmücken	*Culicidae*
Unterfamilie *(-inae)*		*Culicinae*
Tribus *(-ini)*	–	–
Gattung	–	*Culex*
Untergattung	–	–
Art *(species)*	Gemeine Stechmücke	*Culex pipiens*
Unterart *(subspecies)*		

Schlüssel zum Linné'schen Sexualsysteme.

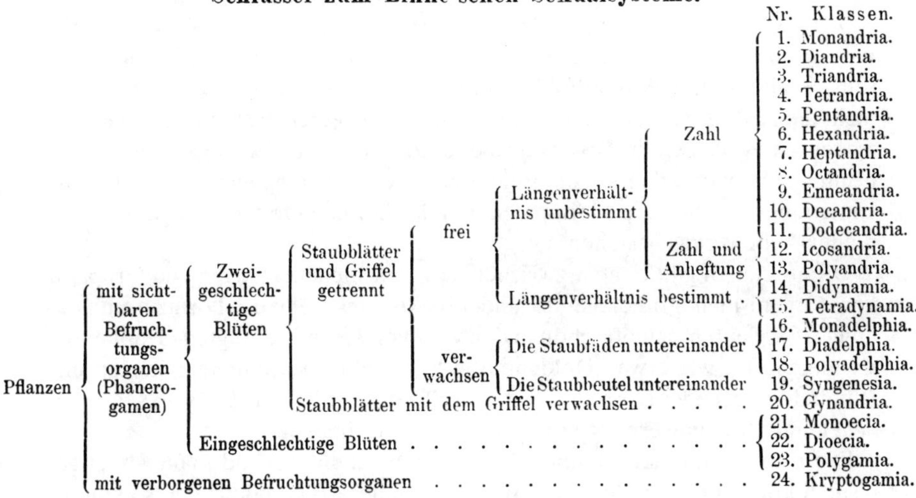

Abb. 3: Übersicht über Linnés Sexualsystem der Pflanzen (aus Garcke, Ill. Flora 1903).

tont. Das Kennzeichen der künstlichen Systeme ist, daß sie zur Einteilung möglichst leicht feststellbare Merkmale herausgreifen. Die resultierende, meist leicht handhabbare Klassifikation legt von vornherein keinerlei Wert darauf, den stammesgeschichtlich bedingten Ähnlichkeiten gerecht zu werden oder gar die Phylogenie abzubilden. Das trifft ganz besonders für das LINNÉsche Sexualsystem zu. In diesem, 24 Klassen umfassenden System werden einer Klasse von blütenlosen Pflanzen (Kryptogamia) 23 Klassen von Blütenpflanzen (Phanerogamia) gegenübergestellt. Die Einteilung in diese 23 Blütenpflanzenklassen richtet sich nach der Verteilung der Geschlechter auf verschiedene Blüten, nach Zahl und Längenverhältnissen der Staubblätter und anderen derartigen Merkmalen. Dieses einfache Einteilungsprinzip ermöglicht eine rasche und sichere Einordnung von Pflanzen, führt aber dazu, daß z.B. in der Klasse der Tetrandria, die durch 4 Staubblätter charakterisiert wird, unter anderen folgende Pflanzengattungen aufgeführt werden: *Globularia* (Kugelblume), *Dipsacus* (Karde), *Buddleja* (Sommerflieder), *Sanguisorba* (Wiesenknopf), *Epimedium* (Sockenblume), *Trapa* (Wassernuß), *Cuscuta* (Seide), *Potamogeton* (Laichkraut), davon die ersten sechs sogar in derselben Ordnung Monogynia. Auf der anderen Seite werden *Sanguisorba* (Wiesenknopf, 4 Staubblätter), *Crataegus* (Weißdorn, 10 Staubblätter) und *Prunus* (Zwetschge, 20 Staubblätter), die wir als Vertreter ein und derselben Familie, der Rosaceae kennen, von LINNÉ auf 3 Klassen verteilt.

Als „Flügellose“ vereinigte LINNÉ in der Unterabteilung Aptera der Insekten in den beiden ersten Auflagen seines Werkes ›Systema naturae‹ die Gattungen *Pediculus, Pulex, Chermes, Podura, Acarus, Araneus, Oniscus, Cancer, Scolopendra*, also Läuse, Flöhe, Blattläuse, Springschwänze, Milben, Spinnen, Asseln, Krabben und Tausendfüßler! In solchen Fällen kann selbstverständlich nicht die Rede davon sein, daß die Einordnung an einem bestimmten Platz des Systems weitreichende Aussagen über Bau und Funktionsweise eines Organismus ermöglicht, da hier kaum tiefgreifende Beziehungen zwischen den zur Einteilung verwendeten Merkmalen und der übrigen Organisation des betreffenden Lebewesens bestehen.

Offensichtlich gibt es aber zwischen den verschiedenen Arten und Gruppen von Organismen grundlegende und objektiv feststellbare Formzusammenhänge. Sie deuten sich oft schon in den vom Volksmund geprägten Gruppenbeziehungen an, wie etwa „Doldenblütler" (es gibt auch andere Pflanzen mit Blütendolden!) oder „Gräser", ja man weiß sogar zwischen „Gräsern" *(Gramineae)* und „Riedgräsern" *(Cyperaceae)* zu unterscheiden!

Die oft verblüffenden Ähnlichkeiten im Erscheinungsbild mancher Organismen können jedoch täuschen. Würde man diese zugrunde legen, so könnte man den Delphin bei den Fischen einordnen oder würde vermutlich einen Säulenkaktus der in Abb. 4 I wiedergegebenen Form, eine stammsukkulente Wolfsmilch (*Euphorbia*, Abb. 4 II), eine *Stapelia* (Asclepiadaceae) wie in Abb. 4 III und die in Abb. 4 IV dargestellte *Kleinia* (Compositae) in einer Einheit verhältnismäßig niederer Rangstufe zusammenfassen, während man eine Wasserlinse der Gattung *Lemna* und einen Philodendron *(Monstera)* wohl nicht einmal in dieselbe Klasse einreihen würde. Freilich würde der Pflanzenkenner heute sofort auf die beträchtlichen Unterschiede im Blütenbau der vier durch einen „Kakteenhabitus" ausgezeichneten Pflanzen hinweisen und damit ihre Einordnung in sehr verschiedene Verwandtschaftskreise rechtfertigen. Es erhebt sich aber zugleich die Frage, welche Ähnlichkeiten nun eigentlich als für die Systematik relevant anzusehen sind und welche nicht, oder anders ausgedrückt, die Frage nach den „wesentlichen" Merkmalen, deren Erörterung sich über Jahrhunderte durch die Geschichte der biologischen Systematik hindurchzieht. Schon frühzeitig deuten sich spätere grundlegende Erkenntnisse an. So hob der englische Botaniker und Zoologe JOHN RAY (vgl. S. 8), der aufbauend auf den von JOACHIM JUNGIUS (1587–1657) gelegten Grundlagen wichtige methodische Fragen der Systematik – so über Begriff und Konstanz der Art – behandelte, die Bedeutung der inneren Organe bei Tieren hervor; er war es auch, der in seiner ›Historia Insectorum‹ erstmals eine Insektensystematik auf die Berücksichtigung aller damals bekannten Entwicklungsstadien gründete.

In der Systematik der höheren Pflanzen setzte sich mehr und mehr die Auffassung durch, daß vor allem die Strukturen der Blüten und Früchte maßgebend seien. Dies beruht einerseits wohl auf einer weitgehenden Konstanz der Anzahl und Anordnung der oft kompliziert gebauten Blütenorgane, andererseits auf

Abb. 4: Parallelismen in der Ausbildung der Kakteenform (Stammsukkulenz) bei Vertretern der I Cactaceae *(Binghamia melanostele)*, II Euphorbiaceae *(Euphorbia cereiformis)*, III Asclepiadaceae *(Stapelia grandiflora)* und IV Compositae *(Kleinia stapeliaeformis)* (nach Troll aus Weberling/Schwantes 1992).

der – vermutlich seit der Erstellung des LINNÉschen Sexualsystems gewonnenen – Erfahrung, daß diese Merkmale sich gut zum schnellen und sicheren Bestimmen von Blütenpflanzen eignen. NÄGELI (1884) meinte daher schon, solche Merkmale als *Organisationsmerkmale* gegenüber den stärker umweltabhängigen *Anpassungsmerkmalen* der vegetativen Region herausstellen zu müssen. In ähnlicher Weise unterschied später DIELS (1921) zwischen *konstitutiven* und *nicht-konstitutiven* Merkmalen. Demgegenüber betont MEUSEL (1951, S. 144): „Der Organismus ist eine in sich geschlossene Einheit, die man nur richtig charakterisieren kann, wenn man sie als Ganzes sieht. Als Ganzes ist jeder Organismus das Ergebnis einer spezifischen geschichtlichen Entwicklung. Als Ganzes steht er in mannigfacher Wechselwirkung mit den Kräften der Umwelt. Da alle Teile des Organismus untereinander in Beziehung stehen, ist es nicht angängig, bestimmte Merkmale als Folge der geschichtlichen Entwicklung und andere als bloße Ausprägungen der Umweltfaktoren zu betrachten. Jedes Merkmal muß sowohl Organisations- als auch Anpassungsmerkmal sein.

Es gibt keine Blüten- und Fruchtform, die sich unabhängig von bestimmten Umweltverhältnissen entwickeln könnte."

Sicherlich wird man zuverlässige Klassifikations-Kriterien nicht gerade unter den Strukturen suchen, deren Ausbildung deutlich eine Standortsabhängigkeit erkennen läßt, wie die Blattgröße und Blütenstandsentwicklung bei Hungerformen. Andererseits zeigt die Erfahrung aber auch bei den sog. „neutralen" („nichtadaptiven") Merkmalen, daß eine in einer Pflanzengruppe konstant ausgeprägte, wenn auch in charakteristischer Weise immer wieder abgewandelte Struktureigenschaft – wie etwa die Vereinigung der Blütenkronblätter – bei anderen völlig inkonstant und somit „unwesentlich" ist.

Für die Gruppe der Säugetiere gilt bekanntlich die 7-Zahl der Halswirbel als konstantes Merkmal – abgesehen von den Faultieren (Brachypodidae: 6, 9 oder gar 10). Auch hier ist somit die Frage nach „wesentlichen Merkmalen", besser: den zur Feststellung der natürlichen Zusammenhänge wichtigen Merkmalen, nicht allgemein zu beantworten, ja man darf feststellen, daß die Systematik jeder einzelnen Pflanzen- oder Tiergruppe ihre eigenen Probleme birgt. Bei dieser häufig gegebenen Ausgangslage kommt man nur dadurch zum Ziel, daß man sowohl die Auswahl der Klassifikationskriterien als auch die Umgrenzung der betreffenden Taxa anhand möglichst vieler, verschiedener Organe und Funktionen betreffender Kriterien immer wieder einer erneuten wechselseitigen Kontrolle unterzieht ("spiral approach").

Der sichere Schlüssel zu einem die „natürlichen Zusammenhänge" widerspiegelnden System der Organismen liegt auch nicht in der Feststellung von Übereinstimmungen in einer möglichst großen Anzahl von Einzelmerkmalen ("overall similarity") und der Berechnung eines allgemeinen Ähnlichkeitswertes (*Phänetik*, numerische Phänetik), so nützlich die Erstellung umfangreicher Merkmalskataloge auch sein mag, zumal, wenn dabei die Merkmale unterschiedlich gewichtet werden. Es geht vielmehr – wie die oben zitierte Aussage MEUSELS schon andeutete – um die vergleichende Betrachtung der Organismen in ihrem gesamten Aufbau.

Von grundlegender Bedeutung für die Entwicklung des „Natürlichen Systems" war die gegen Ende des 18. Jahrhunderts mit den Werken von GEORGES CUVIER (1769–1832; 1812), GOETHE (1749–1832; 1790) und anderen sich durchsetzende Erkenntnis, daß den verschiedenen natürlichen Organismengruppen – etwa der Wirbeltiere oder der Insekten – jeweils ein spezifischer, einheitlicher *Bauplan (Typus)* zugrunde liegt, der innerhalb jeder Gruppe in mannigfacher Weise nach dem „Prinzip der variablen Proportionen" abgewandelt werden kann, wodurch sich Typen niedrigeren Ranges ergeben. Der hierarchische Aufbau des Systems, d. h. die Einschachtelung der kleineren Gruppen in größere, der – wie anfangs erörtert – als allgemeines, der besseren Orientierung dienendes Prinzip nicht nur der biologischen Systeme gelten kann, stellt für das „Natürliche System" der Organismen demnach nicht das Ergebnis praktischer

Erwägungen dar, sondern ergibt sich vielmehr als allein adäquate Darstellungsform für die Tatsache, daß wir es mit einem System abgestuft variierter Typen zu tun haben.

Die Erkenntnis des Bauplans, der einer bestimmten Organismengruppe zugrunde liegt, ist wechselseitig verknüpft mit dem Nachweis identischer Strukturelemente (z.B. Greifhand des Menschen, Flosse des Seehundes, Rennbein des Pferdes, Flügel der Fledermaus), deren gegenseitige Anordnung und Verknüpfung bei allen Abwandlungen gewahrt bleibt («principe des connexions», Geoffroy St. Hilaire). K. E. v. Baer (1828, S. 208) faßte dies in den Worten zusammen: „Der Typus ist also das Lagerungsverhältnis der Theile." Die identischen Strukturelemente bezeichnen wir seit R. Owen (1848) als *homologe* Organe.

Zwei Lebewesen, bei denen eine Identifikation zahlreicher Strukturelemente im Sinne der *Homologiekriterien* (vgl. S. 57ff.) aufgrund gleicher oder gesetzmäßig abgewandelter Lage und gleichartiger Verknüpfung möglich ist, dürfen somit als Varianten desselben Bauplans betrachtet werden. Andererseits ist nur bei Lebewesen gleicher Grundorganisation ein Vergleich in strengem Sinne möglich.

Der für die Systematik ausschlaggebende Vergleich von Strukturen muß sich somit auf homologe Strukturelemente beziehen, und erst, wenn wir wissen, welche Elemente des einen und des anderen Organismus einander entsprechen, können wir aussagen, worin sich ein Organismus von einem anderen ähnlichen unterscheidet und worin Übereinstimmung besteht. Die Erfahrung zeigt, daß Veränderungen an einem einzelnen Organ gewöhnlich mit Veränderungen an anderen – oft an entfernt liegenden – Teilen des Organismus einhergehen (so daß man etwa bei Fossilien aus der Beschaffenheit gewisser Organe auf die Form anderer Körperteile schließen kann). Dieses «balancement des organes» (Cuvier) ist Ausdruck der Tatsache, daß ein Bauplan eben nicht nur ein geometrischer Konstruktionsplan, sondern zugleich ein biologischer Organisationsplan (Gegenbaur 1870, S. 13) ist, also ein Funktionsplan, in dem alle Teile auch mit ihren verschiedenen Funktionen in Wechselbeziehungen zueinander stehen. Das heißt auch, daß zur Kenntnis eines Bauplans ebenso die von anderen Disziplinen erbrachten Befunde etwa physiologischer, biochemischer oder ökologischer Art gehören, welche die Systematik ja in ihre Betrachtungen einbezieht.

Dies macht verständlich, warum man die Einheiten des „Natürlichen Systems" in so hohem Maße als Verallgemeinerungseinheiten werten darf. Es erklärt zusammen mit der Berücksichtigung der Umweltfaktoren (Selektion, vgl. S. 23) auch bis zu einem gewissen Grade die Tatsache der diskontinuierlichen Variabilität, die sich nach Dobzhansky (1939, S. 2, S. 214ff.) nicht allein in der Unterscheidung von Arten, sondern auch von Gattungen und Gruppen höherer Kategorie abbildet. Bis in den molekularen Bereich der Genetik hinein

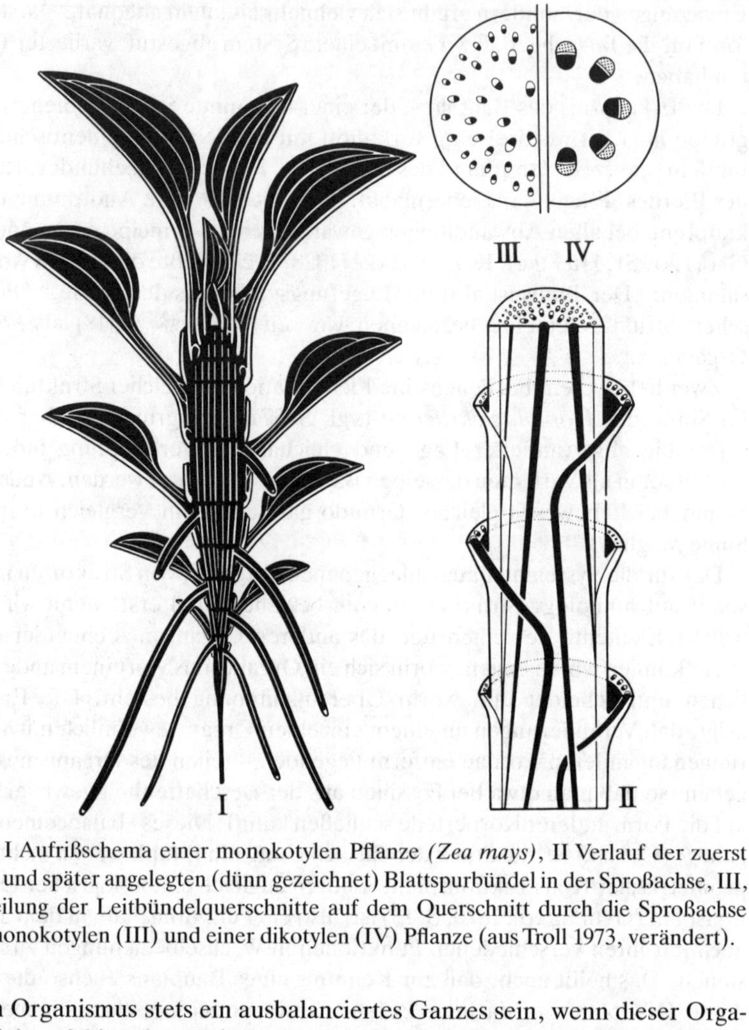

Abb. 5: I Aufrißschema einer monokotylen Pflanze *(Zea mays)*, II Verlauf der zuerst (kräftig) und später angelegten (dünn gezeichnet) Blattspurbündel in der Sproßachse, III, IV Verteilung der Leitbündelquerschnitte auf dem Querschnitt durch die Sproßachse einer monokotylen (III) und einer dikotylen (IV) Pflanze (aus Troll 1973, verändert).

muß ein Organismus stets ein ausbalanciertes Ganzes sein, wenn dieser Organismus lebensfähig sein soll (vgl. dazu Clausen, Keck & Hisey 1945, Gerstel 1945, Grant 1965, Bridges 1922).

Zur Erläuterung mag das Beispiel des vegetativen Aufbaus der *Einkeimblättrigen Pflanzen* (Monocotyledoneae) dienen (Abb. 5). Diesen fehlt bekanntlich das Kambium in den Leitbündeln und folglich auch das für die anderen Samenpflanzen typische sekundäre Dickenwachstum. Statt dessen findet im peripheren Teil der jungen Sproßachse ein ausgiebiges primäres Dickenwachstum statt. Dieses im Verein mit der Anlegungsweise der parallelnervigen, mit ihren Ansätzen die Sproßachse meist weit umfassenden Blätter und der sukzessiven, von der Mediane zum Blattrand fortschreitenden Ausbildung der Leitbündel bedingt wiederum die zerstreute Verteilung der an die Blätter anschließenden Leitbündel über den Stengelquerschnitt. Auch die verhältnismäßig geringe Größe der Hauptwurzel und die frühzeitige Entwicklung zahlreicher sproßbürtiger Wurzeln steht in Beziehung zum Fehlen des sekundären Dickenwachstums. Da nämlich weder die Keimachse noch die folgenden Stengelglieder in der Lage sind, ihren im ausgewachsenen Zustand nur geringen Durchmesser durch ein sekundäres Dickenwachstum zu vergrößern, wäre eine größere Ausmaße erreichende Hauptwurzel schon deshalb sinnlos, weil alle von ihr aufgenommenen Stoffe durch den Engpaß der folgenden dünn bleibenden Sproßachsenglieder geleitet werden müßten. Wir haben es somit nicht – wie die Aufzählung der Monocotylenmerkmale in Diagnosen suggerieren mag – mit einer bloßen Summierung zahlreicher verschiedener Einzelmerkmale zu tun, sondern diese Baueigentümlichkeiten stehen in wechselseitigem Zusammenhang.

Die verschiedenen Eigenschaften eines Organismus können somit nicht in beliebigem Maße abgewandelt werden. Die Tatsache, daß bei den Insekten der Gasaustausch über ein „Tracheensystem" erfolgt, bedingt zugleich, daß sie eine bestimmte Maximalgröße nicht überschreiten können – in dieser Weise ließen sich viele Faktoren aufzeigen, welche die Variationsmöglichkeiten eines Typus einschränken und die „Lücken" zwischen Organismengruppen verschiedenen Typus erklären helfen. Wenn man heute den vielleicht metaphysisch belastet erscheinenden Begriff Bauplan peinlich zu vermeiden sucht und statt dessen von einem „zugrundeliegenden wohlintegrierten" Genotypus (Mayr 1975, S. 200) spricht oder hohes Gewicht solchen Merkmalen zuschreibt, „die phänotypischer Ausdruck eines ancestralen wohlintegrierten Genkomplex' sind, wie z. B. die diagnostischen Merkmale der Deuterostomia oder der Chordaten" (Mayr 1975, S. 202), so ändert dies an dem oben geschilderten Sachverhalt nichts.

Die Suche nach einer Erklärung für die abgestufte strukturelle Übereinstimmung der Organismen gab den entscheidenden Anstoß für die Entwicklung der *Deszendenztheorie* oder *Abstammungslehre*. Dabei wirkte die Beobachtung mit, daß es – angefangen bei einfach gebauten Einzellern bis zu hochorganisierten Vielzellern – Lebewesen sehr verschiedener Organisationsstufen (Abb. 6) gibt. Der durch immer reichere Funde von Fossilien belegte Wandel von Tier- und Pflanzenformen in verschiedenen Erdepochen forderte schon seit Leonardo da Vinci (1452–1519) zu historischen Interpretationen heraus.[1]

[1] „Das paläontologische Hintereinander forderte zu einer Deutung als einem Auseinander auf, nämlich zu der Anschauung, daß die fossil erhaltenen Reste Zeugen einer Entwicklungsgeschichte ungeheuersten Ausmaßes seien, die man sich als Stammesgeschichte oder Phylogenie zu bezeichnen gewöhnt hat" (W. Troll, Vergl. Morph. d. höh. Pflanzen I, 1, 1937, S. 45). „Ihre eigentliche Entstehung allerdings verdankt die Deszendenztheorie nicht dem Studium der paläontologischen Urkunden, auf deren Unvollstän-

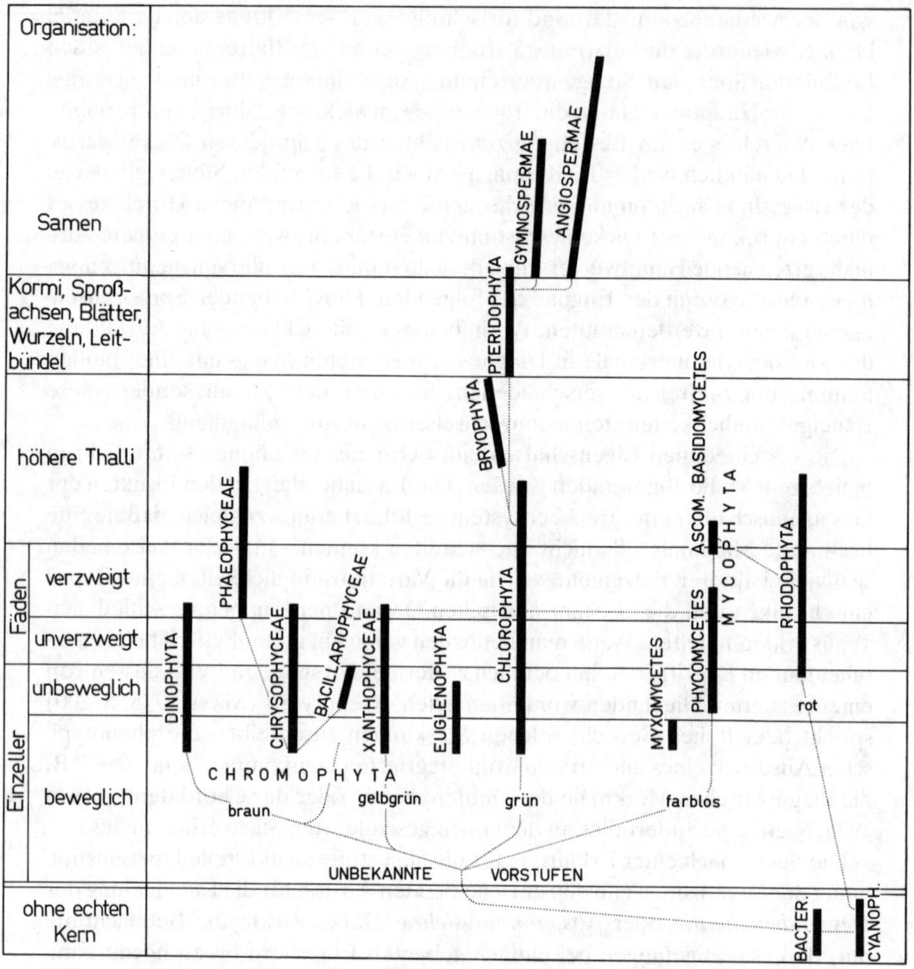

Abb. 6: Organisationsstufen der Hauptgruppen des Pflanzenreiches (nach Harder in Strasburger, verändert aus Weberling/Schwantes 1992).

Diese wurden in verschiedenster Form (z. B. Buffon 1753) gegeben, und ihre Diskussion fand im Akademiestreit zwischen Cuvier und St. Hilaire (1830) ihren Höhepunkt. In diesen Auseinandersetzungen wurden immer mehr Zweifel an der noch von Linné (1736) vertretenen Lehre von der Konstanz der

digkeit und unzureichenden Erhaltungszustand Darwin (1876, S. 373) ausdrücklich hinweist. Es waren vielmehr die Probleme der Vergleichenden Morphologie, die zu einer historischen Interpretation aufforderten" (l. c.).

Arten geweckt. Die zuerst von J. de Lamarck (1744–1829) in seiner ›Philosophie zoologique‹ (1809, bzw. schon in einem Vortrag 1800) formulierte *Deszendenztheorie* brach mit der alten Auffassung und behauptete, daß sich die Lebewesen im Laufe der Erdgeschichte aus einfachsten Anfängen zur heutigen Formenfülle oft hochgradig kompliziert gebauter und in mannigfacher Weise an ihre Umwelt angepaßter Organismen entwickelt hätten.

Zum Durchbruch gelangte die Deszendenzthorie freilich nicht in der von Lamarck formulierten, später als „Milieutheorie" bezeichneten Fassung (die eine über lange Zeiträume erfolgende Abänderung der Arten aufgrund einer erblichen Fixierung individuell durch Anpassung erworbener Eigenschaften annahm). Dies geschah erst mit der von Ch. Darwin (1859) gegebenen Fassung, welche die allmähliche Abänderung der Arten auf das Zusammenspiel spontan auftretender – ungerichteter – erblicher Änderungen und einer ständigen Auslese der am besten an die jeweiligen Lebensumstände angepaßten Individuen und deren weitere Fortpflanzung und Vermehrung zurückführte.

Zum ersten Male war damit eine naturwissenschaftlich fundierte Erklärungsmöglichkeit für die bis dahin rätselhaften Formzusammenhänge im Organismenreich gegeben, die nunmehr als Indizien einer gemeinsamen Abstammung gesehen wurden, während man bis dahin die mehr oder minder große Ähnlichkeit der Organismen weithin als Ausdruck eines „urbildlichen" Zusammenhanges im Sinne einer platonischen Ideenlehre deutete, wie etwa in der „Idealistischen Morphologie" der Goethe-Zeit. Der mehr oder minder großen strukturellen Ähnlichkeit der Organismen, der „Formverwandtschaft" liegt demnach ein entsprechender Grad der genealogischen Verwandtschaft oder „Stammesverwandtschaft" zugrunde.

Darwin (1859/1884, S. 233) schrieb: „Unter Einheit des Typus begreift man die Übereinstimmung im Grundplane des Baues, wie wir ihn bei den Gliedern ein und derselben Klasse finden und welcher ganz unabhängig von ihrer Lebensweise ist. Nach meiner Theorie *erklärt* sich die Einheit des Typus aus der Einheit der Abstammung" (Hervorhebung von uns). Es ist somit nicht die Rede davon, daß – wie leider immer wieder behauptet wird – unsere Kenntnis des natürlichen Systems auf unserer Kenntnis von der Stammesgeschichte der Organismen beruhe. Vielmehr ist das methodische wie auch das historische Verhältnis gerade umgekehrt: Es war die Erkenntnis der Formzusammenhänge und der unterschiedlichen Organisationsstufen, welche zusammen mit den Fossilfunden zu dem Gedanken an eine stufenweise Entwicklung der organismischen Formen herausforderte. „Die Phylogenetik ... schuf zunächst keine ihr eigene Forschungsmethode, sie bemächtigte sich vielmehr der Ergebnisse der Systematik und Morphologie und deutete diese deszendenztheoretisch um" (Remane 1956, S. 10/11). Goebel (1884, S. 133) hatte dazu schon bemerkt: „Die ‚phylogenetische Methode' ist keine andere als die der vergleichenden Morphologie... nur dass sie über die Begriffe mit denen sie operirt, sich in anderer

Weise Rechenschaft giebt." In Anlehnung an eine Formulierung von MÄGDEFRAU (1973, S. 194) kann man kurz zusammenfassen: die Systematik ordnet die Formenmannigfaltigkeit, die Phylogenie versucht sie anhand von Denkmodellen zu erklären.

Dies besagt wiederum nicht, daß heute phylogenetische Überlegungen nicht eine bedeutsame Rolle bei der Interpretation der durch die Systematik zu berücksichtigenden Sachverhalte spielen – dies wird allein schon durch die Erkenntnis paralleler oder konvergenter Entwicklungsreihen belegt, auf die wir später noch näher einzugehen haben.

2.3 Der Artbegriff

Wenn nun die berühmten Lehrsätze LINNÉS, „Species ... tot numeramus quot diversae formae in principio sunt creatae" (Wir zählen so viele Arten, wie verschiedene Formen am Anfang erschaffen wurden) (Fundamenta botanica, 1736, S. 18) und „Species sunt constantissimae" (Arten sind überaus konstant) ihre Gültigkeit verloren haben und die Art als wandelbar bzw. nur noch als zeitlich begrenzter Abschnitt einer bestimmten genealogischen Linie gelten darf,[2] mag es zweifelhaft erscheinen, ob eine hinreichend scharfe Artumgrenzung überhaupt möglich ist. Erfahrungen mit vielgestaltigen, formenreichen – sog. polymorphen – Sippen, wie etwa bei den Brombeeren *(Rubus)* oder den Rosen *(Rosa)*, mit deren Abgrenzung schon LINNÉ seine Mühe hatte, scheinen die Auffassung zu bestätigen, die Art sei „eine Fiktion" (BUXBAUM 1951, S. 108). Den Artbegriff betrachtet man somit vielfach nur als einen Ordnungsbegriff, der in der Praxis allerdings unbedingt notwendig sei. So schreibt BESSEY (1908, 218): "So species have no actual existence in nature. They are mental concepts, and nothing more. They are conceived in order to save ourselves the labor of thinking in terms of individuals, and they must be so framed that they do save us labor." Arten sind demnach „erfunden worden, damit wir auf eine große Zahl von Individuen kollektiv Bezug nehmen können" (nach Übertragung von KRAUS in MAYR 1975).

Träfe dies zu, so könnten wir nicht in einem derart hohen Maße auf die Art als Verallgemeinerungseinheit Bezug nehmen, wie wir das überall in Forschung und Praxis tun. Die durch äußere wie innere Faktoren (vgl. S. 19) bedingte „objektiv feststellbare Diskontinuität" (DOBZHANSKY) in der Abwandlung der einzelnen Eigenschaften gibt uns die Bestätigung, daß dem, was wir als Arten oder

[2] „Im Lichte der Evolutionstheorie" können nach DOBZHANSKY (1939, S. 219) „Begriffe wie Rasse, Art, Gattung, Familie usw., nur so verstanden werden" ... „daß sie weiter nichts als Trennungsgrade bedeuten, die im Laufe der allmählichen stammesgeschichtlichen Auseinanderentwicklung erreicht wurden".

allgemein als Sippen bezeichnen, auch Gegebenheiten in der Natur entsprechen. Das heißt nun wiederum nicht, daß bei der formalen Abgrenzung von Sippen und bei ihrer taxonomischen Bewertung subjektive Elemente nicht eine gewisse Rolle spielen. Dies ist allein schon dadurch bedingt, daß sich die Variationsbreiten bestimmter Merkmale bei verwandten Sippen überlappen können; zudem sind bei schrittweiser Herausbildung neuer Sippen Übergangsformen zu erwarten. Die meisten Versuche, einen allgemeinen Artbegriff zu definieren, lassen dieses subjektive Moment auch erkennen, so in der etwas überspitzten Formulierung L. H. BAILEYS (1896, S. 457): "The Species is the unit in classification, designating an assembledge of organisms, which, *in the judgement of any writer* is so marked and so homogeneous that it can be conveniently spoken of as one thing", oder bei R. v. WETTSTEIN (1924): „Die Art kann als Gesamtheit der Individuen bezeichnet werden, welche in allen dem Beobachter *wesentlich* erscheinenden Merkmalen untereinander und mit ihren Nachkommen übereinstimmen" (Hervorhebungen von uns). L. PLATE (1907 u. 1914) definiert: „Zu einer Art gehören sämtliche Exemplare, welche die in der Diagnose festgestellten Merkmale besitzen – wobei vorausgesetzt wird, daß die äußeren Verhältnisse sich nicht ändern –, ferner sämtliche davon abweichenden Exemplare, die mit ihnen durch häufig auftretende Zwischenformen innig verbunden sind, ferner alle, die mit den vorgenannten nachweislich in direktem genetischen Zusammenhang stehen oder sich durch Generationen fruchtbar mit ihnen paaren."

Das im letzten Teil dieser Definition genannte, bereits von LINDLEY (1832) hervorgehobene Kriterium ergibt sich im Grunde schon daraus, daß man bei einer als Art zu bezeichnenden Gruppe eine gewisse zeitliche Kontinuität voraussetzt. Schon A. KERNER V. MARILAUN (1869, S. 48) bezeichnete die Art daher als „Inbegriff aller über ein bestimmtes Areal verbreiteten, und sich durch längere Zeit in der Mehrzahl der Nachkommen gleichförmig erhaltenden Individuen".

Es ist leicht einzusehen, daß Arten, welche dasselbe Gebiet bewohnen (*sympatrische* Arten), nur dann nebeneinander bestehen können, wenn sie sich nicht miteinander vermischen, zwischen ihnen also sogenannte *Kreuzungsbarrieren* wirksam sind – mögen diese nun, wie in der im folgenden (S. 30) zitierten Definition DOBZHANSKYS angedeutet, „physiologische Ursachen" haben oder anders bedingt sein. Diese Überlegung hat zur Begründung des *biologischen Artbegriffs* und einer entsprechenden Artdefinition durch E. MAYR (1969, 1975) geführt: „Arten sind Gruppen sich miteinander kreuzender natürlicher Populationen, die hinsichtlich ihrer Fortpflanzung von anderen derartigen Gruppen isoliert sind" (nach der Übersetzung von KRAUS in MAYR 1975).

Das Kriterium des Fehlens oder Vorhandenseins von Kreuzungsbarrieren erhält damit aber entscheidende Bedeutung auch für die Frage, ob es sich bei einander mehr oder minder ähnlichen *allopatrischen*, d. h. getrennte, eventuell jedoch benachbarte Gebiete bewohnenden Populationen, um Angehörige derselben Art handelt oder nicht. Man versucht somit, die sogenannten „guten Arten“ durch das Vorhandensein einer *Kreuzungsbarriere* zu definieren: bilden zwei Arten keine oder nur sterile Bastarde, so handelt es sich um „gute Arten“, umgekehrt „soll die normale Fertilität eines Bastardes beweisen, daß die Eltern nur als Formen derselben Spezies zu betrachten seien“ (so LAMPRECHT 1959, S. 115, in einer kritischen Zusammenfassung). Namentlich in der Zoologie spielt dieser Nachweis eine bedeutende Rolle, obgleich er unter natürlichen Bedingungen oft kaum zu führen ist. Das Ausweichen auf *Kreuzungsexperimente* unter Laborbedingungen kann zwar aufschlußreiche, aber keineswegs uneingeschränkt auswertbare Ergebnisse liefern. So sind z. B. alle Irisarten untereinander ebenso kreuzbar, wie alle Akeleiarten. HESLOP-HARRISON (1963, p. 23/24) bemerkt daher: “It hardly needs emphasis that what matters in this respect is the situation in nature, not what can be brought about in the laboratory or experimental garden. It is not therefore to be supposed that experimental tests for interfertility can provide an unequivocal means of species delimitation. The revelation of an innate barrier to miscegenation would certainly mean that a species ‘boundary’ had been located, but the experimental demonstration of interfertility would by no means prove that two groups shared a common gene pool in their natural environment when the possible barriers to gene exchange between wild populations are so many and so subtle.” “The principle difficulty lies in the idea of *potential* interfertility between remote populations” (HESLOP-HARRISON 1963, p. 23). Demnach kommt angesichts der vielfältigen Möglichkeiten in der Ausbildung natürlicher Kreuzungsbarrieren dem Verhalten im Labor oder Versuchsgarten nur begrenzte Bedeutung zu; es kommt vielmehr darauf an, ob etwa voneinander entfernt lebende Wildpopulationen noch fertile Bastarde miteinander bilden können. H. MERXMÜLLER (1968, S. 31) weist darauf hin, daß es seit langem bekannt ist, „daß etwa zwischen den verschiedenen Weidenarten oder zwischen allen möglichen Orchideengattungen keine Bastardschranken bestehen, während sich umgekehrt in anderen Gruppen nicht einmal Populationen kreuzen lassen, die auch für den penibelsten Taxonomen ununterscheidbar sind. Differenzierung und Kreuzungsbarrieren sind offensichtlich nicht notwendigerweise miteinander korreliert.“

Dies geht auch aus einer Reihe bekannter Kreuzungsexperimente bei Blütenpflanzen hervor, von denen das Kreuzungspolygon der kalifornischen Compositengattung *Layia* (Abb. 7), einer der zytologisch, genetisch und allgemein systematisch bestuntersuchten Gattungen (CLAUSEN, KECK & HIESEY 1941, 1945, 1947), Eingang in die Lehrbücher gefunden hat. Das aus solchen Untersuchungen resultierende Bild der genetischen Beziehungen zwischen den verschiedenen Arten ist oft kompliziert; so bestehen etwa bei den durch die haploide Chromosomenzahl n = 7 gekennzeichneten *Layia*-Arten Kreuzungsbarrieren

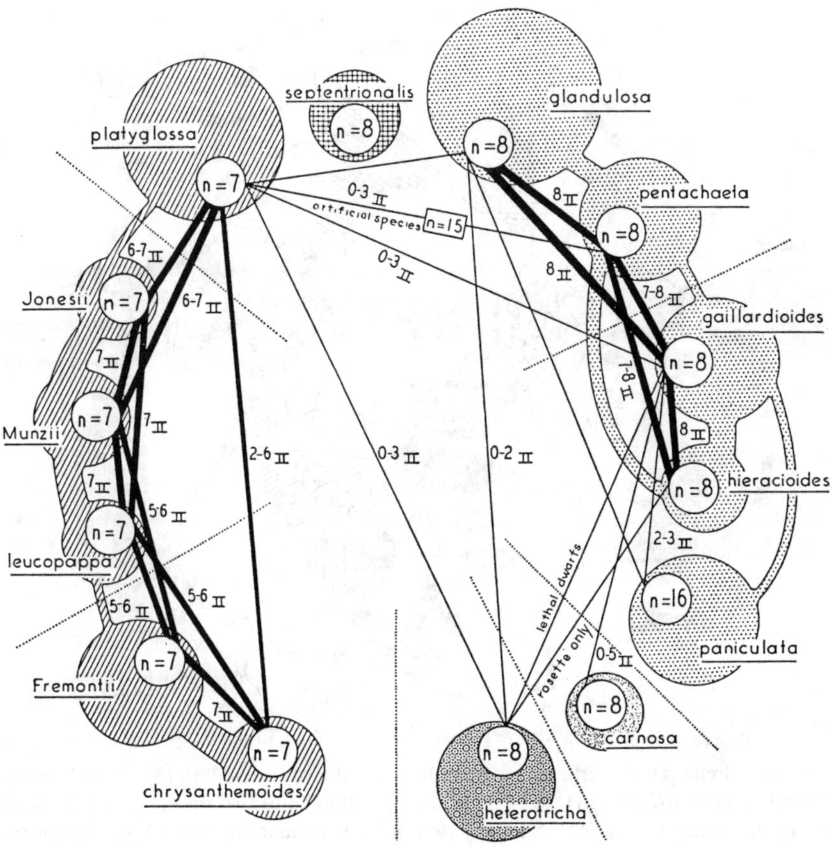

Abb. 7: Kreuzungspolygon für die Compositengattung *Layia*; die Kreisscheiben geben die einzelnen Arten wieder, dazu ist deren haploide Chromosomenzahl (n = 7 oder n = 8) vermerkt. Die genetische Verschiedenheit ist durch die unterschiedliche Rasterung und Breite der Verbindungsbrücken angedeutet, die wichtigsten morphologischen Zäsuren sind durch gestrichelte Querlinien angegeben. Die Fertilität der experimentell erzeugten Hybriden ist durch die Stärke der Verbindungslinien angegeben: unterbrochen = (sub)letal, dünn = steril, dick = ± fertil; die durchschnittliche Anzahl der Bivalente bei der Chromosomenpaarung ist gleichfalls vermerkt (z. B. 7–8) (nach Clausen, Keck u. Hiesey 1941).

nur zwischen wenigen Arten, die aber mit fast allen übrigen Arten fertile Bastarde bilden können, so daß die Gesamtheit dieser Arten fast lückenlos miteinander verbunden erscheint.

Die gegebenenfalls durch Kreuzungsexperimente zu belegende geschlechtliche Isolierung stellt somit zwar einen wichtigen Schritt auf dem Wege der

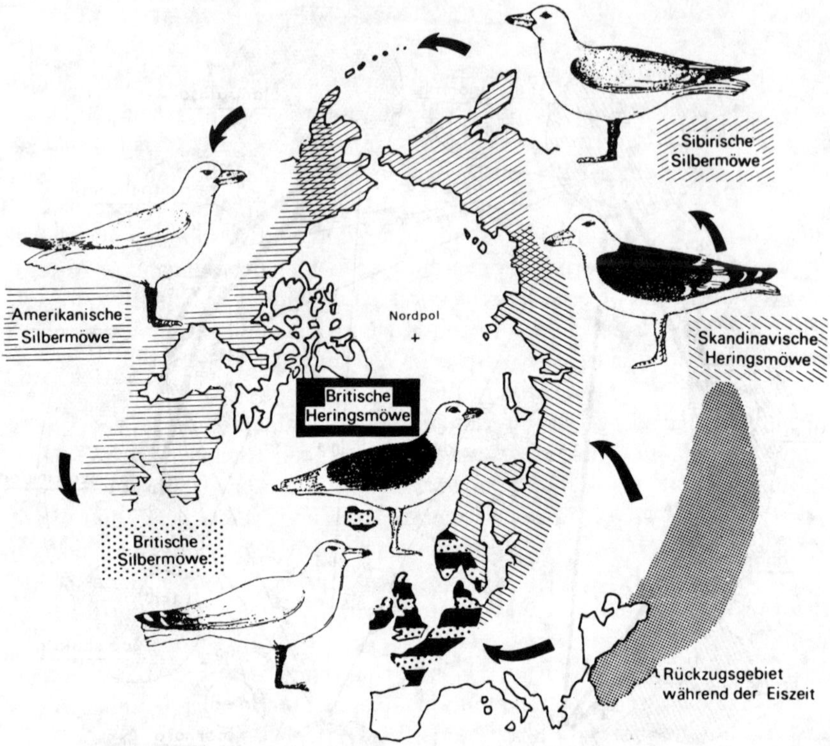

Abb. 8: Circumpolar verbreitete Rassen der Silbermöwen/Heringsmöwen-Gruppe (*Larus argentatus*/*L. fuscus*). In Nordwesteuropa, auf den Britischen Inseln und in Skandinavien kommen beide Arten unvermischt nebeneinander vor (nach Vogel u. Angermann aus Osche, Evolution, in Czihak, Langer & Ziegler, Biologie 4. Aufl. 1990 [Springer]).

Sippendifferenzierung und der Entstehung neuer Taxa dar (siehe unten), das Vorhandensein oder Fehlen einer Kreuzungsbarriere kann jedoch nicht uneingeschränkt und allein als Kriterium für die Abgrenzung und taxonomische Bewertung von Organismengruppen gelten. Darüber hinaus sind es zumindest bei höheren Pflanzen oft die allopolyploiden Bastarde (vgl. S. 40ff.) zwischen deutlich unterschiedenen Arten, welche durch neue Kombinationen von Genen zu Ausgangspunkten neuer Entwicklungslinien werden können.

Sehen wir einmal von solchen Organismengruppen bei Pflanzen und Tieren ab, die sich parthenogenetisch oder vegetativ vermehren, so darf man feststellen, daß das Kriterium der Kreuzbarkeit in der Zoologie im allgemeinen durchgreifender zu handhaben ist als in der Botanik. Aber auch im Tierreich gibt es Beispiele, bei denen das Kriterium der Kreuzbarkeit sich als untauglich für die Artabgrenzung erweist, so etwa bei nächstverwandten *Drosophila*-Arten.

Ein bekanntes Beispiel für eine graduell unterschiedliche geschlechtliche Isolation liefern die großen Möwen der Heringsmöwen-Gruppe: die Silbermöwe (*Larus argentatus* PONTOPPIDAN) und die Heringsmöwe (*L. fuscus* L.) sind circumpolar durch eine Kette von Rassen über Nordrußland, Nordsibirien und Nordamerika miteinander verbunden, und dort ist zwischen diesen Rassen ein Genaustausch möglich. In Skandinavien und Nordwesteuropa aber leben Heringsmöwe und Silbermöwe unvermischt als Arten nebeneinander (Abb. 8). – Auch Nebelkrähe, *Corvus corone cornix* (LINNÉ) und Rabenkrähe, *Corvus corone corone* (LINNÉ), bilden bei uns nur unvollständig getrennte Fortpflanzungsgemeinschaften (REMANE, STORCH, WELSCH 1985, S. 309).

Bei der Kohlmeise *(Parus major)* lassen sich 3 geographische Rassen unterscheiden (die jeweils noch weiter untergliedert werden können). Die europäische Rasse (*major*-Gruppe) ist durch einen grünen Rücken und eine gelbe Bauchseite charakterisiert. Die von Persien an ostwärts bis zu den Sunda-Inseln verbreitete *bokharensis*-Gruppe ist graurückig und weißbäuchig und die in Japan und China lebende *minor*-Gruppe hat einen gelb-grünlichen Fleck am oberen Ende des sonst grauen Rückens, sie unterscheidet sich auch durch ihre geringe Größe von den beiden anderen Rassen. Die drei Rassen sind durch allmähliche Übergänge miteinander verbunden: in den Zentren der Areale findet sich die jeweilige Rasse allein und in ihrer charakteristischen Ausbildung, während sich in den Randgebieten die Individuen nicht immer eindeutig einer der Rassen zuordnen lassen. Nun ist bemerkenswert, daß das Verbreitungsgebiet der in Euopa vorkommenden *major*-Gruppe in einem schmalen Streifen nördlich der zentralasiatischen Gebirge weit nach Osten bis in das Amurgebiet hineinreicht, wo die *major*-Gruppe mit der *minor*-Gruppe zusammentrifft. Hier aber paaren sich die beiden Rassen nicht mehr oder nur noch sehr selten, sie verhalten sich wie „Artfremde". „ Die Zergliederung einer Art in geographische Rassen kann also allmählich in die *Trennung von Arten* übergehen", hat A. KÜHN (1939, S. 133–135) daraus gefolgert – in Übereinstimmung mit der Aussage DARWINS (1859/84, S. 73), „daß man eine gut ausgeprägte Varietät mit Recht eine beginnende Species nennen kann". Ähnlich äußert sich RENSCH (1972, S. 27), der in diesem Zusammenhang darauf hinweist, daß stärker standortsgebundene Sippen unter den Vögeln – Stand- und Strichvögel – eine größere Neigung zur Rassenbildung zeigen als Zugvögel, Entsprechendes läßt sich für viele Insektengruppen nachweisen (z. B. starke Rassenbildung bei Laufkäfern).

Auf die verschiedenen Versuche, die sogenannten „polytypischen, d. h. in viele Untereinheiten aufgegliederten Arten adäquat zu erfassen, sei hier nur hingewiesen. So gliederte A. JORDAN (1873) das Frühlingshungerblümchen (*Erophila verna* (L.) CHEVALL.) in 200 *„Elementararten"*, die auch unter verschiedenen Kulturbedingungen ihre spezifischen Merkmale unverändert bewahren und vererben, aber auch diese können wieder aus verschiedenen konstanten *„reinen Linien"* bestehen (JOHANNSEN 1903). KLEINSCHMIDT (1926) und andere versuchten dagegen, dem Problem durch das Konzept der *„Formenkreise"* gerecht zu werden, RENSCH (1929, 1972) durch das Konzept der *„Rassenkreise"*: „Dieser Terminus wurde eingeführt, weil extremer differenzierte Glieder eines Rassenkreises sich nicht weniger voneinander unterscheiden als nahverwandte ‚gute Arten' im alten Sinne, die nicht geographisch variieren, und weil sich solche extremeren Rassen bei sekundärer Berührung oftmals nicht voll fertil oder gar nicht miteinander verbastardieren. Trotzdem sind Rassenkreise und Arten natürlich nur graduell unterschieden ..." (RENSCH 1972, S. 27).

Das Bestreben geht heute vielfach dahin, den *„biologischen Artbegriff"* mit phylogenetischen Überlegungen in Einklang zu bringen: "Acceptable modern definitions of the species category should have a meaningful relationship to evolution" (SIMPSON 1961, p. 150). Dabei ist vor allem zu berücksichtigen, daß bei der Art „als Inbegriff aller über ein bestimmtes Areal verbreiteten und sich durch längere Zeit in der Mehrzahl der Nachkommen gleichförmig erhaltenden Individuen" (KERNER V. MARILAUN 1869, S. 48) die zeitliche Kontinuität begrenzt ist. Schon DOBZHANSKY (1935, 1939, S. 221) schlug daher vor, die Entstehung einer Art als das Stadium des Evolutionsvorganges zu definieren, „in dem Formengruppen, die sich bisher untereinander fortpflanzten oder jedenfalls dazu fähig waren, in zwei oder mehr gesonderte Gruppen aufgeteilt werden, die sich aus physiologischen Ursachen nicht untereinander fortpflanzen können". Dasselbe Kriterium liegt dem sogenannten *„evolutionären Artkonzept"* zugrunde, so nach SIMPSON (1961, S. 153): Eine evolutionäre Art ist eine Linie (eine Aufeinanderfolge von Vorfahren-Nachkommen-Populationen), welche sich getrennt von anderen und mit ihrer eigenständigen evolutionären Rolle und eigenen Tendenzen entwickelt. Ihre Existenz beginnt mit der *„Spaltung* von Populationen einer Art über die Errichtung reproduktiver Barrieren" oder „durch *Hybridisation* über die sexuelle Vereinigung von Angehörigen aus Populationen zweier distinkter Arten" (AX 1984, S. 25/26) und erlischt durch Aussterben oder mit der Aufspaltung in neue, wiederum reproduktiv voneinander getrennte Arten (vgl. im einzelnen Kap. 2.4).

Unter dem Aspekt der Evolutionstheorie mag eine solche Definition konsequent erscheinen, sie bezieht sich jedoch auf Fakten, die in den wenigsten Fällen erkennbar und noch seltener nachprüfbar sind. Sie liefert andererseits aber den theoretischen Ansatzpunkt für die Methodik der Kladistik (vgl. S. 116).

Für die Praxis der Artunterscheidung und -abgrenzung in der Systematik ist man gewöhnlich auf die Feststellung solcher Eigenschaften angewiesen, die sich an dem – meist toten – Material beobachten lassen, das die großen Herbarien und zoologischen Sammlungen vor allem auch für diese Zwecke zur Verfügung halten. Nach Möglichkeit sollte der Systematiker, der eine Pflanzen- oder Tiergruppe für ein bestimmtes Gebiet – etwa im Rahmen der Erstellung eines Floren- oder Faunenwerkes – bearbeitet, mindestens einen Teil dieser Organismen aus eigenen Freilandbeobachtungen an ihren Standorten kennen. Aber selbst bei umfangreichen und langwierigen Freilandbeobachtungen und Feldversuchen wird er die Frage, zwischen welchen Populationen Kreuzungsbarrieren bestehen, allenfalls unvollständig und nur für eine sehr begrenzte Anzahl der zu untersuchenden Gruppen beantworten können. Oft genug ist es erforderlich, eine neuentdeckte Art zu beschreiben, auch wenn von dieser zunächst nur wenige Exemplare gesammelt werden konnten und von Untersuchungen der Population, aus der die gesammelten Exemplare stammen, schon gar nicht die Rede sein kann. Nicht selten sind Taxa, die nur vom (nomenklatorischen) Typus (vgl. S. 156/159) bekannt sind und allen Artkonzepten am wenigsten entsprechen, wichtige Formen für die Aufklärung phylogenetischer Zusammenhänge. Es hat sich im übrigen immer wieder gezeigt, daß die von einem guten „Herbarbotaniker“ oder „Museumszoologen“ erkannten Taxa sich in der Natur tatsächlich als natürliche Fortpflanzungsgemeinschaften (Gamodeme) erwiesen und – soweit man dies gelegentlich erschließen konnte – auch evolutionäre Einheiten darstellen dürften.

Es gilt somit weiterhin, was J. Huxley (1940, S. 10/11) schrieb: “Practical convenience as well as the lack of clear alternatives dictates that we should stick to the classical terminology of genera and species and their subdivisions as a general basis for minor systematics, even if there are certain groups such as the blackberries or willows to which they will not apply, and even if in many cases we decide to coin subsidiary terminologies for special purposes . . . However, we must remember that species and other taxonomic categories may be of very different type and significance in different groups; and also that there is no single criterion of species. Morphological difference; failure to interbreed; infertility of offspring; ecological, geographical, or genetical distinctness – all those must be taken into account, but none of them singly is decisive“, und weiter: “In the great majority of cases species can be readily delimited, and appear as natural entities, not merely convenient fictions of the human intellect.”

Was die Definition eines allgemeingültigen Artbegriffs und die Kriterien der Artabgrenzung betrifft, so ist nochmals festzustellen, daß morphologische, ökologische, chromosomale und geschlechtliche Differenzierung sich völlig unabhängig voneinander vollziehen können und daß am Ausgangspunkt der jeweiligen Entwicklung Mutationen sehr unterschiedlicher Form stehen können. Daraus folgt, daß – wie wir sehen werden – es sehr verschiedene Wege der Sippenentstehung und somit auch Arten sehr verschiedener Qualität gibt, also auch keine allgemeingültigen Kriterien für eine Artabgrenzung.

2.4 Wege der Artbildung

In seinem Werk ›On the origin of species‹ (1859) – ›Über die Entstehung der Arten durch natürliche Zuchtwahl‹ (1859/1884) – argumentiert DARWIN: „Da viel mehr Individuen jeder Art geboren werden, als möglicherweise fortleben können und demzufolge das Ringen um Existenz beständig wiederkehren muß, so folgt daraus, daß ein Wesen, welches in irgendeiner für dasselbe vorteilhaften Weise von den übrigen, so wenig es auch sei, abweicht, unter den zusammengesetzten und zuweilen abändernden Lebensbedingungen mehr Aussicht auf Fortdauer hat und demnach *von der Natur zur Nachzucht gewählt* werden wird."

Ausdrücklich weist DARWIN darauf hin, daß es sich bei den – als Ansatzpunkte für die *Selektion* in Betracht kommenden – Abweichungen nur um erbliche Änderungen handeln kann: „Wenn vorteilhafte Abänderungen sich nicht wenigstens auf einige Nachkommen vererben, so vermag die natürliche Zuchtwahl nichts auszurichten" (1859/1884, S. 122). Freilich waren DARWIN „die Gesetze, welche die Vererbung der Charactere regeln, ... zum größten Theil unbekannt" (1859/1884, S. 33).

Heute kennen wir eine Vielfalt solcher erblicher Änderungen: Genmutationen, Chromosomen-, Genom-, Plasmonmutationen und bei (grünen) Pflanzen auch Plastidenmutationen. Diese *Mutationen* treten bei jeder Sippe mit einer bestimmten Häufigkeit (Mutationsrate) auf. Man hat errechnet, daß bei 10000 Genen bis zu 10% der Individuen einer Nachkommenschaft Träger von Mutationen sein können. Diese können sich auf alle möglichen Eigenschaften erstrecken. Für das betroffene Individuum wirken sie sich selten günstig, häufig sogar nachteilig aus – bei schwerwiegender Störung lebenswichtiger Vorgänge sogar tödlich („Letalfaktoren"). Allerdings treten sie in der Regel zunächst gar nicht in Erscheinung, weil die mutierten Gene rezessiv sind, d. h. erst bei homozygoten („reinerbigen") Individuen in vollem Umfange zur Wirkung kommen. Eine natürliche Population besitzt in der Regel eine Fülle solcher „verdeckter" Erbanlagen. Schon damit ist gesagt, daß sich jede Erbänderung – gleichviel, ob vorteilhaft oder nicht – in einer Population erst durchsetzen muß.

Dies wäre unter der Voraussetzung möglich, daß sich die Lebensbedingungen für diese Population in einer Weise ändern, daß sie für die Fortpflanzung und Vermehrung der in bezug auf das mutierte Gen homozygoten Organismen besonders vorteilhaft sind. Unter gleichbleibenden Lebensbedingungen (auch kein Auftreten neuer Mutationen) tritt jedoch in einer Population von uneingeschränkt bisexuell sich fortpflanzenden Individuen bei hinreichender Populationsgröße keine Veränderung der Allelfrequenzen, d. h. der Häufigkeit mutierter und nichtmutierter Gene ein (Hardy-Weinberg-Gesetz). In kleinen Populationen sind zufällige, in der Richtung nicht vorhersagbare Veränderungen des Genbestandes *(genetische Drift)* jedoch möglich. Eine solche Situation kann sich auch bei einer katastrophenbedingten Reduktion der Populationsgröße ergeben (vgl. LEWIS 1962, 1966, "Speciation by Saltation", vgl. die folgenden Ausführungen über *Clarkia*-Arten) oder wenn es zu einer räumlichen Trennung zwischen der Ausgangs-Population und einer kleineren Population mit mehr oder minder hohem Anteil mutierter Organismen kommt.

Die Möglichkeit der Förderung der Sippenbildung durch räumliche Isolation wurde bereits von M. WAGNER (1868, 1870) in seiner Migrationstheorie erörtert. Die abgespaltene Population kann sich dann unabhängig weiterentwikkeln, wobei eine erhöhte Wahrscheinlichkeit besteht, daß bisher im Genpool verdeckt mitgeführte (rezessive) Anlagen homozygot werden und damit zur Ausprägung gelangen (was sich aber – wie negative Folgen der Inzucht zeigen – keineswegs immer vorteilhaft auswirken muß). Bei Pflanzen sind allerdings heterozygote Individuen gegenüber den homozygoten Ausgangsformen oft durch bessere Wüchsigkeit und höhere Produktivität im Vorteil, was mit dem sogenannten *Heterosis-Phänomen* („Bastardwüchsigkeit“) zusammenhängt.

Das am meisten einleuchtende Beispiel für eine geographische Isolation stellen die Floren und Faunen von Inseln dar. Nach HESSE (1924, S. 91) „tritt die auf den Inseln des Ägäischen Meeres vorkommende Clausilienart *Albinaria coerulea* auf jeder der kleinen Inseln ihres Verbreitungsgebietes in einer besonderen Abart auf, trotz der großen Ähnlichkeit der Bedingungen gerade für Schnecken“. Die oft hochgradige Eigenständigkeit von Inselfloren und -faunen, die vielfach (z. B. Celebes, vgl. HESSE 1924, S. 90) durch einen hohen Anteil *endemischer*, d. h. ausschließlich in dem betreffenden Gebiet vorkommenden Arten gekennzeichnet sind, darf man somit als Ergebnis der räumlichen Isolation von Populationsteilen ansehen. Es waren ja Beobachtungen an Inselfaunen – z. B. den Galapagosfinken –, welche für DARWIN den entscheidenden Anstoß zur Entwicklung seiner Theorie gaben.

Die Galapagosfinken (Geospicinae, eine Unterfamilie der Finken, Fringillidae), welche die vulkanisch entstandenen Galapagos-Inseln vermutlich von Mittelamerika aus besiedelten, entwickelten sich hier in Anpassung an die unterschiedlichen Lebensbedingungen zu 14 eng miteinander verwandten Arten, die mit ihren verschieden ausgebildeten Schnäbeln für sehr verschiedene Formen des Nahrungserwerbs spezialisiert sind. Das Beispiel zeigt zugleich, daß mehrfache Artbildung auch innerhalb eines geschlossenen und unter Umständen sogar überbesetzten Lebensraums möglich ist, wenn der Selektionsdruck zu unterschiedlicher Spezialisierung führt *(„adaptive Radiation“)*. Die Entwicklung des Schlosser- und Feinmechanikerhandwerks aus dem Schmiedehandwerk mag als Analogon einer solchen Sippendifferenzierung innerhalb eines Areals dienen. – Eine ähnliche adaptive Radiation wie die Galapagosfinken haben die ausschließlich auf Hawaii vorkommenden Kleidervögel

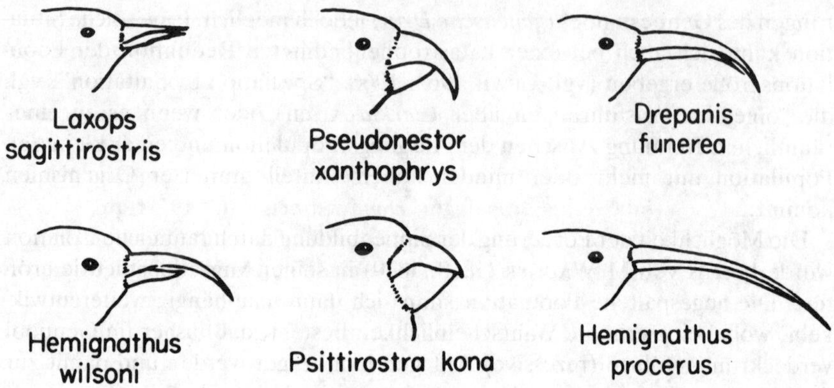

Abb. 9: Verschiedene Ausbildung der Schnabelform bei den Drepanididae Hawaiis (nach Storer 1971).

(Drepanididae) erfahren, die sich vor allem unter Ausbildung sehr verschiedener Schnabelformen (Abb. 9) an sehr verschiedene Nahrungsquellen angepaßt haben, so daß man heute 2 Unterfamilien mit 11 Gattungen und 22 Arten unterscheidet. Wie weit diese in einem gemeinsamen Areal erfolgte und daher als *sympatrische Speziation* bezeichnete Artbildung durch „selektive Partnerwahl" innerhalb der Ausgangspopulation bedingt sein könnte, bleibt umstritten. Als häufigste Form der Artbildung darf wohl die *allopatrische Speziation* angesehen werden, bei welcher Populationen durch geographische Barrieren – Gebirgszüge, Gewässer, Wüsten – getrennt sind. Im Zuge geologischer oder klimatischer Veränderungen kann auch in einem ursprünglich geschlossenen Areal eine solche Auftrennung erfolgen.

Einen nachhaltigen Einfluß dieser Art haben in Europa die eiszeitlichen Klimaschwankungen ausgeübt. Aufgrund vieler Indizien und allgemeiner Überlegungen darf man annehmen, daß die Verbreitungsgebiete der meisten Pflanzen- und Tierarten infolge der starken Abkühlung sich südwärts verlagerten und sich östlich oder westlich des Querriegels der vereisten Alpen weiter nach Süden verschoben. Während der Wiedererwärmung drangen die über lange Zeiträume getrennten und nun bereits divergierenden Populationen wieder aus den Glazialrefugien nach Norden vor, bildeten jedoch bei ihrem Aufeinandertreffen mehr oder minder scharf getrennte Fortpflanzungsgemeinschaften. Auf diese Weise erklärt man die bereits erwähnte Trennung von Rabenkrähe und Nebelkrähe, ferner die Separation von Sprosser und Nachtigall als nicht mehr bastardierende Arten oder der beiden Unterarten des europäischen Igels, des östlichen Weißbrustigels *(Erinaceus europaeus roumanicus)* und des westlichen Braunbrustigels *(Erinaceus europaeus europaeus)*.

Den Galapagosfinken und Kleidervögeln kann man als botanisches Beispiel die wegen ihrer ornamentalen Blattrosetten beliebte, etwa 40 (38) Arten umfassende Crassulaceengattung *Aeonium* gegenüberstellen. Ihre Vorfahren gelangten vermutlich im frühen Tertiär von Afrika auf die makaronesischen Inseln und entfalteten sich hier, insbesondere auf den Kanaren, zu einer Formenfülle von 37 endemischen (!) Arten (auf den Kanar. Inseln 32 Arten, Lems 1960), ähnlich die Boraginaceengattung *Echium* (Natterkopf) mit 28 und die „Gänsedisteln" der Gattung *Sonchus*, subgen. *Dendrosonchus* mit 19 Arten.

Die oft sehr große Vielfalt der klimatischen Einflüsse und der durch Klima und Verschiedenartigkeit der Gesteine bewirkten unterschiedlichen Bodenverhältnisse bietet in Verbindung mit der topographischen Gliederung und der Ausbildung oft sehr scharfer topographischer und klimatischer Grenzen vermutlich die Erklärung für den großen Artenreichtum vieler Gebirge, die wir als Zentren der Artbildung nicht nur bei Pflanzen, sondern auch bei Tieren (vgl. Schweiger 1969) ansehen dürfen. Ein mutagener Einfluß erhöhter UV-Strahlung ist dabei nicht auszuschließen.

Bei Pflanzen spielt im Zusammenhang mit der räumlichen Isolation das *Rekombinationssystem* eine wichtige Rolle, d. h. die Verteilung neuer und alter Erbanlagen durch das für jede Sippe spezifische Verhältnis von (stabilisierend wirkender) vegetativer Vermehrung und der für die Neukombination von Genen entscheidenden sexuellen Fortpflanzung. Bei letzterer ist wiederum das Verhältnis von Selbstbefruchtung (bzw. Selbstfertilität) und Fremdbefruchtung (bzw. Selbststerilität) entscheidend.

Als Beispiel dafür wird oft die Walderdbeere (*Fragaria vesca* L.) genannt: sie vermehrt sich an den Standorten, an denen sie einmal Fuß gefaßt hat, vornehmlich vegetativ durch Ausläufer. Diese vegetative Vermehrung gewährleistet die Stabilität der an diesem Standort bewährten genetischen Konstitution. Gelegentlich auftretende sexuelle Fortpflanzung ermöglicht jedoch eine Neukombination von Genen und damit eine gewisse genetische Plastizität; denn die dabei entstehenden, durch neue, an anderen Standorten vorteilhafte Eigenschaften ausgezeichneten Pflanzen können nun weitere, von der Art bisher nicht bewohnbare Standorte besiedeln.

Die Möglichkeit der Selbstbefruchtung kann bei Pflanzen eine wichtige Rolle für die Besiedlung von Standorten spielen, die so weit vom bisherigen Areal der Art entfernt liegen, daß die Fortpflanzungsgemeinschaft mit der Ausgangspopulation nicht mehr gegeben ist. Dies hat offensichtlich bei der Entstehung nicht weniger südamerikanischer Arten mitgewirkt, welche Verwandtschaftskreisen angehören, deren Hauptverbreitungsgebiet auf dem nordamerikanischen Halbkontinent liegt. Es handelt sich dabei unter anderen um Vertreter der Nachtkerzengewächse (Onagraceae), Korbblütler (Compositae) und der Phloxfamilie (Polemoniaceae). Von der letztgenannten Familie, die im pazifischen Nordamerika mit zahlreichen Gattungen und Arten vertreten ist, gibt es etwa ein Dutzend Arten (aus den Gattungen *Collomia, Gilia, Ipomopsis, Na-*

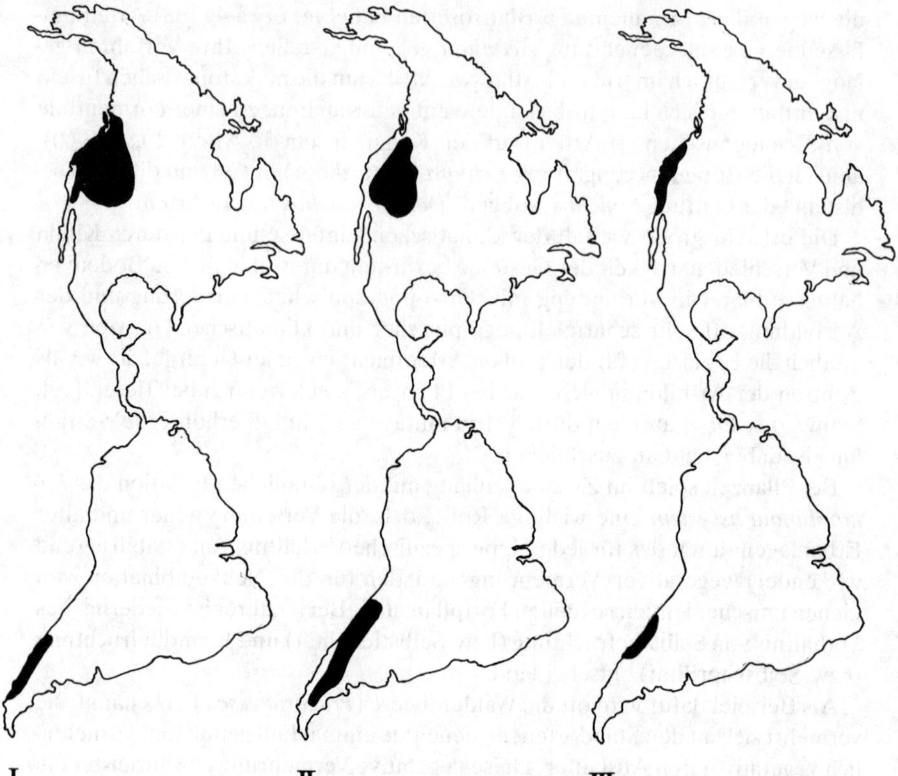

Abb. 10: Neuweltlich-amphitropische Areale der Artpaare I) N. Am.: *Collomia grandiflora* Dougl. ex Lindl. – S. Am.: *C. biflora* (Ruiz. & Pav.) Brand; II) N. Am.: *Gilia sinuata* Dougl. (2n = 36) – S. Am.: *G. crassifolia* Benth. (2n = 36,72), nach Grant (1959); III) Areal der Gattung *Microseris* D. Don Sect. *Microseris*, N. Am. 5 Arten. S. Am. *M. pygmaea* D. Don (nach Chambers 1963).

varretia und *Linanthus* sowie *Polemonium* und *Microsteris*) in Chile und Argentinien, die untereinander allenfalls entfernt, mit Arten in Nordamerika jedoch so eng verwandt sind, daß man von Artpaaren sprechen kann (Abb. 10 I, II); in zwei Fällen (*Polemonium micranthum* Benth. und *Microsteris gracilis* [Hook.] Greene) handelt es sich sogar um dieselben Arten (Tab. 2). Vieles spricht für die Erklärung, daß regelmäßig zwischen den pazifischen Küsten Nord- und Südamerikas hin- und herfliegende Seevögel Samen dieser Polemoniaceen nach Südamerika transportiert haben. Diese Vögel haben sowohl im Norden als auch im Süden ihren Biotop in den offenen Pflanzengesellschaften, die in Kalifornien stark von Polemoniaceen besiedelt sind. Zudem gehören die betreffenden

Tab. 2: Verwandtschaftsbeziehungen nord- und südamerikanischer Polemoniaceae (aus Grant 1959)

Genus und Sektion	Südamerikanische Repräsentanten	Nahverwandte nord-amerikanische Arten	Anzahl der nord-amerikanischen Arten in der gleichen Gruppe
Polemonium sect. Polemoniastrum	*P. micranthum*	*P. micranthum*	1
Collomia sect. Collomia	*C. biflora*	*C. grandiflora*	6
	C. cavanillesii	*C. linearis*	
Microsteris	*M. gracilis*	*M. gracilis*	1
Gilia sect. Giliastrum	*G. foetida*	*G. rigidula*	5
	G. glutinosa	*G. palmeri*	
Gilia sect. Gilia	*G. laciniata*	*G. nevinii*	7
	G. valdiviensis	*G. millefoliata*	
Gilia sect. Arachnion	*G. crassifolia*	*G. sinuata*	17
Ipomopsis sect. Microgilia	*I. gossypifera*	*I. pumila*	10
Navarretia sect. Navarretia	*N. involucrata*	*N. minima*	7
Linanthus sect. Dactylophyllum	*L. pusillus*	*L. pygmaeus*	11

Arten alle zu Gruppen, deren Samen beim Benetzen mit Wasser klebrig werden und dann leicht am Gefieder von Vögeln haften bleiben. Die in Südamerika lebenden Arten sind bis auf eine annuell und selbstfertil, so daß schon bei der Einschleppung auch nur eines einzigen Samens die Möglichkeit zur Entfaltung einer ganzen Population gegeben ist, zumal wenn die offenen Standorte dafür günstige Voraussetzungen bieten (vgl. Grant 1959). In einer solchen, von einem einzigen Individuum abstammenden Population *(„Gründer-Population“)* sind natürlich die Bedingungen für eine Verschiebung des Genbestandes gegenüber der Stammart schon dadurch günstig, daß sich spezifische Eigenschaften des Mutterindividuums leichter durchsetzen können als bei Fremdbestäubung in der umfangreichen Stammpopulation, wie es schon das „Migrationsgesetz der Organismen“ von M. Wagner (1868, 1870) zum Ausdruck bringt.

Ähnliches dürfte für *Microseris pygmaea* D. Don gelten, der einzigen in Südamerika (Südchile) – und nur dort – vorkommenden Art (Abb. 10 III) der 14 Arten umfassenden nordamerikanischen Compositengattung. Sie unterscheidet sich von allen anderen *Microseris*-Arten durch den Besitz von 10 statt 5 Pappusstrahlen (Pappus = „Federkrone“ der Frucht). Man darf annehmen, daß eine einzige durch Vögel von Kalifornien nach Chile transportierte Frucht dieser ebenfalls selbstfertilen Art genügte, um die chilenische Population zu begründen (Bachmann 1983, S. 82), deren Genotyp hinsichtlich der abweichenden Ausbildung des Pappus eingehend analysiert wurde, so daß man folgern durfte: "We postulate a single ancestral gene that mutuated in the successful ancestral specimen of *M. pygmaea* between the introduction and its establishment and has further evolved by gene duplication" (BACHMANN et al. 1985, S. 81).

Ein Parallelfall liegt offenbar bei *Clarkia tenella* (CAV.) LEWIS & LEWIS vor, dem einzigen südamerikanischen, gleichfalls im südlichen Chile und Argentinien lebenden Vertreter der artenreichen Onagraceengattung *Clarkia*, der mit der kalifornischen *Clarkia davyi* (JEPSON) LEWIS & LEWIS ein Artpaar bildet (vgl. MOORE & LEWIS 1966, LEWIS & LEWIS 1955).

Zu einer raschen Bildung neuer Arten kann es kommen, wenn die in den Randzonen eines Areals oft nicht mehr optimalen Lebensbedingungen einer Population sich – etwa in klimatisch ungünstigen Jahren – plötzlich so stark verschlechtern, daß der größere Teil der Population zugrunde geht und ihre Regeneration von Individuen ausgeht, die mehr oder minder von der Norm abweichen und vielleicht gerade deshalb überlebt haben (LEWIS 1962).

Solche peripheren Populationsteile mit abweichenden Merkmalen sind anscheinend auch in der Gattung *Clarkia* des öfteren die Ausgangsbasis für die Entstehung neuer Tochterarten gewesen. Dabei kann sich die Tochterart „von der Elternart in morphologischen Merkmalen, in der Bevorzugung bestimmter ökologischer Verhältnisse, in der Anordnung bestimmter Chromosomenabschnitte oder in allen drei Merkmalen zugleich" unterscheiden (GRANT 1976, S. 90).

Als Beispiel für zwei „eindeutig" als „Eltern- und Tochterart" anzusprechende Arten dürfen *Clarkia biloba* (DUR.) NELS. & MACBR. und *C. ligulata* LEWIS & LEWIS gelten, die beide in Kalifornien wachsen und sich morphologisch vor allem durch ihre Petalenform unterscheiden: sie ist bei *C. lingulata* zungenförmig, bei *C. biloba* herzförmig. „*Clarkia biloba* besiedelt ein großes Gebiet in der nördlichen Sierra Nevada und in den benachbarten Regionen von Kalifornien", *C. lingulata* „nur ein sehr kleines Areal in einem tiefen Flußtal an der südlichen Peripherie des Verbreitungsgebietes von *C. biloba*". Die begrenzte und periphere Verbreitung von *C. lingulata* läßt darauf schließen, daß diese aus der Elternart *C. biloba* verhältnismäßig rasch und vor relativ kurzer Zeit entstanden ist" (GRANT 1976; S. 91; vgl. dazu LEWIS & ROBERTS 1956). Beide Arten sind also sympatrisch, doch bewohnt *C. biloba* feuchtere Standorte als *C. lingulata*, „und dies entspricht mehr den ursprünglichen ökologischen Verhältnissen der Vorfahren". Beide Arten weisen unterschiedliche Chromosomenzahlen auf – *C. biloba* $2n = 16$, *C. lingulata* $2n = 18$ – und sind durch eine „chromosomal bedingte Sterilitätsbarriere" voneinander geschieden. Es konnte hinsichtlich der chromosomalen Unterschiede sogar festgestellt werden, daß „zwei unabhängig voneinander erfolgte Translokationen eine grundlegende Rolle bei der genetischen Differenzierung" der beiden Arten spielten. Die Gene, welche die besondere Petalenform von *C. lingulata* bedingen, scheinen im Chromosom 9, dem „Extrachromosom von *C. lingulata*" zu liegen (GRANT 1976).

Die ökologische Isolation (Ausbildung ökologischer Rassen, Ökotypen) durch bessere Anpassung an bestimmte Standortfaktoren, etwa wie bei den zuletzt genannten *Clarkia*-Arten, oder die Spezialisierung auf bestimmte Böden – Kalk, Urgestein, Serpentin – schließt zwar ein Vorkommen am gleichen Standort aus, nicht aber im gleichen Gebiet, so etwa bei den bekannten Paaren *vikariierender Arten* der Alpenrose, *Rhododendron hirsutum* L. (kalk*lie*bend) und *Rh. ferrugineum* L. (kalk*feind*lich, auf saurem Boden) oder den stengellosen Enzianen *Gentiana clusii* PERR. & SONG. (Kalk) und *G. acaulis* L. (*G. kochiana* PERR. & SONG., „kalkfliehend"). Nicht immer ist daher zugleich auch eine gelegentliche Vermischung solcher Sippen ausgeschlossen. Die Frage ist dann aber, wieweit die Bastarde geeignete Lebensbedingungen antreffen. Als Beispiel kann man hier die Bachnelkenwurz (*Geum rivale* L.) und die Echte Nelkenwurz (*Geum urbanum* L.) anführen, zwei in Mittel- und Nordeuropa etwa gleichweit verbreitete Arten von recht verschiedenem Aussehen, die auch unterschiedliche Ansprüche an die Standortbedingungen stellen: *Geum rivale* kommt nur an feuchten, *G. urbanum* an ziemlich trockenen Standorten vor. Beide Arten können, wo sie einander begegnen, völlig fertile Bastarde ausbilden, unter deren Nachkommen (F_2) neben den intermediären Formen auch die Elternformen wieder auftreten. In der freien Natur sind jedoch allein die Elternformen hinreichend konkurrenzfähig (BRIGGS & WALTERS 1969). Diese Beispiele zeigen zugleich, daß die ökologische Differenzierung häufig mit der Ausbildung verschiedener morphologischer, anatomischer und anderer Eigenschaften verknüpft, ja oft durch diese bedingt ist (Behaarung oder geringere Blattgröße als Transpirationsschutz).

Ein gutes zoologisches Beispiel für eine ökologische Differenzierung ist nach RENSCH (1972, S. 52) „der nordamerikanische Schlangenrassenkreis *Thamniophis elegans*, der in eine aquatile und eine terrestrische Rassengruppe zerfällt, die beide jeweils im gleichen geographischen Raum vorkommen" (W. FOX 1951). Als weiteres Beispiel können nach RENSCH (1972, S. 51) die Haubenlerchenrassen Ägyptens gelten, „deren Gefiederfarbe der jeweiligen Bodenfarbe entspricht: auf dem dunklen Alluvialboden des zentralen Nildeltas die relativ dunkle *Galerida cristata nigricans*, an den Deltarändern die hellere *G. cr. maculata*, in den trockenen Küstengebieten die sandfarbene Rasse *brachyura*" (vgl. STRESEMANN & TIMOFÉEFF-RESSOVSKY 1943). RENSCH (1972, S. 51) weist aber auch darauf hin, „daß ökologische Rassen sich oft nur sehr schwach oder gar nicht in morphologischen Charakteren und eindeutig nur in physiologischen Merkmalen unterscheiden", wofür Rassen der Stechmücke *Culex pipiens* als Beispiel angeführt werden. Es ist leicht einzusehen, daß allein schon die Bevorzugung bestimmter Klimate zu einer geschlechtlichen Isolation führen und damit zu einem entscheidenden Faktor bei der Artdifferenzierung werden kann.

Eine geschlechtliche Isolierung braucht übrigens weder mit einer morphologischen noch mit einer ökologischen Differenzierung einherzugehen, wie die Ausbildung sogenannter *„kryptischer Arten“* zeigt. Einen Überblick über Möglichkeiten der Ausbildung neuer Pflanzensippen durch das Zusammenwirken von morphologischer, ökophysiologischer und geschlechtlicher Differenzierung einer Ausgangspopulation mag das Schema in Tab. 3. I vermitteln, dem in Tab. 3. II eine differenzierende Übersicht (nach MAYR 1975) über die Bewertung entsprechender Befunde im Bereich der Zoologie gegenübergestellt ist.

Die Ausbildung von *Kreuzungsbarrieren*, welche die geschlechtliche Isolation von Populationen bedingen und damit die Erhaltung einer neuentstandenen Sippe neben der Ausgangssippe bewirken, kann recht verschiedener Natur sein. Im zuletzt geschilderten Beispiel ist sie schon durch die verschiedene Anzahl der Chromosomen bedingt, die zu Störungen bei der Mitose oder der Gametenbildung durch fehlerhafte oder ausbleibende Paarung der Chromosomen führt (postzygotische Isolationsmechanismen). Sie kann bei Blütenpflanzen aber auch schon (praezygotisch) durch verschiedene Blütezeiten, unterschiedliche Bestäuber oder durch Unverträglichkeit von Pollenkörnern und Narbe bedingt sein. Bei Tieren verhindern oft schon unterschiedliche Verhaltensweisen der verschiedenen Arten, Verschiedenheiten der Sexualdüfte, sexualphysiologische Unterschiede oder der nicht aufeinander abgestimmte Bau der Geschlechtsorgane eine Kreuzung.

Im Unterschied zum Tierreich darf man jedoch für einen hohen Anteil der Pflanzensippen annehmen, daß an ihrer Entstehung Hybridisierung und Allopolyploidie beteiligt sind. Bei den höheren Pflanzen, so rechnet man, war dies bei mindestens einem Drittel der Fall. Für eine nicht geringe Anzahl bekannter Blütenpflanzen hat man die vermutete hybridogene Entstehung sogar durch Kreuzungsexperimente nachweisen können.

Das klassische Beispiel ist die „Synthese“ des Ackerhohlzahns, *Galeopsis tetrahit* L., in Kreuzungsexperimenten durch MÜNTZING (1930, 1932). Dieser wird ebenso wie drei weitere Arten, *G. bifida* BOENN., *G. pubescens* BESS. und *G. speciosa* MILL., zur Untergattung *Tetrahit* REICHB. gerechnet, in der *G. pubescens* und *G. speciosa*, beide mit der Chromosomenzahl $2n = 8$, und *G. tetrahit* und *G. bifida* mit $2n = 16$ jeweils eine natürliche Gruppe bilden. Experimentelle und zytologische Befunde deuteten bereits darauf hin, daß *G. tetrahit* und *G. bifida* „phylogenetisch jüngere, durch Artkreuzung und Chromosomensummation entstandene Arten“ sein könnten. Bei einer Kreuzung von *G. pubescens* mit *G. speciosa* erhielt man in der zweiten (F_2-)Generation bereits eine Pflanze, die triploid und morphologisch von *G. tetrahit* nicht zu unterscheiden war. Aus einer Rückkreuzung dieser fast völlig sterilen Pflanze mit *G. pubescens* (als Vater) erhielt man eine einzige Klause, aus der eine tetraploide (allotetraploide) Pflanze ($2n = 16$) hervorging, die völlig mit einer natürlichen *G. tetrahit*-Pflanze übereinstimmte; diese kann nach den Worten MÜNTZINGS (1930,

Tab. 3: I. Möglichkeiten der Ausbildung neuer Pflanzensippen unter Kombination von morphologischer, ökophysiologischer und geschlechtlicher Differenzierung (aus Weberling/Schwantes); II. die Bewertung entsprechender Befunde in der Zoologie (nach Mayr 1975)

I.

Sippenbildung bei morphologischer, ökologischer und geschlechtlicher Differenzierung (kombiniert in Anlehnung an Clausen, Mayr, Porter u. a.)

<table>
<tr><th>Morphologische Divergenz</th><th>ökologische Isolation</th><th colspan="3">Fortpflanzungsverhalten</th></tr>
<tr><td>Morphologisch-anatomische Differenzierung</td><td>ökologische Differenzierung</td><td>geschlechtlich nicht isoliert (F_1 völlig fertil)</td><td>geschlechtlich teilw. isoliert (F_1 teilw. steril, F_2 wenig vital)</td><td>geschlechtlich isoliert (F_1 steril oder fehlend)</td></tr>
<tr><td rowspan="2">Individuen morphologisch identisch</td><td>wachsen unter gleichen Standortbedingungen</td><td>Populationen einer Art (“Taxonomically the same entity”, Porter)</td><td rowspan="2" colspan="2">Versteckte („kryptische“) Sippen</td></tr>
<tr><td>wachsen unter verschiedenen Standortbedingungen</td><td>infraspezifische Sippen (verschiedene *Ökotypen* der gleichen Art)</td></tr>
<tr><td rowspan="2">Individuen morphologisch verschieden</td><td>wachsen unter gleichen Standortbedingungen</td><td>Varianten einer polymorphen Sippe *(Biotypen)*</td><td rowspan="2">Populationen zweier oder mehrerer verschiedener Arten, eventuell mit Hybridenschwärmen</td><td rowspan="2">Populationen zweier oder mehrerer verschiedener Arten</td></tr>
<tr><td>wachsen unter verschiedenen Standortbedingungen</td><td>infraspezifische Sippen (verschiedene *Ökotypen* der gleichen Art)</td></tr>
</table>

II.

	keine reproduktive Isolation	reproduktive Isolation vorhanden
Morphologisch identisch:		
Sympatrisch	(1) Vertreter derselben Population	(5) Zwillingsarten
Allopatrisch	(2) Vertreter derselben Unterart	(6) Zwillingsarten
Morphologisch verschieden:		
Sympatrisch	(3) Phäna derselben Population	(7) Verschiedene Arten
Allopatrisch	(4) Verschiedene Unterarten	(8) Verschiedene Arten

S. 154) „kaum in anderer Weise entstanden sein als durch Vereinigung einer unreduzierten triploiden Eizelle mit einer männlichen haploiden *pubescens*-Gamete“.

Durch Allopolyploidie, d. h. die Addition der Chromosomenbestände beider Eltern, kann somit ausnahmsweise auch die Bildung fruchtbarer Bastarde zwischen bereits weit divergierenden Sippen gelingen. Ein Beispiel dafür ist das heute in den Marschen der Nordseeküste verbreitete und oft zur Schlickbefestigung angepflanzte Hohe Schlickgras, *Spartina anglica* C. E. HUBB. Dieser fertile Bastard entstand offensichtlich zwischen 1870 und 1890 im Southampton Water durch Kreuzung der an der Kanalküste heimischen *S. maritima* (CURT.) FERNALD (2n = 60) mit der aus Nordamerika eingeschleppten *S. alternifolia* LOIS. (2n = 62). Da die Bastardpopulationen entweder aus fast sterilen Bastarden (*S.* × *townsendii* H. & J. GROVES, 2n = 61) oder aus fertilen Allopolyploiden (*S. anglica* C.E. Hubb., 2n = 122) bestehen, darf man vermuten, daß aus der Kreuzung zunächst der fast sterile, aber stark vegetativ sich vermehrende Bastard hervorging und daraus erst die fertile Allopolyploide entstand, in deren Chromosomensatz die Chromosomen der beiden Ausgangsarten durch ihre verschiedene Größe zu unterscheiden sind.

Eine nachweislich durch Kreuzung entstandene allotetraploide Pflanze ist auch der Raps (*Brassica napus* L., 2n = 38), der aus *Brassica oleracea* L. (Kohl, 2n = 18) und *B. campestris* L. (*B. rapa* L., 2n = 20) hervorging.

Aus der Allopolyploidie können sich entscheidende Anstöße für die Bildung neuer Entwicklungslinien ergeben, Beispiele finden sich unter den Kulturpflanzen, wie etwa den Weizenarten. Die Wildform des Emmers (*Triticum dicoccon* SCHRANK), einer der ältesten Kulturpflanzen, ging offenbar schon vor mehr als 7000 Jahren im Vorderen Orient als allotetraploider Bastard (2n = 28) aus einer spontanen Kreuzung des Wildeinkorn (*T. boeoticum* BOISS., 2n = 14) mit dem im gleichen Gebiet wachsenden Ziegengras (*Aegilops speltoides* TAUSCH, 2n = 14) hervor. Aus einer Kreuzung des Wildemmers (*Triticum dicoccoides* [KOERN. ex ASCHERS. & GRABEN.] AARONSOHN) mit einer weiteren 7-chromosomigen *Aegilops*-Art, *A. squarrosa* L., entstand die Ausgangsform der Saatweizensorten – insgesamt eine Entwicklung, aus der nicht nur eine Vermehrung und Vergrößerung der Karyopsen, sondern auch weniger brüchige Ähren- und Ährchenachsen, ein leichteres Loslösen der Körner aus den Spelzen und viele andere Eigenschaften resultierten.

Auch aus der einfachen Verdoppelung oder Vervielfachung des Chromosomensatzes (Polyploidisierung) kann die Entstehung neuer Arten resultieren. In manchen Gattungen kann man regelrechte Reihen von Arten mit zunehmendem Ploidiegrad erkennen, wie etwa bei den Ampfer-Arten der Gattung *Rumex* (mit der Grundzahl x = 10): *R. conglomeratus* MURRAY 2n = 20, *R. sanguineus* L. 2n = 30, *R. maritimus* L. 2n = 40, *R. crispus* L. 2n = 60, *R. hydrolapathum* HUDS., der Riesenampfer, 2n = 200.

Im Tierreich ist Polyploidie bisher nur selten festgestellt worden, und zwar nicht nur bei Wirbellosen (Insekten, vgl. LOKKI & SAURA 1980), sondern auch bei manchen Fischen (vgl. J. SCHULTZ 1980), Anuren, Salamandern und Eidechsen (vgl. BOGART 1980). Fast stets handelt es sich dabei um Sippen mit parthenogenetischer Fortpflanzung. Gelegentlich soll bei solchen Sippen eine „Wiederaufnahme der geschlechtlichen Fortpflanzung" vorkommen, so bei Oligochaeten (vgl. MAYR 1975, S. 170). Für das Tierreich darf man einen wesentlichen Einfluß der Polyploidisierung auf Artbildungsprozesse wohl ausschließen (über die Rolle der Polyploidie bei Pflanzen und Tieren vgl. die zusammenfassenden Darstellungen bei W. H. LEWIS 1980).

Die Erkenntnis, daß vor allem im Pflanzenreich Arten auf sehr verschiedenen Wegen entstehen können, hat verschiedentlich dazu geführt, „Spezies von sehr verschiedener Valeur" (LAMPRECHT 1959, S. 253) unbeschadet ihrer nomenklatorischen Behandlung gemäß ihrer (mutmaßlichen) Entstehungsweise zusätzlich durch besondere Termini zu kennzeichnen. CAMP & GILLY (1943) unterscheiden in dieser Weise vom 1. *Homogeneon* (Linneont), dessen „wesentliches Merkmal die morphologische und genetische Homogenität all seiner Individuen ist" (MERXMÜLLER 1949, S. 70), das 2. *Parageneon*, „eine Art, die durch ihren Bereich hindurch kleine morphologische und genetische Abweichungen aufweist, also einige abweichende Genotypen enthält" (MERXMÜLLER 1949), wobei alle Individuen miteinander kreuzbar sind; 3. das *Micton*, das Ergebnis der Bastardierung von Individuen zweier oder mehrerer Spezies (so entstand vermutlich die nordamerikanische Hochstauden-Heidelbeere *Vaccinium corymbosum* während der Eiszeit durch Kreuzung dreier, im Südteil des Areals noch getrennt existierender Elternarten); 4. das *Rheogameon*, das aus wohlunterscheidbaren, geographisch getrennten Teilarten zusammengesetzt ist, deren Areale aneinanderstoßen, wobei die benachbarten Teilarten untereinander kreuzbar sind, wie es bei den bereits erwähnten Heringsmöwen (S. 28/29) der Fall ist. Als 5. *Phänon* wird dagegen eine phänotypisch einheitliche Gruppe bezeichnet, die z. B. nur die Männchen oder Weibchen einer Art oder auch genotypisch verschiedene, nicht miteinander kreuzbare Teilarten umfassen kann (vgl. auch MAYR 1975, S. 16). Ferner werden durch Bastardierung entstandene Allopolyploide als 6. *Alloploidion* (z. B. *Galeopsis tetrahit*, vgl. S. 40) bezeichnet, als 7. *Dysploidion* ein Art-Typ, „dessen morphologisch ähnliche Glieder in einer dysploiden Serie angeordnet" werden können (Beispiele bei *Viola, Rosa, Crepis, Erophila* u. a.), während das 8. *Euploidion* „aus einer Stammart mit den entsprechenden autopolyploiden Segmenten", wie bei Arten der Onagraceengattung *Zauschneria* (MERXMÜLLER 1949, S. 70, *Crepis, Erophila* u. a.), besteht. Weitere solche Bezeichnungen sind· das *Heterogameon*, Arten mit Strukturheterozygotie (permanente Strukturhybriden), wie bei den Nachtkerzengewächsen *Oenotherea* und *Godetia*, das *Kleistogameon*, kleistogam sich fortpflanzende, und das *Apogameon*, zugleich apomiktisch und sexuell sich vermehrende Arten, sowie das *Agameon*, „ein Typ, der nur Apomikten aufgrund morphologischer Ähnlichkeit vereinigt“ (MERXMÜLLER 1949, S. 72).

2.5 Mikro- und Makroevolution

„Natura non saltat“ (die Natur springt nicht). Mit diesen Worten hat DARWIN in ›Die Entstehung der Arten‹ betont, daß die Selektion und damit der richtunggebende Faktor der Evolution stets eine kontinuierliche Veränderung zur Folge haben muß. Solche kontinuierlichen evolutiven Veränderungen auf niedrigem taxonomischen Niveau, z. B. bei Arten oder Gattungen, wie wir sie im vorhergehenden vielfach beschrieben haben, dienen in fast allen Lehrbüchern zur Erläuterung des Evolutionsprozesses.

Oft wird solchen, als Mikroevolution bezeichneten Prozessen das Auftreten völlig neuer Typen oder Baupläne in der Evolution als „Makroevolution“ gegenübergestellt. Damit verbindet sich vielfach die Vorstellung, daß die Erscheinungen der Makroevolution im darwinistischen Sinn nicht erklärbar seien. Als typisches Beispiel hierfür wurde lange Zeit die Evolution geflügelter Insekten aus ungeflügelten angeführt. Es besteht kein Zweifel, daß durch Selektion ein vorhandenes Organ zwar schrittweise verbessert, nicht aber ein komplexes Gebilde völlig neu geschaffen werden kann. Die Entstehung des Insektenflügels wurde daher als ein solcher, nicht im Sinne der *Darwin*schen Evolutionstheorie verständlicher Makro-Evolutionsschritt angesehen. Heute geht man jedoch davon aus, daß die Vorstufen der Insektenflügel keine Flugorgane, sondern Hautfalten waren, die zur Vergrößerung oder Verkleinerung der Körperoberfläche geöffnet und geschlossen werden konnten. Diese Hautfalten haben vermutlich der Thermoregulation gedient, und erst ab einer bestimmten Größe hatten diese Hautfalten den zunächst „unbeabsichtigten“ Effekt einfacher Flugapparate. Damit war aber der Ausgangspunkt für eine Selektion zu Hochleistungsflugapparaten gegeben. Unabhängig davon, ob man von diesem Beispiel überzeugt ist oder nicht, zeigt es, daß Selektion eines bestimmten Merkmals nicht auf direktem Weg erfolgt sein muß. Der Selektionsweg kann vielmehr durch u. U. mehrfache derartige Funktionswechsel sehr kompliziert und schwer rekonstruierbar werden. Es ist jedenfalls unzulässig, die Tatsache, daß man sich einen solchen Weg nicht vorstellen kann, als Beweis dafür zu nehmen, daß es einen solchen Weg nicht gibt.

Ein weiterer Grund für die Annahme einer „Makroevolution“ ist, daß es vor allem zwischen als verwandt betrachteten größeren Gruppen (Familien, Ordnungen) meist keine Zwischenformen gibt, und man hat in der Regel auch keine Vorstellung, durch welchen Selektionsdruck die eine Form aus der anderen (oder beide aus einer gemeinsamen Stammform) hervorgegangen sein sollte.

Das Fehlen von Bindegliedern ist ein wichtiges Argument, das für die Trennung in Mikro- und Makroevolution oft ins Feld geführt wird. Gelegentlich werden aber solche Bindeglieder dann doch einmal gefunden, erstaunlicherweise dann aber in der Regel in Ökosystemen, in denen man sie eigentlich nicht erwartet hatte. Der berühmte Quastenflosser *Latimeria* wurde nicht in der Strandzone gefunden, wo man gerne die Bindeglieder zwischen den Fischen und den primitiven Landwirbeltieren gesucht hätte, sondern in größerer Meerestiefe. Man sollte dabei jedoch bedenken, daß ein Taxon, das dabei ist, sich einen bisher freien Lebensraum zu erschließen, nur von einer Seite her Konkurrenzdruck erfährt. Wenn unsere Vorstellungen zutreffen, waren die ersten Quastenflosser an Land mehr oder weniger konkurrenzlos, im Wasser dagegen waren sie der Konkurrenz aller bereits existierenden Fische ausgesetzt. Die Situation änderte sich dagegen gravierend, als besser angepaßte Landwirbeltiere evoluiert waren. Die Quastenflosser waren nun in beiden Ökosystemen unter Konkurrenzdruck. Das bedeutet, daß nach der Entstehung der Landwirbeltiere der ursprüngliche Lebensraum für die Quastenflosser von beiden Seiten her unter den Konkurrenzdruck der entstandenen einseitiger (spezieller) angepaßten Lebensformen gerät. In letzter Konsequenz wird die Zwischenform dadurch ausgerottet, sofern es ihr nicht zufällig gelingt, in eine ganz andere Nische auszuweichen, in der sie dem Konkurrenzdruck anderer Organismen standhalten kann. Dabei ist nicht sehr wahrscheinlich, daß eine „Zwischenform" wie *Latimeria* eine völlig neue ökologische Nische findet, wo sie nicht in Konkurrenz zu den beiden „Spezialformen" steht, zwischen denen sie verbindet. Viel wahrscheinlicher ist, daß die „Zwischenform" ausstirbt, sobald die Phase beginnt, in der sie von beiden Seiten unter Konkurrenzdruck gerät. Man muß also damit rechnen, daß die für das Verständnis der Evolution so wichtigen Bindeglieder meist nur eine relativ kurze Zeitspanne in der Evolution existenzfähig sind und daher in den seltensten Fällen aufgefunden werden. Es ist daher wahrscheinlich, daß viele angebliche Evolutionssprünge ihre Ursache in Lücken in der fossilen Dokumentation haben und in Wirklichkeit eben keine Sprünge in der Evolution, sondern nur Lücken im Verständnis und der Dokumentation sind.

Eine dritte Ursache für als „Makroevolution" bezeichnete Schritte kann in der Auswirkung eines bestimmten Selektionsdruckes während einer bestimmten Entwicklungsphase liegen. Die Selektion greift ja nicht nur an fertigen Organismen an. Vielmehr stehen alle Entwicklungsstadien in unterschiedlichem Ausmaß mit der Umwelt in Kontakt und nehmen im Verlauf ihrer Entwicklung u. U. ganz verschiedene ökologische Nischen ein. Entsprechend kann während verschiedener Entwicklungsstadien auch eine ganz unterschiedlich gerichtete Selektion stattfinden. Ein Beispiel für das Ergebnis eines selektiven Einflusses auf ein frühes Entwicklungsstadium zeigt vielleicht die Pflanzenfamilie der Eriocaulaceen. Hier kommen normalerweise einzelne, traubig

Abb. 11: Mehrköpfige Schäfte bei *Paepalanthus* Subgen. *Platycaulon* (Eriocaulaceae) und vermutete Ableitungsreihe.

gebaute, köpfchenförmige Blütenstände vor. In einer besonderen Gruppe kommen dagegen Schäfte vor, die viele zusammengedrängte Köpfchen tragen. Als Ergebnis morphogenetischer Studien hat STÜTZEL (1982) eine Ableitungsreihe (Abb. 11) für die Entstehung mehrköpfiger Schäfte aus Blütenständen mit mehreren einköpfigen Schäften vorgeschlagen. Es ließen sich zwar Zwischenformen finden, die diese Reihe zu belegen scheinen, es handelte sich bei diesen Zwischenformen aber ausschließlich um teratologische Bildungen. Außerdem war nicht erkennbar, welcher Selektionsdruck zur Bildung mehrköpfiger Schäfte geführt haben sollte. Ein Selektionsdruck, der zur schnelleren Bildung von einer größeren Zahl von Blüten und damit zu größeren Infloreszenzscheiteln führt, ist dagegen leicht vorstellbar. Überschreitet die Größe des Infloreszenzscheitels eine gewisse Grenze, dann zerfällt dieser Scheitel in selbstregulierende Untereinheiten. Das bedeutet, daß die Suche nach systematischen Zwischenformen hier zwecklos ist, da die Evolution gar nicht über solche Zwischenformen erfolgt ist. Vielmehr bedeutet das Überschreiten einer physiologischen Grenze hier die Wiederholung eines ganzen Entwicklungsschrittes. So können durch Selektion bewirkte geringfügige Abänderungen früher Entwicklungsstadien aus physiologischen Gründen tiefgreifende Änderungen der anschließenden Entwicklungsschritte haben, ohne daß diesen nachfolgenden Änderungen zunächst überhaupt ein Selektionswert zukommt.

Die hier genannten Beispiele sollen weder auf Vollständigkeit noch auf Richtigkeit Anspruch erheben. Vielfach sind wir derzeit (noch?) nicht in der Lage, solche Modellvorstellungen eindeutig zu beweisen oder zu widerlegen. Die Beispiele zeigen aber, daß auch die als „Makroevolution“ bezeichneten scheinbaren Evolutionssprünge möglicherweise alle innerhalb des darwinistischen Konzeptes verstanden werden können. Im Grunde bezeichnen die Termini „Mikro-“ und „Makroevolution“ daher nur Evolutionsschritte, die man im einzelnen zu verstehen glaubt (Mikroevolution), und solche, die man insgesamt überhaupt nicht versteht (Makroevolution).

3. ARBEITSMETHODEN DER PHYTOGRAPHIE UND ZOOGRAPHIE UND DER SYSTEMATIK

3.1 Das Untersuchungsmaterial, Sammlungen und Botanische Gärten, Konservierungsmethoden

Gleich, aus welchem Anlaß man die systematische Bearbeitung einer Organismengruppe unternimmt, ob man bei einer ökologischen Untersuchung auf bisher noch nicht von der Systematik erfaßte Organismen stößt, ob man die monographische Bearbeitung einer revisionsbedürftigen Organismengruppe in Angriff nimmt oder sich zum Ziel gesetzt hat, die verwandtschaftlichen Beziehungen zwischen größeren Verwandtschaftskreisen zu klären – in jedem Falle sind reichhaltige Vergleichssammlungen ebenso unentbehrlich wie eine gute technische Ausrüstung. Wie schon erwähnt, steht dieses Material in den Zoologischen und Botanischen Museen zur Verfügung, die gewissermaßen wissenschaftliche Archive oder Probenbanken darstellen. Sie sind mit ihren vielen konservierten Exemplaren pflanzlicher oder tierischer Organismen zugleich auch Dokumentationszentren etwa für die Floren und Faunen der verschiedenen Regionen und für bereits veröffentlichte Forschungsergebnisse. Sie ermöglichen auf diese Weise später erforderlich werdende Überprüfungen; dabei spielen vor allem die Typusexemplare (vgl. S. 156/157, 159) der vielen bereits beschriebenen Taxa eine wichtige Rolle.

Aus diesen Sammlungen kann man, sofern man in einem wissenschaftlichen Institut arbeitet oder zumindest mit einem solchen in Verbindung steht, Material ausleihen. Dabei sind freilich gewisse Bedingungen einzuhalten, welche die sichere Aufbewahrung und sorgsame Behandlung des Materials gewährleisten – es soll durch die Bearbeitung an wissenschaftlichem Wert gewinnen, nicht verlieren.

Die Anschriften dieser Herbarien und Zoologischen Sammlungen sind aus einschlägigen Verzeichnissen zu entnehmen, wie etwa dem vom Committee of European Science Research Council 1982 herausgegebenen Report ›Taxonomy in Europe‹ oder dem von der International Association of Plant Taxonomists (IAPT) 1974 veröffentlichten ›Index Herbariorum I: The Herbaria of the World‹. Im letztgenannten Index sind unter den Adressen der Herbarien auch die wissenschaftlichen Mitarbeiter und deren Arbeitsgebiete, vor allem aber auch die wichtigsten dort aufbewahrten Sammlungen genannt. Darüber hinaus gibt es für Pflanzen einen von der IAPT veröffentlichten Index Collectorum, in welchem nach den Namen der Sammler geordnet die von den verschiedenen

Forschern in aller Welt gemachten Sammlungen verzeichnet sind, so daß man z. B. die in der Literatur üblicherweise unter dem Namen der Sammler aufgeführten Belegexemplare und vor allem die Typen leichter auffinden kann; ähnliche Hilfsmittel gibt es auch in der Zoologie (vgl. dazu die in Kap. VI für die Botanik und die Zoologie getrennt aufgeführten Verzeichnisse).

Die Ausleihe der unersetzlichen *Typusexemplare* unterliegt freilich vielfach strengeren Bestimmungen und manche Sammlungen leihen diese gar nicht aus. In solchen Fällen kommt man nicht umhin, die betr. Sammlungen selbst aufzusuchen. Das ist oft noch mit dem großen Vorteil verknüpft, daß zumindest in den großen systematischen Zentren auch die mitunter schwer erhältliche einschlägige Literatur oft in einem hohen Vollständigkeitsgrad zugänglich ist. Von einer Reihe wichtiger, viele Typen enthaltender Pflanzensammlungen gibt es auch Serien von Kleinstbildphotos, sog. Mikrofiches; Entsprechendes gilt für viele im Original oft kaum mehr zugängliche ältere systematische Werke (Botany on microfiche, IDC 6th cumulative catalogue 1990, IDC Order Department, P. O. Box 11205, 2301 EE Leiden, Niederlande).

Wer sich mit einer Organismengruppe eingehender befassen will, sollte freilich bestrebt sein, auch selbst zur Sammlung des erforderlichen Materials beizutragen. Dies schon deshalb, weil es wichtig, eigentlich sogar unerläßlich ist, wenigstens einen Teil dieser Organismen in ihrem Lebensraum kennenzulernen. Damit bietet sich zugleich die Möglichkeit, auch Material für spezielle Untersuchungen, etwa cytologischer oder histologischer Art zu sammeln und in 70%igem Alkohol, Formol oder bestimmten Fixiergemischen zu fixieren und zu konservieren.

Die Abtötung von *Sammlungsschädlingen* wurde früher vielfach durch Vergiften mit Sublimat oder Paradichlorbenzol oder durch Einbringen der Sammlungen in luftdicht verschließbare Behälter und anschließende Behandlung mit giftigen Gasen vorgenommen. Statt dessen empfiehlt sich heute in vielen Fällen eine tage- oder wochenlange Lagerung in Tiefkühlschränken.

Im übrigen erfordert das Sammeln und Konservieren von Pflanzen und Tieren je nach der Organismengruppe besondere Einrichtungen (z. B. insektensichere Sammlungsschränke) und die Anwendung sehr verschiedener Methoden, die in speziellen Publikationen (vgl. Kap. 6) eingehend erläutert werden.

Die einfachste und am meisten benutzte Methode für das Sammeln von Gefäßpflanzen (Farngewächsen und Samenpflanzen) ist das *Herbarisieren*, d. h. Trocknen gepreßter Pflanzen. Dazu verwendet man im allgemeinen eine transportable Presse aus zwei Holz- oder Metallgittern, zwischen denen die Pflanzenstücke, in Papierbogen (Zeitungsbogen) eingelegt, dadurch gepreßt werden, daß man das ganze Bündel fest zusammenschnürt (Abb. 12). Es ist ratsam, schon beim Pressen das Format der Papierbogen zu berücksichtigen, auf das die gepreßten Pflanzen später aufmontiert werden. Das international empfohlene Herbarformat ist 29 × 42 cm (Berliner Normalformat: 28 × 44 cm, Kew size: 26,6 × 42 cm). Für Herbarstücke von Palmen und Farnen sind teilweise größere Formate im Gebrauch.

Um zu gewährleisten, daß die gefüllte Pflanzenpresse trotz des Zusammenschnürens gut durchlüftet wird, sollte man in regelmäßigen Abständen Wellpappe oder gerippte Metallfolien zwischen die mit Pflanzen gefüllten Zeitungsbogen legen (Abb. 12 I a). Namentlich in feuchten Klimaten, vor allem aber in den Tropen empfiehlt es sich, das Trocknen dadurch zu beschleunigen, daß man die Pressen in sicherem Abstand über elektrischen Heizöfen oder brennenden Glühbirnen senkrecht so aufstellt (Abb. 12 II), daß die warme Luft von unten her durch die Röhren der Wellpappe oder die Rippen der Bleche hindurchströmen kann. – Bei der Sammeltätigkeit von Expeditionen in Tropengebieten bedient man sich bisweilen auch der sog. Schweinfurth-Methode. Dabei werden die Bündel mit gepreßten Pflanzen sofort mit einem Gemisch von verdünntem Alkohol und Formalin getränkt und fest in Plastikbeuteln verpackt aufbewahrt, bis Gelegenheit zum Trocknen ist.

Die herbarisierten Pflanzen werden später auf Bogen kräftigen Papiers oder dünnen Kartons mit den oben angegebenen Abmessungen mit 2–3 mm breiten Papierstreifen oder mit Fäden befestigt (Abb. 12 IV, V). Es ist nicht ratsam, die ganze Pflanze mit Klebstoff festzuheften, außer bei zartgliederigen Pflanzen und Zweigen von Nadelhölzern oder kleinblättrigen Pflanzen, die leicht ihre Blätter verlieren. Bei der Anordnung der Pflanzenteile auf dem Herbarbogen sollte die rechte untere Ecke für das Etikett freigehalten werden. Kleinere abgebrochene Pflanzenteile, abgefallene Blüten, Früchte usw. werden in kleinen, auf den Herbarbogen geklebten Papiertaschen (Abb. 12 III, V) beigefügt. Ebenso verfährt man oft mit sehr kleinen Pflanzen (im einzelnen vgl. man die bei STEHLI & BRÜNNER 1984 und in anderen entsprechenden Werken gegebenen Anweisungen). Doubletten der gesammelten Exemplare werden gewöhnlich an verschiedene öffentlich zugängliche Sammlungen verteilt.

Die Methode des Herbarisierens kann man auch für das Sammeln von Moosen sowie von Algen und Pilzen bestimmter Gruppen benutzen, doch sind dabei besondere Verfahren einzuhalten. Dasselbe gilt für das Herbarisieren von Nadelhölzern (Verhüten des Abfallens der Nadeln!) oder von parasitischen Blütenpflanzen; Flechten sollte man keinen höheren Temperaturen aussetzen, da sonst die zur Bestimmung wichtigen Flechtensäuren angegriffen werden. Für alle diese Spezialverfahren muß auf die im Literaturverzeichnis angegebene Literatur verwiesen werden, insbesondere auf die Publikationen von STEHLI & BRÜNNER (1968), WOMERSLEY (1981), DE VOGEL (1987), FORMAN & BRIDSON (1989), ferner LAWRENCE (1962), NATHO & NATHO (1963) und die dort angegebenen weiteren Arbeiten.

Für das Sammeln gibt es aber auch einige allgemeine Regeln. Die erste ist, daß von den gefundenen Pflanzen oder Tieren möglichst vollständiges bzw. re-

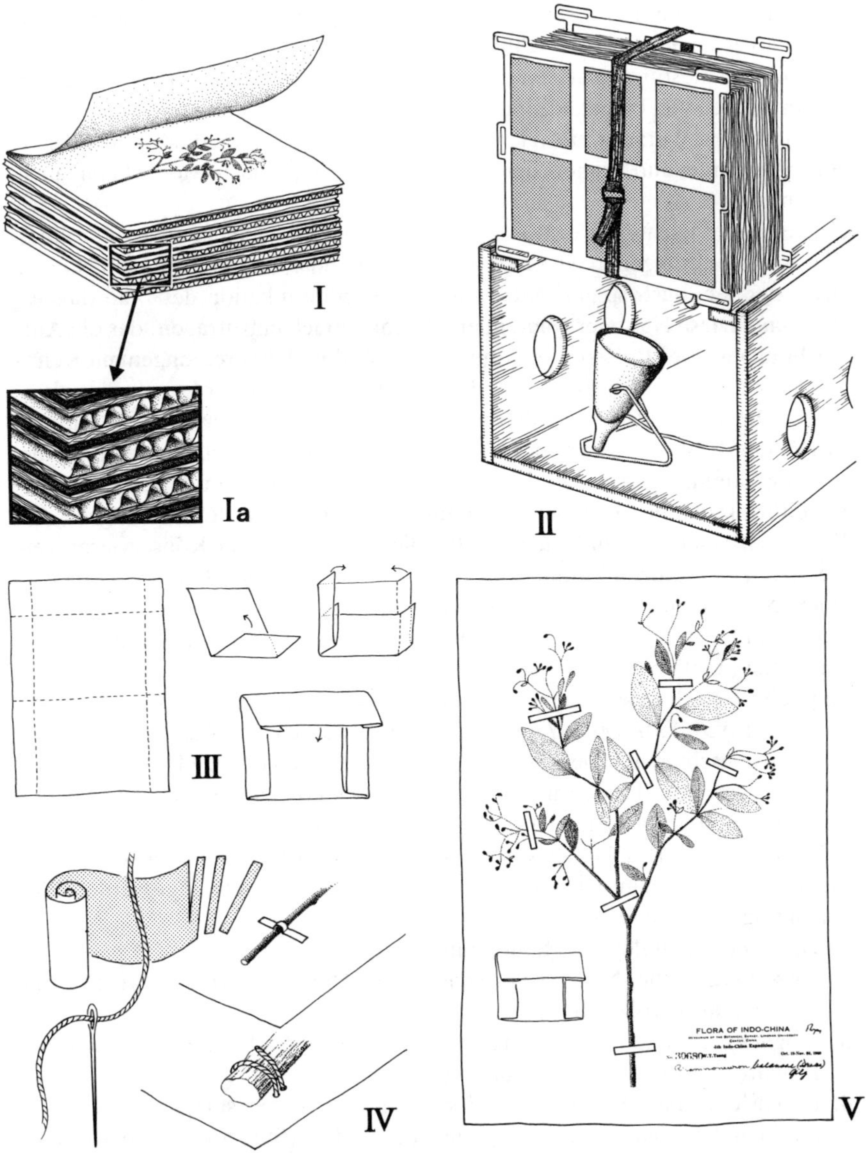

Abb. 12: Herbarisieren. I Einlegen der Pflanzen unter Verwendung von Zwischenlagen aus Wellpappe oder gerippter Metallfolie (Ia); II Trocknen der Pflanzen in geschlossener Pflanzenpresse über einer Wärmelampe; III Falten von Papiertaschen für kleine Pflanzenteile; IV Befestigen der getrockneten Pflanzen auf dem Herbarbogen mittels Nadel und Faden oder Klebestreifen, V Herbarbogen.

präsentatives Material gesammelt werden sollte. Dies betrifft vor allem die Erfassung verschiedener Entwicklungsstadien, d. h. gegebenenfalls auch solcher Individuen, die Jugendformen der gesuchten Organismen sein könnten. Beim Herbarisieren von Pflanzen gilt ohnedies die Regel, daß stets auch die unterirdischen Teile – Wurzelstöcke, Knollen usw. – mit gesammelt werden sollten, ferner Früchte und Samen und bei Holzgewächsen nach Möglichkeit auch Holzproben.

Die zweite wichtige Regel ist, jede Aufsammlung einer Pflanze oder eines Tieres mit einer eigenen Nummer zu versehen, die zusammen mit dem Namen des Sammlers auch später eine einwandfreie Identifikation des Materials ermöglicht. Diese Nummern sind in ein Protokollbuch einzutragen, das die Aufzeichnungen über Reiseroute, Funddaten, Standortsbeschreibungen mit Kennzeichnung der betr. Biozönose, Bodenverhältnisse, Meereshöhe usw. enthalten sollte. Dazu sind alle Daten über vergängliche Eigenschaften wie z. B. Blütenfarbe oder die Farben der Federn bei Vögeln zu protokollieren, ebenso über die aus den Sammlungsstücken nicht ohne weiteres erkennbaren Eigenschaften – baumförmig, Höhe der Pflanze, Schlingpflanze, bei Parasiten die Angabe des Wirtes usw. Dabei ist zu beachten, daß die zum Töten oder Konservieren verwendeten Substanzen Veränderungen, z. B. bei Insekten, Korallen oder marinen Nacktschnecken auch Farbänderungen bewirken können. Diese Färbungen müssen somit rechtzeitig protokolliert werden. Um eine standardisierte Bewertung und eine einheitliche Benennung von Farbtönungen zu erreichen, empfiehlt sich die Benutzung von Farbtonkarten (z. B. Baumann 1973/1948, Biesalski 1957, Küppers 1978, DuMont's Farbenatlas) eine Zusammenfassung über Farbenschlüssel geben Tucker, Marciarello & Tucker (1991).

Zur Ergänzung des zeitraubenden Zeichnens können wir uns dabei heute auch der photographischen Dokumentation bedienen.

Die protokollierten Daten werden später auf den *Etiketten* vermerkt, welche möglichst bald jedem der einzelnen Sammlungsstücke beigefügt werden. Sie sollen folgende Angaben enthalten:

1. Name des Sammlers und Sammelnummer,
2. wissenschaftlicher Name, sofern das Material bereits bestimmt wurde, wenn möglich, auch Volksname;
3. möglichst genaue Fundortsangabe mit Nennung des Landesteiles oder der Provinz, in welcher der Fundort liegt;
4. nach Möglichkeit Höhe des Fundorts über dem Meeresspiegel;
5. ökologische Charakterisierung des Fundortes (Standortsangaben), Angaben über vergängliche (Blütenfarbe) oder aus der Natur des Sammlungsstückes nicht ohne weiteres erkennbare Eigenschaften, auch über eventuelle Nutzung oder Schadwirkungen usw.

Bei Tieren ist entsprechend der größeren Vielfalt der Organismengruppen auch eine viel größere Vielfalt der Präparations- und Konservierungstechniken erforderlich. Wegen des Fehlens fester Zellwände ist häufig ein einfaches Trocknen, wie es bei vielen Pflanzen und auch bei den durch das Außenskelett stabilisierten Insekten ausreichend ist, nicht möglich.

Insekten werden für wissenschaftliche Sammlungen auf spezielle Insektennadeln aufgespießt. Die Nadel wird dabei in der Regel senkrecht durch den Brustbereich im Bereich der rechten Flügeldecke gesteckt. Die Nadel wird so weit durch das Insekt durchgesteckt, daß auf die Spitze noch ein kleines Etikett mit den Fundangaben gesteckt werden kann und das Insekt wird dann mit der Nadel in den Boden eines speziellen Insektenkastens gesteckt und so aufbewahrt. Zum Trocknen werden Beine und Fühler so orientiert, daß alle für die Bestimmung wesentlichen Teile gut sichtbar sind und trotzdem möglichst wenig abstehen, damit Beschädigungen vermieden werden. Zum Beispiel werden die langen Fühler eines Bockkäfers also um den Körper herum zurückgebogen und nicht in natürlicher Lage nach vorne gestreckt präpariert. Je nach Insektengruppe ist u. U. eine geringfügig abweichende Präparation erforderlich. Während bei Käfern nur die Flügeldecken für die Bestimmung wesentlich sind, tragen bei Heuschrecken die Hinterflügel wichtige Bestimmungsmerkmale und müssen daher auf einer Seite ausgebreitet präpariert werden. Bei Schmetterlingen und Hautflüglern werden alle vier Flügel in waagerecht ausgebreiteter Stellung fixiert und so getrocknet.

Bei allen Tieren kommt als wesentliches Problem hinzu, daß sie vor einer Präparation erst sachgerecht getötet werden müssen. Dies erfolgt in den meisten Fällen durch Gifte, die auch für den Präparator toxisch sind, und erfordert daher eine besondere Sorgfalt. Käfer und viele andere Insekten können mit Essigäther abgetötet werden. Wegen des vor allem bei größeren Insekten längeren Todeskampfes kann diese Methode jedoch zu Beschädigungen des Tieres führen. Dies gilt vor allem für Schmetterlinge, die deswegen mit Cyanid abgetötet werden müssen.

Bei schalenbildenden Mollusken ist vielfach die vollständige Schale (bei Muscheln beide Schalenhälften!) ausreichend für eine sichere Bestimmung. Bei größeren Schalen und Gehäusen können die Funddaten direkt auf den Fund geschrieben werden (Schaleninnenseite), was spätere Zettelverwechslungen am sichersten verhindert. Es scheint sich allerdings anzudeuten, daß in manchen schalenbildenden Molluskengruppen ebenso wie natürlich bei allen schalenlosen Mollusken eine Konservierung des Weichkörpers erforderlich ist. Die Aufbewahrung erfolgt zweckmäßigerweise in 70% Alkohol. Das Abtöten kann häufig mit einer 4%igen Mischung aus Seewasser und Formol erfolgen. Bei manchen Arten führt dies allerdings zu krampfartigen Kontraktionen, so daß andere Betäubungsmittel eingesetzt werden müssen. Da diese in der Regel nicht frei verkäuflich und somit nur Forschungseinrichtungen zugänglich sind, erübrigt sich ihre Auflistung hier.

Am schwierigsten ist die Präparation und Konservierung von Wirbeltieren.

Obwohl es dabei wie bei den anderen Tiergruppen nicht um eine Konservierung in einer natürlichen Stellung geht, sondern nur um eine dauerhafte Erhaltung der zur Identifikation wesentlichen Merkmale, erfordert eine solche Präparation in der Regel eine spezielle Ausbildung als Präparator. In der Regel werden zumindest alle inneren Organe entfernt und nur die Bälge in möglichst platzsparender Stellung trocken konserviert, oft genügen Teile des Tieres völlig als eindeutiger Beleg, z. B. der Schädel mit Zähnen oder sogar nur der Unterkiefer. Der balzende Auerhahn an der Wand im Jagdzimmer hat mit den Belegen einer wissenschaftlichen Sammlung jedenfalls nichts gemeinsam. Da Wirbeltiere heute in den meisten Ländern restriktiven Tierschutzbestimmungen unterliegen (Wirbellose sind in der Regel nicht oder nur durch Artenschutzbestimmungen geschützt, was bedeutet, daß es das Tierschutzgesetz z. B. unter Strafe stellt, wenn man einer lebenden Maus ein Bein ausreißt, bei einer Spinne oder einem Tintenfisch ist die gleiche Grausamkeit nicht unter Strafe gestellt!), ist das Anlegen von Forschungs- oder Dokumentationssammlungen von Wirbeltieren nur spezialisierten Forschungseinrichtungen möglich.

Bei Unternehmungen in vielen außereuropäischen Ländern empfiehlt es sich, außer den internationalen Artenschutzbestimmungen auch speziellen Naturschutz- und Ausfuhrvorschriften des betr. Landes Beachtung zu schenken und gegebenenfalls rechtzeitig vor einer Unternehmung Sammel- und Ausfuhrgenehmigungen zu beantragen. Zumeist wird man ohnedies mit landeseigenen Institutionen zusammenarbeiten und dabei auf die Erfahrungen der dort tätigen Mitarbeiter zurückgreifen können. Diese Institutionen verfügen in der Regel auch über Einrichtungen, welche die Konservierung der Sammlungen erleichtern und oft zumindest provisorische Art- oder Gattungsbestimmungen ermöglichen. In vielen solchen Fällen ist es üblich und zur sicheren Dokumentation von Ergebnissen auch ratsam, Duplikate der Sammlungsstücke in den betr. Institutionen zu hinterlegen. Der allgemeine Nutzen dieser Regeln (oder Vorschriften) wird nicht dadurch aufgehoben, daß es Institutionen gibt, die ihre Sammlungsschränke allein mit Duplikaten von Pflanzen und Tieren füllen, die sie ohne große Mühe täglich selbst sammeln könnten.

Da das Beobachten von Lebewesen an ihren natürlichen Standorten oft nur für kurze Zeit möglich ist oder längerfristige Aufenthalte in Außenstationen in tropischen oder subtropischen Gebieten erfordert, haben viele Institutionen Aquarien, Terrarien, Insektarien oder Vogel-Volieren eingerichtet, um Beobachtungen an lebenden Tieren zu ermöglichen.

Für viele Organismen ist die genaue Bestimmung und Klassifizierung ohne vollständige Kenntnis des gesamten Lebenszyklus nicht möglich. Das gilt für manche Tiergruppen ebenso wie für viele Algen und Pilze. Man muß diese daher in besonderen Kulturen züchten. Es gibt zudem eine Reihe von Instituten, die sich in besonderem Maße der Kultivierung und Erforschung solcher Organismengruppen zugewandt haben. Als Beispiel seien die meeresbiologischen Institute (z. B. die Biologische Anstalt Helgoland, Zentrale, 2 Hamburg 50, Palmaille 9) sowie die Sammlung von Algenkulturen in Göttingen (Nikolausberger Weg 18) und das Centraalbureau voor Schimmelcultures in Baarn/ Niederlande genannt, ferner die American Type Culture Collection, 12301 Parklawn Drive Rockville/Maryland 20852, USA (Algen, Bakterien, Bakteriophagen, Pilze, Protozoen). Allein in der Göttinger Sammlung von Algenkulturen werden mehr als 1200 Stämme von über 800 Algensippen und Prokaryota kultiviert (Schlösser 1982).

Hier ist auch die wichtige Rolle der *Botanischen und Zoologischen Gärten* zu erwähnen, die bei entsprechender Ausstattung nicht nur in der Lage sind, Material für vergleichend-morphologische, insbesondere ontogenetische und anatomische Untersuchungen heranzuziehen, sondern auch für cytologische, phytochemische, ökophysiologische Untersuchungen, Feinstrukturforschungen und nicht zuletzt für genetische Versuche und Kreuzungsexperimente. Bei der Erörterung des Problems der Artabgrenzung haben wir bereits darauf hingewiesen, wie wichtig es sein kann, die Konstanz von Merkmalen bei verschieden erscheinenden Pflanzen durch Kultur unter gleichen Lebensbedingungen zu prüfen, und ebenso ihre Abänderungsmöglichkeiten unter verschiedenen Kulturbedingungen. „Botanische Gärten sind das Labor des Systematikers" (Merxmüller 1968). Abgesehen von diesen Aspekten kann man feststellen, daß die Erfahrungen, welche in den Botanischen Gärten bei der Kultivierung von Pflanzen aus fremden Erdteilen gesammelt wurden, in ganz erheblichem Maße zur Erlangung unseres heutigen Lebensstandards beigetragen haben.

Da die Botanischen Gärten in einem internationalen Samenaustausch stehen, kann man auf diese Weise Saatgut, nicht selten aber auch fixiertes Pflanzenmaterial erhalten. Ein vom International Bureau for Plant Taxonomy and Nomenclature herausgegebenes International Directory of Botanical Gardens (1990) enthält nicht nur die Adressen, sondern auch Angaben über Mitarbeiter und Spezialgebiete.

Zoologische Gärten haben nach allgemeiner Auffassung eine kürzere Tradition als die entsprechenden botanischen Einrichtungen. Als erster Zoologischer Garten wird heute der aus einer „Menagerie" (Sammlung von Haus- und Jagdtieren, meist an Fürstenhöfen der absolutistischen Zeit) entstandene Zoologische Garten von Wien angesehen. Ähnlich wie Botanische Gärten stehen auch Zoologische Gärten in regem Tauschverkehr. Da dies bei Tieren etwas schwieriger ist als bei Pflanzen, ist diese Kooperation und Kommunikation bei Zoologischen Gärten wesentlich weiter entwickelt, z. B. mit internationalen Datenbanken, Registern für einzelne Arten etc. Zur Zucht werden auch Tiere an andere Einrichtungen vorübergehend oder sogar auf Dauer ausgeliehen.

Die praktische Bedeutung der Botanischen und Zoologischen Gärten in der Forschung erstreckt sich allerdings bisher nur auf einen sehr begrenzten systematischen Bereich. Über 90% der Arten in Zoologischen Gärten sind nämlich auch heute noch Wirbeltiere, meist Säuger und Vögel. Insektarien sind eine Sparte, die erst in jüngster Zeit in die Zoologischen Gärten Eingang gefunden hat, andere Wirbellose als Gliedertiere fehlen oft vollständig. In den Botanischen Gärten findet man vorwiegend Blütenpflanzen. Das Spektrum von Nacktsamern und Farnen tritt demgegenüber meist stark zurück und andere Gruppen wie Moose, Pilze, Algen etc. fehlen häufig ganz.

3.2 Die Untersuchungsmethoden

Wir haben bereits festgestellt, daß zur vollständigen Kenntnis der Organismen und zur Erschließung ihrer Verwandtschaftsverhältnisse die Berücksichtigung aller nur erreichbaren, von den verschiedensten Disziplinen – nicht nur der Biologie – erarbeiteten Daten gehört. Dabei ist freilich zu beachten, daß solche Daten nur dann von Wert sind, wenn sie von vielen Organismen gleichermaßen zur Verfügung stehen oder zumindest von einem repräsentativen Querschnitt einer Organismengruppe gewonnen werden. Das Gewicht, das den Aussagen der einzelnen Disziplinen für die Aufklärung der verwandtschaftlichen Zusammenhänge zukommt, ist allerdings bei den verschiedenen Organismengruppen sehr unterschiedlich. So etwa stehen in der Systematik der hinsichtlich der Ausprägung ihrer äußeren Form merkmalsarmen Bakterien heute phytochemische Merkmale, vor allem der chemische Aufbau der Zellwand, der Ribosomen-RNS (16 S-rRNS) und der Transfer-RNS sowie Spezialisierungen des Stoffwechsels im Vordergrund. Bei anderen Gruppen niederer Organismen spielen Eigenschaften der Kernstruktur oder das Auftreten und die Struktur bestimmter Zellorganellen eine wichtige Rolle. Für die Systematik der meisten Pflanzen- und Tiergruppen bildet nach wie vor die Vergleichende Morphologie die wichtigste Grundlage. Schon deshalb, weil wir bei unseren Beobachtungen meist vom visuell Erfaßbaren ausgehen, liefert sie gewissermaßen das Bezugssystem, das nicht nur für die Charakterisierung der verschiedenen Organismen benötigt wird, sondern auch die Basis für die Zuordnung aller anderen über den jeweiligen Organismus bekannten Daten bildet.

3.2.1 Morphologie und Anatomie

Angesichts der Tatsache, daß wir es sowohl im Pflanzenreich als auch im Tierreich mit teilweise sehr verschiedenen Bauplänen zu tun haben, kommt es bei der Ermittlung der morphologischen Gegebenheiten sowohl auf einen Vergleich des Gesamtaufbaues an als auch auf vergleichende Untersuchungen über den Bau und der einzelnen Organe mit Einschluß ihrer anatomischen Struktur und ihrer Ontogenie. Nur auf diese Weise können wir die gleichwertigen, homologen Bauelemente identifizieren, auf die allein sich die Feststellung von Ähnlichkeiten und Unterschieden zwischen Organismen beziehen darf. Es kommt also zunächst darauf an, unter Anwendung der sogenannten *Homologiekriterien* sorgfältig zwischen *Homologie*, d.h. Bauplanähnlichkeit, und *Analogie*, d.h. nicht auf bauplanmäßiger Entsprechung beruhender Ähnlichkeit, zu unterscheiden.

Analogien erklären sich vielfach aus Ähnlichkeiten der Lebensweise. So etwa wird die „Fischgestalt" der Delphine als Anpassung der Körperform an das Leben im Wasser gedeutet, ebenso wie bei den Schwimmfarnen der Gattung Salvinia die starke Auffiederung jeweils eines der drei am selben Knoten sitzenden Blätter, dessen zahlreiche Zipfel einem Wurzelbüschel ähneln und auch die Funktion von Wurzeln übernehmen. Der Bauplan des Delphins bleibt jedoch der eines vierfüßigen Säugetiers, und die einem Wurzelbüschel ähnelnden Zipfel des Schwimmfarns nehmen im Bauplan dieser Pflanze die Position eines Blattes ein; sie sind einem Blatt *homolog*, einer Wurzel aber nur *analog*.

Der Nachweis der Homologie unterliegt in der Arbeit der Vergleichenden Morphologie strengen Regeln; er ist an die Erfüllung der bereits erwähnten *Homologiekriterien* gebunden. Diese sind (nach Remane 1956) 1. das Kriterium der Lage, 2. das Kriterium der speziellen Qualität der Strukturen, 3. das Kriterium der Verknüpfung durch Zwischenformen (Stetigkeitskriterium).

1) Mit dem *Kriterium der übereinstimmenden Lage* ist keineswegs etwa eine topographische Lageähnlichkeit gemeint oder eine Entsprechung, wie man sie bei den Elementen gleichgeformter geometrischer Figuren beobachten kann, sondern die *Lageähnlichkeit im Gefüge* verschiedener Bauelemente. Zur Erläuterung mögen die beiden Figuren in Abb. 13 I, II dienen, die eine starke Lageverschiebung einzelner Punkte (a–b–c; a_1–b_1–c_1) zeigen, sie haben jedoch ihre charakteristische Verbindungsweise beibehalten und können daher ohne weiteres einander gleichgesetzt werden. Ein Beispiel aus der Vergleichenden Anatomie ist die unterschiedliche Ausbildung der Schädelknochen bei verschiedenen Wirbeltieren (Abb. 14). Nach dem ersten Eindruck scheint es sich hier nicht um vergleichbare Gefügesysteme zu handeln. Dennoch geht aus der gleichartigen Bezeichnung der einzelnen Knochen hervor, daß man auch hier nicht auf eine Homologisierung zu verzichten braucht. Es hilft hier die Überlegung weiter, daß einige Knochen bei den Säugern nicht mehr vorhanden sind und ein verstärktes Wachstum bestimmter Elemente, z.B. der Nasalia (N) und der Praemaxillaria (Pm) eine beträchtliche Verschiebung vieler Teile bewirkt hat, die oft sogar in eine ganz andere Nachbarschaft geraten sind. Zu einer sicheren Homologisierung müssen hier freilich noch andere Kriterien herangezogen werden, und zwar in erster Linie das Kriterium der Verknüpfung durch Zwischenformen.

2) Die Rolle des zweiten Homologiekriteriums, des *Kriteriums der speziellen Qualität*, können wir an Hand einer einfachen Zeichnung in Abb. 13 erläutern.

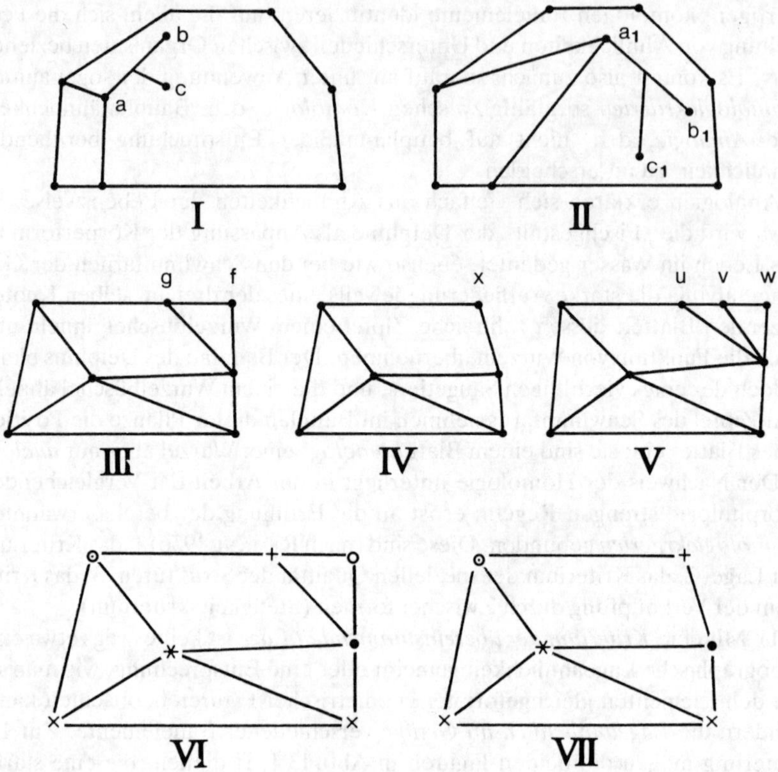

Abb. 13: I, II Lageverschiebung einzelner Punkte (a, b, c – a_1, b_1, c_1) unter Beibehaltung der Verbindungen. III–V Diagramme zur Demonstration der Unmöglichkeit einer Homologisierung im einfachen Gefüge bei Vermehrung oder Verminderung der Teile. Erklärung im Text. VI, VII Zwei Gefüge mit Spezialcharakteren der Einzelteile.

In Fig. IV ist gegenüber Fig. III ein Punkt ausgefallen: wo in III noch die Punkte g und f liegen, ist in IV nur ein Punkt (x) vorhanden. Ob dieser dem einen oder anderen der Punkte g und f entspricht, ist aufgrund der Lage im Gefügesystem nicht zu entscheiden. Ein ähnlicher Fall ist in Fig. V bei einer Vermehrung der Punkte gegeben.

Sind jedoch die einzelnen Punkte durch eine spezifische Qualität ausgezeichnet (Abb. 13 VI, VII) – hier durch Signaturen veranschaulicht –, so ist eine Identifikation der Elemente in allen drei Figuren durchaus möglich. Eine solche Qualität ist oft mit der charakteristischen Struktur bestimmter Organe gegeben, die wir auch als isolierte Organe ohne weiteres einem Ganzen zuordnen können, so etwa bestimmte Knochen.

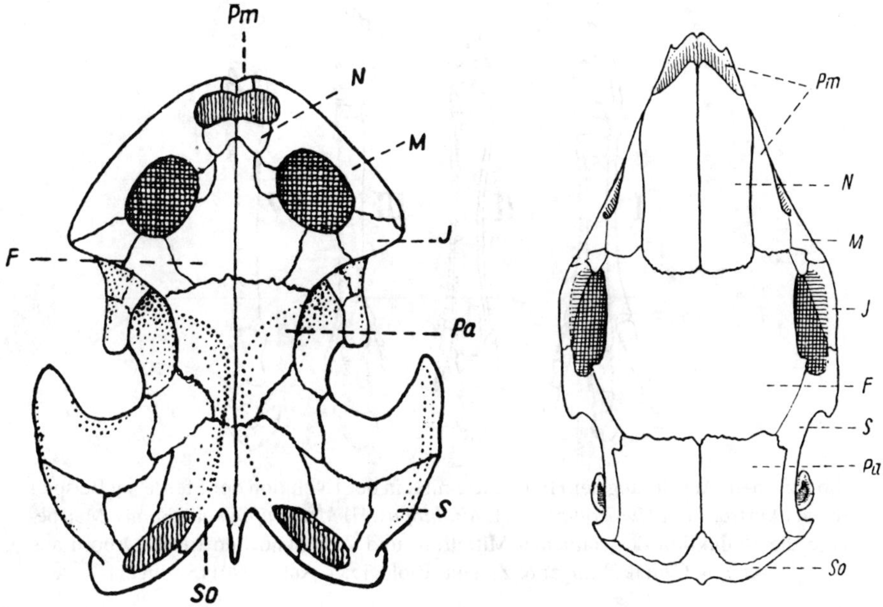

Abb. 14: Schädel einer Schildkröte *(Rhinemys)* und eines Nagetiers. Die homologen Knochen sind durch gleiche Buchstaben gekennzeichnet. Beachte die verschiedenen Beziehungen von S (Squamosum) und J (Jugale) (aus Remane 1956).

Die Sicherheit der Homologisierung wächst mit dem Grad der Komplexität der verglichenen Organe. Andererseits ist der Gültigkeitsbereich des Qualitätskriteriums auf Verwandtschaftskreise begrenzt, deren weitgehende Übereinstimmung im Bauplan sichergestellt ist – niemand wird, trotz vieler Übereinstimmungen im einzelnen, das Auge der Tintenfische mit dem Wirbeltierauge homologisieren, schon deshalb nicht, weil beide Organismengruppen völlig verschiedene Baupläne haben.

3) Besonders häufig wird in der Morphologie das *Kriterium der Verknüpfung durch Zwischenformen* angewendet. Solche Zwischenformen, welche zwischen sehr verschiedenen Ausprägungen eines Bauplanes oder eines einzelnen Organs vermitteln und dadurch den Nachweis der Identität erlauben, können auf zweierlei Weise aufgezeigt werden: 1. durch die Aneinanderreihung von adulten Formen, 2. durch einen Vergleich ihrer Ontogenie.

Für die Aufstellung von Formenreihen adulter Organe oder Organismen mögen als zoologisches Beispiel die Fußskelette aus der Stammreihe des Pferdes (Abb. 15) dienen, als botanisches Beispiel die Laubblätter verschiedener Passionsblumenarten (Abb. 16). Der Zusammenhang der verschiedenen

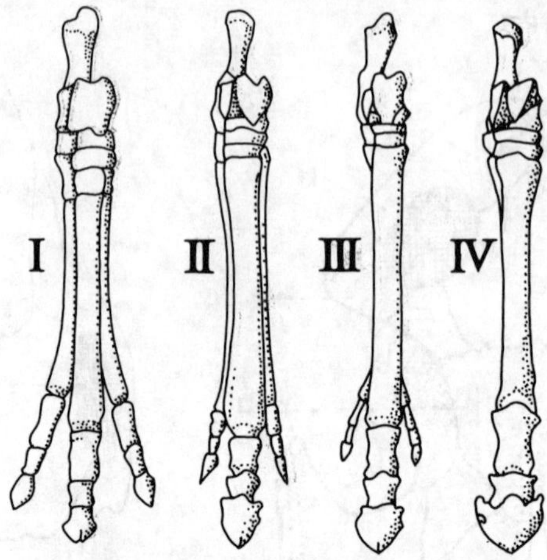

Abb. 15: a–d. Ausbildung der Hinterextremität in der Evolution der Pferde am Beispiel von vier Vertretern. I *Hyracotherium*, II *Miohippus*, III *Merychippus*, IV *Equus*. Man beachte die Reduktion der seitlichen Mittelfuß- und Zehenknochen (nach Osborn aus Osche, in Czihak, Langer & Ziegler, Biologie, 4. Aufl. 1990) (Springer).

Formen, die sich durch Förderung oder Hemmung bestimmter Abschnitte unterscheiden, ist wohl ohne weiteres erkennbar. Dies gilt auch für den Vergleich der Laubblätter von Arten der Kapuzinerkresse *(Tropaeolum)* mit handförmig-gefiederter (Abb. 17 VI) und fast kreisscheibenförmiger Spreite (Abb. 17 I), zwischen denen die Laubblätter von *Tropaeolum peregrinum* L. (Abb. 17 V) mit handförmig-gelappter Spreite vermitteln. Von besonderem Interesse ist in diesem Zusammenhang, daß auch die mit kreisscheibenförmigen Spreiten ausgestatteten Laubblätter von *T. majus* L. (Abb. 17 I) in einem frühen Stadium ihrer Ontogenie eine handförmig gelappte Spreite aufweisen (Abb. 17 II–IV). Damit ist die Rolle der vergleichenden Untersuchung der Ontogenie bereits aufgezeigt, und zwar auch für tierische Objekte: „Die ontogenetische Entwicklung zeigt ja den Organismus nicht nur als entstehendes, sondern auch als sich in seinen Strukturen wandelndes Gefüge. Nun kann während dieser Wandlungen ein Organ einer Tierart A sich in irgendeinem Stadium einem Organ der Tierart B so nähern, daß die bisher genannten Homologiekriterien uneingeschränkt anwendbar sind. In späteren Entwicklungsstadien kann das Organ der Art A tiefgreifende Verlagerungen und Strukturänderungen erfahren, so daß weder die Lage noch Bau Übereinstimmungen mit dem Organ der Art B aufweisen. Da natürlich Homologie nicht nur für ein einzelnes Stadium gilt, sondern für das Organ in all seinen ontogenetischen Umformungen, ist auch die Homologie der Extreme durch die ontogenetischen Übergangsstadien gegeben“ (Remane 1956, S. 46).

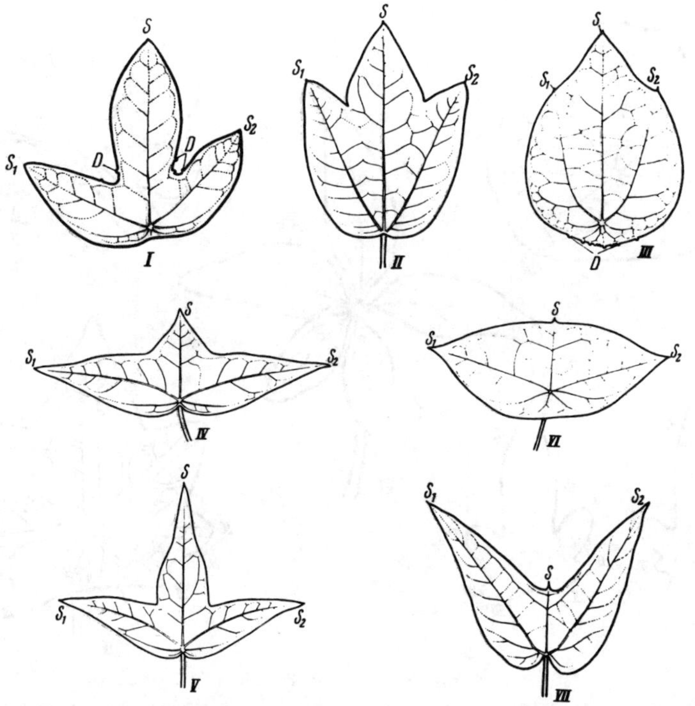

Abb. 16: Blätter von *Passiflora*-Arten. I *P. racemosa*; II *P. trifasciata*; III *P. hahnii*; IV, V *P. vespertilio* (späteres Jugendblatt und Folgeblatt); VI *P. coriacea*; VII *P. capsularis*. End- und Seitenlappen bzw. die ihnen entsprechenden Spitzen des Spreitenrandes sind mit S bzw. S_1 und S_2 bezeichnet. D Drüsen des Spreitenrandes (aus W. Troll 1939).

Vergleichend-ontogenetische Untersuchungen an Organen höherer Pflanzen werden oft dadurch erleichtert, daß sich der Vegetationskörper der Pflanze beim Wachstum gewissermaßen „additiv" aufbaut, d. h. es werden z. B. den schon ausgebildeten Blättern eines Sprosses vom Sproßscheitel her ständig weitere Blätter hinzugefügt, welche – bei Laubblättern – einander gewöhnlich bis auf unwesentliche Details gleichen. Man kann also die einzelnen zum Sproßscheitel der Pflanze hin in immer jüngeren Entwicklungsstadien sich darbietenden Blätter behandeln, als wenn man es mit den verschiedenen Entwicklungsstadien ein und desselben Blattorgans zu tun hätte und so Wachstum, Gliederung und Umwandlungsprozesse beobachten. Als Beispiel möge die Laubblattentwicklung des Granatapfelbaums, *Punica granatum* L. (*Punicaceae*, Abb. 18 VI–IX) dienen, für die der Besitz von rudimentären Stipeln (Nebenblättern) nachgewiesen werden konnte (Weberling 1956b). Ein allgemeines Kennzeichen dieser – hier als unscheinbare Zipfel ausgebildeten – randlichen

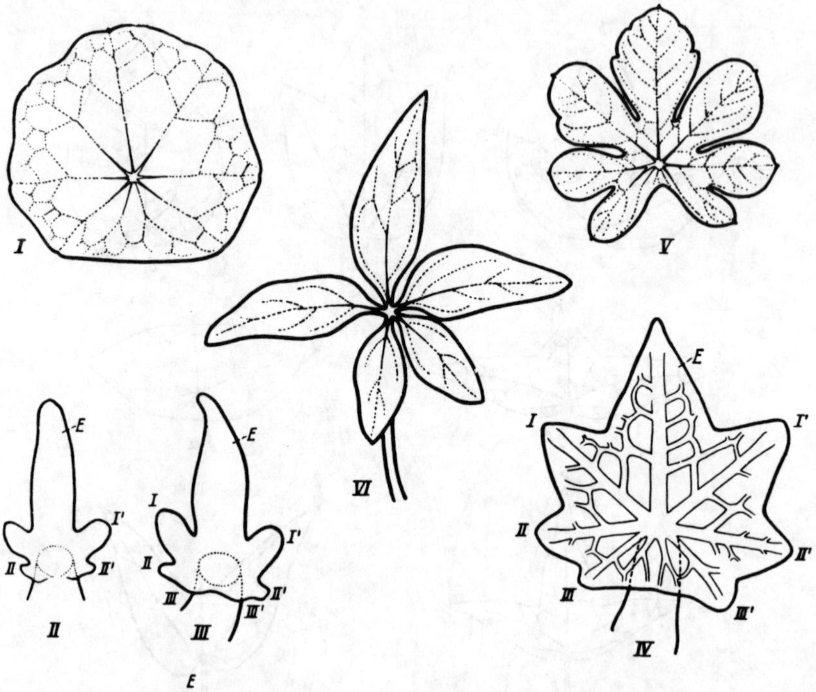

Abb. 17: *Tropaeolum majus*. I Spreite eines ausgewachsenen Blattes; II–IV Blattentwicklung, in deren Verlauf die Spreitengliederung ausgeglichen wird. V, VI Blattformen von *Tropaeolum peregrinum* und *Tropaeolum pentaphyllum*. Die römischen Ziffern geben die Aufeinanderfolge der Fiedern bei der Spreitenausgliederung wieder, E Endfieder (aus W. Troll 1939).

Ausgliederungen des Blattgrundes ist, daß sie schon in sehr frühen Stadien der Blattentwicklung in Erscheinung treten (Abb. 18 VI), womit ihr konstantes Auftreten innerhalb größerer Verwandtschaftskreise zusammenhängt. In diesen jungen Stadien der Blattontogenie gleichen die Blattanlagen von *Punica* völlig dem Bild, das wir von den bekanntermaßen mit Nebenblättern ausgestatteten Blättern anderer Blütenpflanzen, wie etwa der Haselnuß (Abb. 18 III–V), kennen. In späteren Stadien unterscheiden sich die Blattformen immer stärker; das gilt erst recht für die Blätter des Hirtentäschelkrauts (Abb. 19), deren Spreite eine Aufteilung in Fiedern erfährt.

Die in verschiedenen Richtungen erfolgende, zur gestaltlichen Verschiedenheit der Blattformen führende Entwicklung, die „Umbildung“ der Blattgestalt, ist also unmittelbar zu beobachten. Davor liegt eine bestimmte Entwicklungsphase, in der sich die verschiedenen Blattorgane der drei Arten so ähnlich sind, daß eine Homologisierung ohne weiteres vollzogen werden kann. Allein an

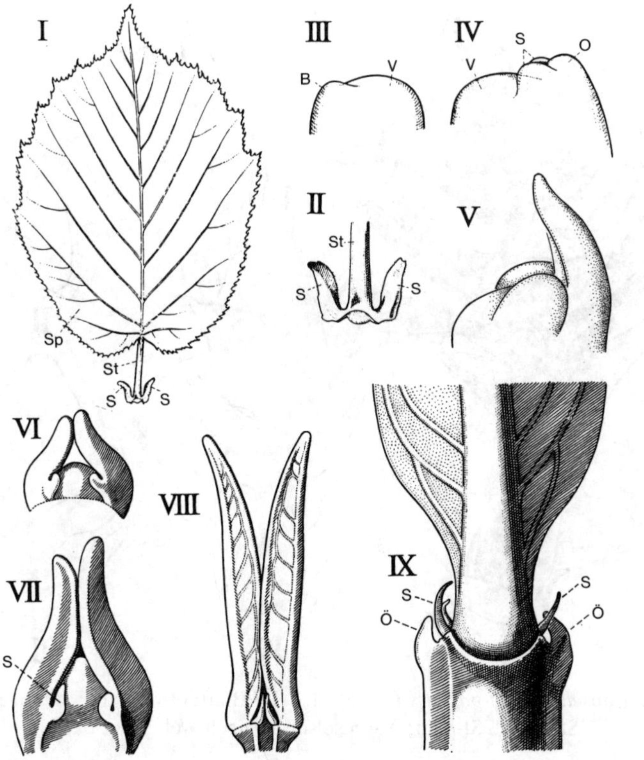

Abb. 18: *Corylus avellana.* I Schößlingsblatt im entwickelten Zustand; II Basalteil desselben. S Stipeln an dem unscheinbaren Blattgrund; St Stiel; Sp Spreite. III, IV junge Stadien der Blattentwicklung. V Vegetationspunkt; B Blattprimordium, O Oberblatt, S Stipelanlagen, Ö Öhrchen (nach Troll 1937/39). VI–IX *Punica granatum* L. Blattentwicklung (nach Weberling 1956).

dieser Stelle, „dem ‚Kontaktpunkt' der verglichenen Ontogenesen, muß durch reinen Vergleich ein überbrückender Schritt getan werden. Darin beruht die Überlegenheit der ontogenetischen Übergangsstadien" gegenüber dem Vergleich adulter Formen, „bei dem die Verknüpfung durch aneinandergereihte fertige Einzelstrukturen vollzogen wird, die wir gedankenmäßig als Umwandlungsreihe erfassen. Jeder Schritt geschieht hier durch vergleichende Wertung" (Remane 1956, S. 46).

Eine wichtige Voraussetzung für die Anwendung des Kriteriums der Verknüpfung durch Zwischenformen ist allerdings, daß man Zwischenformen nur im engeren Verwandtschaftsbereich der betrachteten Organismen suchen darf, wobei die engere Verwandtschaft selbstverständlich durch andere als die mit

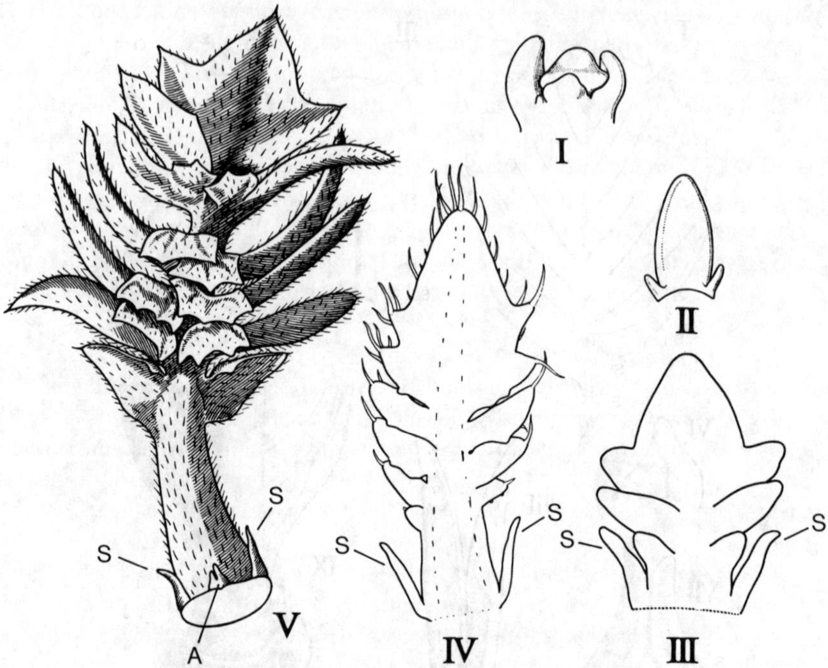

Abb. 19: *Capsella bursa-pastoris* (L.) Med. I–IV Blattentwicklung; V junges Blatt mit Stipeln; S Stipeln, A Achselsproß (nach Weberling 1958).

Hilfe der Zwischenformen verglichenen Strukturen angezeigt sein muß. – Für die „Lesrichtung" der durch derartige Vergleiche zweifelsfrei erstellten Reihen gibt es freilich nicht selten mehrere Möglichkeiten; so kann man die Beobachtung, daß in den Blüten der verschiedenen Arten einer Pflanzengruppe die Anzahl bestimmter Organe gleitend abändert, als Zeichen einer zunehmenden Reduktion oder einer stetigen Organvermehrung deuten. Die Entscheidung einer solchen Frage dürfte in der Regel von anderen Beobachtungen und deren Interpretation abhängen. Allgemein ist jedoch die Aufstellung von „Progressionsreihen", die eine fortschreitende Abwandlung, nicht selten auch eine zunehmend kompliziertere Gestaltung bestimmter Strukturen erkennen lassen, ein wichtiges Hilfsmittel für die Ermittlung stammesgeschichtlicher Zusammenhänge. Dabei ist schon hier darauf hinzuweisen, daß von solchen Entwicklungstendenzen meist nicht alle Strukturen in gleicher Weise betroffen werden, so daß man (z. B. bei den Rosengewächsen, Rosaceae) stark abgeleitete Merkmale, wie die Umhüllung der Fruchtblätter durch die Blütenachse (scheinbare Unterständigkeit eines Fruchtknotens), mit anderen, als höchst

„primitiv“ angesehenen Eigenschaften, wie der Ausbildung freier, unverwachsener Fruchtblätter, kombiniert findet (sog. Heterobathmie).

Zusätzlich zu diesen sog. Hauptkriterien kann man dort, wo sich bei einer Vielzahl eng verwandter Organismenarten nur geringfügige Unterschiede bieten, noch sog. *Hilfskriterien* anwenden: 1. selbst einfache Strukturen können als homolog erklärt werden, wenn sie sich bei einer größeren Anzahl sehr ähnlicher Organismen finden; 2. die Wahrscheinlichkeit der Homologie solcher einfachen Strukturen wächst mit dem Vorhandensein weiterer Ähnlichkeiten von gleicher Verbreitung bei nächstähnlichen Organismen, sie sinkt mit der Häufigkeit des Auftretens bei sicher nicht verwandten Organismen (vgl. REMANE 1956, S. 55f.).

Die morphologische Charakterisierung der verschiedenen Baupläne und ihrer Organe und die Erfassung und Interpretation ihrer verschiedenen Abwandlungen sind ein wichtiges, wenn nicht das wichtigste Hilfsmittel zur Feststellung größerer Verwandtschaftszusammenhänge, vor allem auch hinsichtlich der Beurteilung, welche Strukturen als relativ ursprünglich (primitiv) und welche als abgeleitet (fortgeschritten) gelten dürfen. Da man sich nicht der morphologischen Bearbeitung jedes einzelnen Merkmales zuwenden kann, ist es notwendig, zumindest die für eine Tier- oder Pflanzengruppe einschlägige morphologische Literatur zu Rate zu ziehen. Dies gilt z. B. in der Systematik der Blütenpflanzen vor allem für die Blütenorgane und Früchte, aber auch für die Ausbildung der vegetativen Organe (vgl. dazu W. TROLL 1937–43), wie etwa Eigentümlichkeiten der Verzweigung. Dabei sind für die Systematik besonders solche Bildungen von Interesse, die zu einem frühen Zeitpunkt der Organogenese auftreten und vermutlich aus diesem Grunde auch besonders konstante und für größere Verwandtschaftskreise charakteristische Elemente darstellen, wie es bei den Stipeln der Fall ist (vgl. WEBERLING 1958, 1967).

Die sorgfältige Untersuchung von Blütenstrukturen und ihrer Ontogenie hat in den vergangenen Jahren wertvolle Beiträge zur Aufklärung von Verwandtschaftsbeziehungen und manche überraschende Befunde erbracht (man vergleiche dazu die entsprechenden Abschnitte in den jährlich erscheinenden Bänden der Reihe ›Fortschritte der Botanik‹, ferner die zusammenfassenden Darstellungen bei LEINS, TUCKER & ENDRESS 1988 sowie WEBERLING 1981/89 und die dort aufgeführte Literatur). Entsprechendes gilt für die von W. TROLL (1964/69, TROLL & WEBER 1957, TROLL & WEBERLING 1989) erstellte Typologie der Blütenstände und ihre Auswertung für die Systematik (vgl. WEBERLING 1961, TROLL & WEBERLING 1966, 1981 sowie WEBERLING 1981/89, 1983a, 1983b).

Zu einer genauen Beschreibung der Organismen und ihrer verschiedenen Organe gehört auch die Darstellung ihrer *anatomischen* Struktur und der Entstehungsweise ihrer einzelnen Gewebe, der Histogenese; sie bietet sehr oft aber auch wichtige Hinweise für die morphologische Interpretation und die Aufstellung von Formenreihen. Darüber hinaus gibt es eine Fülle anatomischer Merkmale, bis hin zu Feinstrukturen etwa der Epidermisoberflächen bei Pflanzen oder den für die Kennzeichnung von Algengruppen benutzten Chloroplastenstrukturen (Abb. 33), die wichtige systematische Kriterien liefern. Ihre Untersuchung muß man freilich oft Spezialisten überlassen, die in die entsprechenden Methoden eingearbeitet und mit den dafür erforderlichen technischen Geräten ausgerüstet sind.

Damit die auf solche Weise gewonnenen Daten auch für den Fall verwendbar bleiben, daß sich die systematische Zuordnung der untersuchten Organismen ändert, sollte man nach Möglichkeit Belegstücke konservieren und einer öffentlich zugänglichen Sammlung übergeben. Werden Daten an Hand von Material gewonnen, das in öffentlichen Sammlungen aufbewahrt wird, so sollten die betr. Sammlungsstücke zitiert werden.

Wenn auch noch viele, vor allem vergleichende Untersuchungen ausstehen, so darf man doch feststellen, daß die Anatomie der Farn- und Gefäßpflanzen in vielen Zügen bereits recht gut bekannt ist. Dabei lassen sich zahlreiche für kleinere oder größere Sippen charakteristische Strukturen aufzeigen. Dazu gehören etwa Bau und Anordnung der Leitgewebe, vor allem der histologische Aufbau des sekundären Xylems bei den Samenpflanzen, seit SINNOTT & BAILEY (1914) auch die Struktur der Blattknoten bei Angiospermen (nach der Anzahl der aus dem Zentralzylinder in das Blatt abzweigenden Leitbündel: uni-, tri- und multilakunär), das Vorkommen gegliederter (Compositae) oder ungegliederter (Euphorbiaceae, Moraceae außer Cannaboideae) Milchröhren, das konstante Auftreten von Cystolithen (Urticales, Acanthaceae) bzw. „Phytolithen" (vgl. PIPERNO 1989) und der (14) verschiedenen Typen von Reservestärkekörnern (CZAJA 1978), die Formen der Stomata (vgl. unter anderem VAN COTTHEM 1970, 1971) oder die Ausbildung bestimmter Haarformen (vgl. HUMMEL 1962) in allen möglichen Varianten, wie man sie etwa bei den samt und sonders einzelligen Haaren der Cruciferen findet.

Nicht selten sind in der Ausbildung anatomischer Strukturen deutliche Progressionsreihen und Hinweise auf stammesgeschichtliche Zusammenhänge zu erkennen; als Beispiel seien nur die verschiedenen Stufen des Übergangs von Tracheiden zu Tracheen und das charakteristische Fehlen von Tracheen im Holz einiger Familien (Winteraceae, Amborellaceae, Tetracentraceae, Trochodendraceae) aus der Gruppe der als relativ ursprünglich angesehenen Magnoliales erwähnt. Die Ermittlung von Daten zur Holzanatomie wird besonders durch die International Association of Wood Anatomists (IAWA Bulletin) gefördert. Die für die einzelnen Angiospermenfamilien bekannten anatomischen Befunde sind in dem 2bändigen Werk von METCALFE & CHALK ›Anatomy of the Dicotyledons‹ (2. Aufl. 1979/83), und der bisher 7 Bände umfassenden Reihe ›Anatomy of the Monocotyledons‹ (Hrsg. C. R. METCALFE, seit 1960) zusammengefaßt. Umfassende Darstellungen zur Pflanzenanatomie und eine Fülle bibliographischer Angaben bieten vor allem die neueren Bände des Handbuchs der Pflanzenanatomie (Hrsg. LINSBAUER, ab 1922), auch einige Lehrbücher (ESAU 1969, FAHN 1990, KAUSSMANN & SCHIEWER 1989) bieten reiches Datenmaterial und weitere Literaturangaben.

Den in der Botanik als anatomische Merkmale bezeichneten diagnostischen und systematischen Kriterien entsprechen in der Zoologie die mit den Methoden der *Histologie* erbrachten Befunde (vgl. WELSCH & STORCH 1973, Einf. in die Cytologie sowie KOLB 1991).

Auf die morphologischen („exomorphologischen") und anatomischen Befunde greift man bei der Beschreibung von Arten und Gattungen in der Phytographie und Zoographie in erster Linie zurück.

3.2.2 Arealkunde, historische Pflanzen- und Tiergeographie

Schon frühzeitig machten die Biologen die Erfahrung, daß den verschiedenen Pflanzen- und Tiergruppen jeweils ein bestimmtes natürliches Verbreitungsgebiet zukommt. Dies kommt auch in verschiedenen Definitionen des Artbegriffs zum Ausdruck. KERNER V. MARILAUN (1869, S. 48) bezeichnete die Art sogar als „Inbegriff aller über ein bestimmtes Areal verbreiteten, und sich durch längere Zeit in der Mehrzahl der Nachkommen gleichförmig erhaltenen Individuen". Entsprechend definiert P. MÜLLER (1977, S. 23) in Anlehnung an DE LATTIN (1967, S. 22) als „Areal einer Tierart" den „Teil des Verbreitungsgebietes ..., in dem sie sich ohne ständigen Zuzug von außen her dauerhaft fortzupflanzen vermag". Er betont dabei, daß zwischen Arealstruktur und Sippenbildung enge Zusammenhänge bestehen, was wir bei unserem Blick auf die verschiedenen Wege der Artbildung bereits gesehen haben.

Somit wurden auch den aufgeführten Beispielen von Beschreibungen neuer Arten oder Unterarten aus dem Pflanzen- und Tierreich (S. 134ff.; 151ff.) aus guten Gründen jeweils Angaben über deren bisher bekanntes Verbreitungsgebiet beigefügt. Die ersten dieser zugrundeliegenden Daten werden – als Funddaten – schon bei der Untersuchung des Originalmaterials notiert, auf dem die Beschreibungen basieren. Floristische und faunistische Durchforschungen der verschiedenen Territorien liefern weitere Angaben, so daß sich schließlich ein mehr oder minder vollständiges Bild vom Verbreitungsgebiet einer bestimmten Sippe ergibt. Wie schon erwähnt, spielt dabei auch die Auswertung der in den Museen bereits vorhandenen Sammlungen – also etwa eine entsprechende Auswertung von Herbarbelegen – eine wichtige Rolle. In verschiedenen Regionen hat man in den letzten Jahrzehnten auch umfangreiche planmäßige Kartierungen des Artenbestandes vorgenommen, wie z. B. bei der floristischen Kartierung der Gefäßpflanzen Mitteleuropas, die unter Einsatz vieler ehrenamtlicher Mitarbeiter jetzt die Erstellung genauer Punktrasterkarten (Abb. 20) in einem ›Atlas der Farn- und Blütenpflanzen der Bundesrepublik Deutschland‹

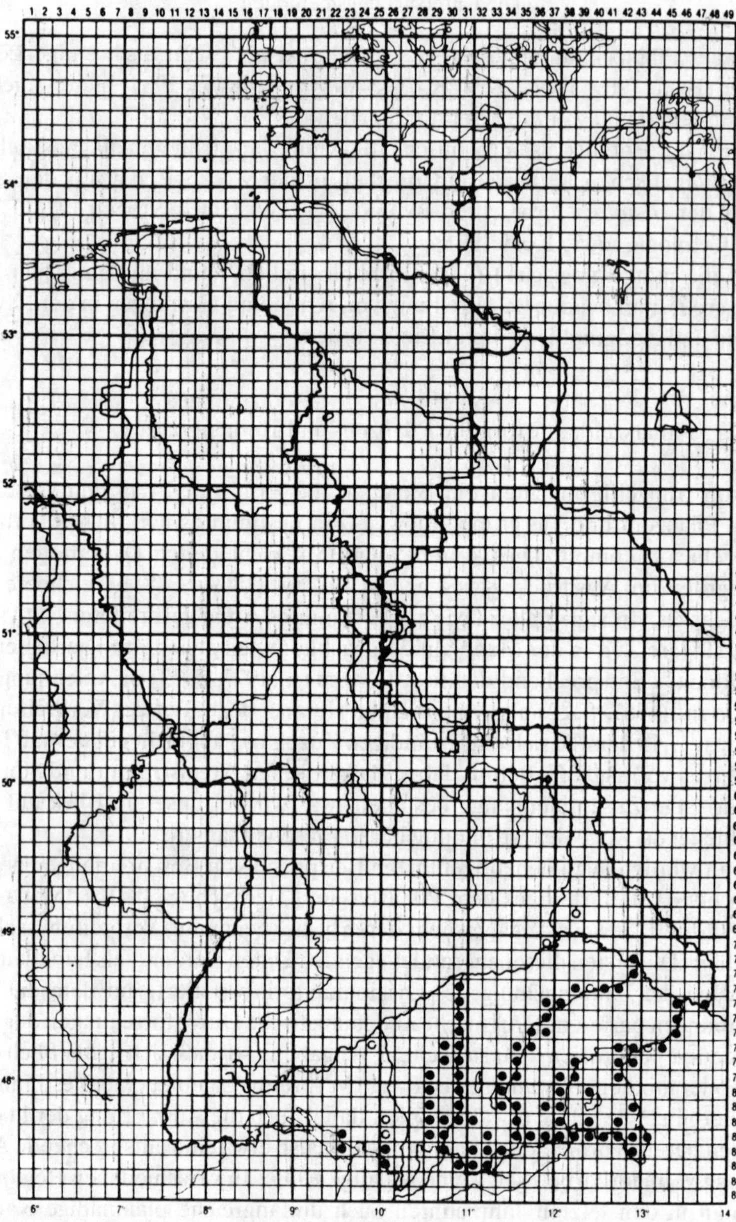

Abb. 20: Verbreitung des Schweizer Moosfarns, *Selaginella helvetica* (L.) Spring., im Gebiet der Bundesrepublik Deutschland. Die Punktrasterkarte zeigt das Vordringen der alpinen Pflanze entlang der Alpenflüsse in die Schwäbisch-Bayerische Hochfläche (nach Haeupler & Schönfelder 1988).

(HAEUPLER & SCHÖNFELDER [Hrsg.] 1988) ermöglichten. Dabei erfuhren die bisherigen Angaben über die Verbreitung oder auch über die ökologischen Ansprüche mancher Pflanzensippen oft erhebliche Korrekturen, aus denen sich unter Umständen auch taxonomische Folgerungen hinsichtlich der Abgrenzung mancher Sippen ergeben. Wie manche der Beispiele für die Wege der Artbildung in Kap. 2.4 zeigten, vermag die genaue Ermittlung der Areale aber auch einen wichtigen Beitrag zur Klärung von Verwandtschaftsverhältnissen zwischen Organismensippen zu liefern. Wir haben ja mehrfach darauf hingewiesen, daß geographische und ökologische Isolation von Populationsteilen wesentliche Faktoren bei der Entstehung und Weiterentwicklung neuer Sippen darstellen.

In Kombination mit derartigen Aspekten ist für die monographische Bearbeitung von Verwandtschaftskreisen bei Pflanzen die *morphologisch-geographische Methode* (R. v. WETTSTEIN 1898) und später die *Vergleichende Merkmalsgeographie* (O. SCHWARZ 1936) entwickelt worden. Dabei betrachtet man – zunächst unabhängig von bisher angegebenen Sippenabgrenzungen – die geographische Verteilung der einzelnen Merkmale einer Pflanzengruppe und schreitet dann zur Kombination von zwei, drei oder mehr Merkmalen fort, „bis schließlich diejenige Merkmalskombination ermittelt ist, die noch ein selbständiges Areal besiedelt" (S. 1). Erst nach diesem Registrieren der einzelnen Daten setzt dann der Vergleich der arealmäßig selbständigen Merkmalskombinationen untereinander ein und damit die Ermittlung der systematischen Gruppierungen. Durch die in bestimmten Richtungen abnehmende Häufigkeit der einzelnen Merkmale lassen sich dann oft geographisch die Wege aufzeigen, auf denen sich gewisse Weiterentwicklungen vollzogen haben.

Aus dem vorhergehenden folgt, daß man versuchen muß, die Verbreitungsgebiete der Pflanzen und Tiere, so wie sie sich heute darbieten, sowohl unter 1. genetischen und 2. ökologischen als auch unter 3. historischen Aspekten zu verstehen. Bei ihrer Entstehung wirken ja die verschiedensten (von der Diasporologie erfaßten) oft hochspezialisierten Verbreitungseinrichtungen und -mechanismen der Sporen, Samen oder anderer Verbreitungseinheiten, kurz der Diasporen oder Disseminulen der Pflanzen (vgl. z. B. SERNANDER 1927, ULBRICH 1928, VAN DER PIJL 1982, MÜLLER-SCHNEIDER 1983, KUBITZKI [Ed.] 1983) bzw. die unterschiedlichen Fortbewegungsarten und Ausbreitungsmöglichkeiten der Tiere (vgl. NOWAK 1975) mit dem Anpassungsvermögen an neue Lebensbedingungen, Konkurrenten oder Feinde in immer wieder neuer und komplizierter Weise zusammen. Gerade darin kommt oft die Eigenartigkeit der betr. Sippen in besonderer Weise zum Ausdruck. Aufschlußreich sind in dieser Hinsicht vor allem die Besiedlung von Inseln (MAC ARTHUR & WILSON 1867/71), ferner die in den vergangenen Jahrzehnten gemachten Beobachtungen über die Ausbreitung bestimmter Tier- und Pflanzenarten in Europa, wie etwa der Bisamratte (*Ondrata zibethica* L.) oder der Wollhandkrabbe

(*Eriocheir sinensis* MILNEEDW., vgl. NOWAK 1975) oder bestimmter, oft aus Nordamerika stammender „Neubürger", sog. Neophyten (Franzosenkraut, *Galinsoga parviflora* CAV.; Schwarzfrüchtiger Zweizahn, *Bidens frondosa* L. u. a., vgl. STRAKA 1970). Bestimmte Eigenarten der Areale sind nur zu interpretieren, wenn man die Verhältnisse in den vergangenen Epochen der Erdgeschichte berücksichtigt. Das gilt nicht nur für Rassen oder Arten, sondern auch für die Areale der höherrangigen Taxa. Es besteht somit eine mehrfache Rückkoppelung zwischen der Arealkunde und der Systematik. Auch MAYR (1975 in der Übersetzg. von KRAUS) gibt dafür Beispiele: „Probleme der Verbreitung haben in vielen anderen Fällen Licht auf taxonomische Verwandtschaftsbeziehungen geworfen. Sie lassen beispielsweise vermuten, daß die ‚Drosseln' *(Durnagra)* Neuseelands keine Drosseln sind, sondern vermutlich zu den Pachycephalinae oder einer anderen australischen Familie gehören. In entsprechender Weise dürfte es sich bei den neuseeländischen ‚Meisen' nicht um Paridae, sondern um Malurinae handeln."

Aus der stattlichen Reihe der Werke zur floristisch-historischen Pflanzengeographie können wir hier nur einige nennen: HAYEK (1926), WULFF (1943), GOOD (1964), STRAKA (1979) sowie die ›Geschichte der Pflanzensippen‹ von SCHARFETTER (1953), die ›Geographie der Moose‹ von HERZOG (1926) und als Vorbild für die präzise Ermittlung von Artarealen die ›Vergleichende Chorologie der zentraleuropäischen Flora‹ von MEUSEL et al. (1965–1992).

Aus dem Gebiet der Zoogeographie seien genannt: DE LATTIN (1967), MÜLLER (1977, 1980, 1981), DARLINGTON (1957), BRIGGS (1974), FRANZ (1975), HESSE (1924), NICHOLS (1962), SIMPSON (1965), VUILLEUMER (1975).

In welchem Maße erdgeschichtliche Vorgänge, insbesondere Verschiebungen der Kontinentalplatten, bei der Entfaltung größerer systematischer Gruppen von Pflanzen mitgewirkt haben, lassen heute die disjunkten „Gondwana-Areale" vorwiegend südhemisphärischer Pflanzenfamilien erkennen. Es handelt sich dabei um Verwandschaftskreise, die bereits vor dem Auseinanderbrechen in Teilkontinente in dem bis zum Jura zusammenhängenden Gondwana-Kontinent vorhanden waren und sich nach dem Auseinanderdriften in den Teilkontinenten getrennt weiterentwickeln.

Eine solche, offenbar nach der Trennung der Kontinentalplatten eingetretene Differenzierung in zwei gut unterscheidbare Unterfamilien läßt sich aus der heutigen Verbreitung der Myrtaceen erschließen: die durch beerenartige oder mit steinigem Endokarp versehene Früchte charakterisierte Unterfamilie der Myrtoideae ist heute in Afrika, teilweise im tropischen Asien und vor allem in Südamerika nordwärts bis Zentralamerika und bis zum südlichen Nordamerika vertreten. Die kapselfrüchtigen Leptospermoideae hingegen kommen bis auf eine Gattung ausschließlich im australischen Bereich vor, wo sie das Bild der Hartlaub-Vegetation maßgeblich mitbestimmen. Ein einziger Vertreter der Leptospermoideae findet sich heute in Südamerika, nämlich die mit der australischen Gattung *Metrosidros* eng verwandte monotypische und in Südamerika endemische Gattung *Tepualia*, die offenbar von Süden her bis nach Zentralamerika vorgedrungen ist.

Ein ähnliches Bild bieten die Proteaceen, die auf dem australischen Kontinent mit allen 5 Unterfamilien und allen, teils sehr formenreichen Triben vertreten sind – mit Ausnahme der Proteen, die allein in Südafrika, dort aber mit über 320 Arten vorkommen. Außer den Proteen gibt es in Afrika nur noch die monotypische Proteaceengattung *Brabejum*, die hinsichtlich der Blüten- und Fruchtmorphologie eng an die australischen Vertreter der Familie anschließt und auch dieselbe Chromosomenzahl aufweist. Ihre natürlichen Standorte in den dem Meer zugewandten feuchten Schluchtwäldern der Kapgebirge sind wohl als Refugialstandorte dieser an ein feuchteres Klima angepaßten Art zu werten. Die in Afrika endemische Gattung *Brabejum* („Wilde Mandel“) und die eng verwandte gleichfalls monotypische Gattung *Malgasia* auf Madagaskar sind wiederum eng mit *Macadamia*, der „australischen Haselnuß“, und mit Gattungen verwandt, die in Südamerika im Bereich der Anden weit nach Norden vorgestoßen sind (über Einzelheiten und die zugrundeliegende Literatur vgl. WEBERLING 1985). – Während noch vor wenigen Jahrzehnten die arealkundlichen Befunde als Hinweise auf den ursprünglichen Zusammenhang heute getrennter Kontinente gewertet wurden, darf man heute von gut gesicherten Datierungen für die Kontinentalverschiebungen ausgehen und bei der Klärung der systematischen Gliederung und Abstammungsverhältnisse ähnlich disjunkt verbreiteter Verwandtschaftskreise auch historisch-arealkundliche Argumente einbeziehen.

Für die Gruppe der Moose (Bryophyta) kann man heute wesentliche Grundzüge ihrer Stammes- und Verbreitungsgeschichte rekonstruieren, die sich aus einer Analyse der fossilen Moosfloren, der Florenregionen, der Landverteilung und der Klimawechsel in den vergangenen Perioden der Erdgeschichte und dem Vergleich mit der rezenten Moosflora ergeben. Nach FREY (1990) ist die Existenz dreier Genoelemente präangiospermen Ursprungs anzunehmen: die kontinentale xerotherme Region der Pangea des Perms ist das Ursprungsgebiet eines 1. xerotherm-pangeischen Genoelements, die Landgebiete um die ab Jura entstehende Meeresregion der Tethys sind das Ursprungsgebiet eines 2. circum-tethyschen Genoelements und in der südlichen Gondwana-Region entstand das 3. gondwanische Genoelement.

Der Artenkomplex des xerotherm-pangeischen Genoelements umfaßt Sippen, deren Areale jeweils mit der kontinentalen Pangea-Region korrespondieren: hoch spezialisierte an Trockenheit angepaßte Marchantiales und Ricciales. Die Arten des circum-tethyschen Genoelements besiedeln heute mit einer großen Artenzahl die Trockenräume der Nordhemisphäre. Auch zu diesem Genoelement zählen hochgradig angepaßte Sippen der Marchantiales, Ricciales, der Pottiaceae sowie ephemere und annuelle Funariaceae.

Die Arten des laurasischen und des tropischen Ge(n)oelements sind zum Teil gondwanischer Herkunft, ebenso die phylogenetisch alten Gruppen der Jungermaniidae wie die Calobryales, Takakiaceae und andere. Dort vollzog sich aber wahrscheinlich auch die Entfaltung der „modernen und artenreichen Radulaceae, Porellaceae, Jubulaceae, Lejeuneaceae und der Gattung *Plagiochila*. Diese drifteten während der Kreide und des Tertiärs nach Norden in die dort entstehenden Vegetationseinheiten der Tropen, wo sie sich explosionsartig entfalteten. Von dort gelangten Vorfahren der rezenten Sippen aus den genannten Verwandtschaftskreisen in den laurasischen Raum. Manche heutigen Vertreter des gondwanischen Genoelements sind circum-subantarktisch verbreitet. Vor allem aber ist der australasiatische Raum Ausgangspunkt für zahlreiche „moderne" Sippen in den heutigen Tropen und im laurasischen Gebiet.

Zoogeographische Beispiele für großräumige Disjunktionen sind die in derselben Familie zusammengefaßten Lungenfische Afrikas *(Protopterus)* und Südamerikas *(Lepidosiren)*, während der australische Lungenfisch *(Neoceratodus)* noch ursprünglichere Merkmale aufweist; die altertümlichen Knochenzüngler (Osteoglossiden) sind in Afrika durch die Gattung *Heterotis*, in Südamerika durch *Aparaima* vertreten. Auch die trotz der relativ geringen Entfernung von Afrika sehr eigenständige Fauna Madagaskars ist nur mit dem frühen Herauslösen dieser Insel aus dem Gondwana-Kontinent zu erklären. Schließlich mag noch das heutige Areal der Beuteltiere (Marsupialia) erwähnt sein, das einerseits von Australien nordwärts bis Celebes, andererseits von der Südspitze Südamerikas nach Norden bis über die zentralamerikanische Landbrücke hinaus reicht (vgl. DARLINGTON 1957, p. 344, fig. 39) und gleichfalls mit der Existenz eines alten (Ost-?)Gondwana-Areals und seiner späteren Ausweitung nach Norden im Bereich der Neuen Welt zu erklären ist.

Die Isolation durch Wanderungen haben wir bereits im Zusammenhang mit der Erörterung des Artbegriffs und der Artbildung an Hand der Ausbildung geographischer Rassen (S. 29) berührt. Bekannte Beispiele für nahe verwandte Arten, deren Areale durch geographische Barrieren getrennt werden, sind Stör (*Accipenser sturio* LINNÉ) und Sterlet (*A. ruthenicus* LINNÉ) sowie Lachs (*Salmo salar* LINNÉ) und Huchen (*Hucho hucho* LINNÉ), zwischen deren Verbreitungsgebieten die Wasserscheide zwischen Rhein (Stör und Lachs) und Donau (Sterlet und Huchen) die Grenze bildet. – Verschiedene Arten der südamerikanischen Lappentaucher (Colymbidae) sind an einzelne, durch geographische Barrieren abgetrennte Seen gebunden.

3.2.3 Ökologische Aspekte

Es ist eine allgemeine Erfahrung, daß jede Art oder Rasse der Pflanzen und Tiere in ihrer Weise an ihre spezifischen Lebensumstände angepaßt ist, und bei der Erörterung der verschiedenen Wege der Artbildung (S. 32 ff.) wurde bereits festgestellt, daß Änderungen der Lebensbedingungen entscheidend bei der Entstehung neuer Sippen mitwirken. Vikariierende Artpaare oder ökologische Rassen lassen dies mitunter gut erkennen. Der Nachweis, daß sich die Lebensbedingungen einer neu entstandenen Sippe von denen der Ausgangssippe in bestimmter Weise unterscheiden, ist freilich nur in wenigen Fällen (S. 38) eindeutig erbracht, sondern zumeist nur postuliert worden.

Die Kenntnis der ökologischen Verhältnisse vermag somit nachhaltig zur Abgrenzung von Taxa beizutragen. Dies gilt bei den Pflanzen nicht nur für die Bedingungen des vegetativen Wachstums – Klima, Boden oder (bei Pilzen und Parasiten) andere Nährsubstrate, Lichtverhältnisse, Konkurrenz mit anderen Gewächsen oder Resistenz gegenüber Parasiten oder Tierfraß –, sondern auch für die Möglichkeiten der sexuellen Fortpflanzung – Blütezeit, Blühverhalten, Bestäubungsökologie, Fruchtentwicklung und -ausbreitung oder Sporenbildung. Bei tierischen Organismen sind ebenfalls außer den klimatischen Faktoren die Eigenheiten der Ernährungsweise, die Art der Fortbewegung, das Fortpflanzungsverhalten, Wohn- und Brutbauten, Verhalten gegenüber Konkurrenten und Verfolgern als wichtige Faktoren zu berücksichtigen.

Darüber hinaus haben wir schon bei der Erörterung des Streites um die zur Erkenntnis des natürlichen Systems „wesentlichen" und „unwesentlichen" Merkmale (S. 16 ff.) daran erinnert, „daß der Bauplan der einzelnen Organismensippen nicht bloß in der äußeren Gestalt sowie in anatomischen und cytologischen Strukturen, sondern auch in der Lebensweise der Pflanzen und Tiere zum Ausdruck kommt" (Meusel 1951, S. 139). Es ist somit keineswegs überraschend, daß Merkmale oder ganze Merkmalskomplexe besonderer Anpassung nicht nur einzelne Arten oder Rassen, sondern häufig auch größere Verwandtschaftskreise auszeichnen. Dabei kann die Ausbildung der oft sehr spezifischen Baueigentümlichkeiten und Verhaltensweisen selbstverständlich nur innerhalb der durch den jeweiligen Bauplan gegebenen Grenzen erfolgen. Bestimmte Grundbedingungen der Lebensabläufe müssen in jedem Falle unverändert erhalten bleiben. Die Anpassung an abweichende oder sogar extreme Bedingungen kann jedoch mit hochgradigen Abwandlungen einzelner Bauelemente und beträchtlichen Veränderungen der Proportionen einhergehen.

Diese Abwandlungen können Merkmale der äußeren Gestalt, des anatomischen Baues oder z. B. auch solche des Stoffwechsels betreffen, wie etwa die für manche Blütenpflanzenfamilien typische Ausbildung des diurnalen Säurezyklus der CAM-Pflanzen oder die mit anatomischen und physiologischen Änderungen verknüpfte Ausbildung des C-4-Dicarbonsäureweges der CO_2-Fixierung.

Auffällige gestaltliche Veränderungen kennzeichnen die für einige Familien oder gar Ordnungen der Blütenpflanzen typischen, an aride Bedingungen angepaßten Sukkulenten, die auf Tierfang (Insectivorie) eingerichteten und die auf eine epiphytische Lebensweise spezialisierten Pflanzen.

Unter den vorwiegend epiphytisch lebenden Verwandtschaftskreisen zeigen die Bromeliaceae eine überaus große Amplitude von Anpassungen. Vertreter dieser Familie finden sich an vielerlei Standorten, von tropischen Wäldern mit hoher Luftfeuchtigkeit und reichen Niederschlägen – wie in den Berg- und Nebelwäldern Zentralamerikas – bis hin zu extrem trockenen Wüstenbiotopen – wie in der peruanischen Küstenwüste. In Anpassung an die fakultativ oder obligat epiphytische Lebensweise wurden die bei den ausschließlich terrestrischen Pitcairnioideae und den terrestrischen Arten der Bromelioideae sowohl der Verankerung im Boden als auch der Wasser- und Nährsalzaufnahme dienenden Wurzeln schrittweise zu Haftwurzeln umgewandelt (Abb. 21). Diese weisen auch eine veränderte anatomische Struktur auf. Ihre resorbierende Funktion wird bei den epiphytischen Vertretern der Bromelioideae wie auch bei der ausschließlich epiphytischen Unterfamilie der Tillandsioideae mehr und mehr von den Blättern übernommen, welche mit den bekannten Saugschuppen ausgestattet sind. Bei den Zisternenepiphyten schließen die Blätter fest zu einem wasserspeichernden Trichter zusammen, die anderen Arten tragen einen mehr oder minder dichten Besatz von Saugschuppen, welche imstande sind, die Luftfeuchtigkeit aufzunehmen. Bei der flechtenähnlich von den Bäumen herabhängenden *Tillandsia usneoides* unterbleibt – von bestimmten Ausnahmefällen abgesehen – die Bildung der Wurzeln gänzlich. Verschiedentlich ist es auch zur Ausbildung wasserspeichernder Gewebe, von Zwiebeln oder Polsterpflanzen gekommen. Darüber hinaus aber hat sich unabhängig innerhalb der beiden teilweise oder ausschließlich Epiphyten umfassenden Unterfamilien, den Bromelioideae und Tillandsioideae, auch eine Anpassung an die durch hohe Lichtintensität, zeitweise hohe Temperatur und Wasserknappheit gekennzeichneten Extremstandorte durch Umstellung auf den CAM-Modus der CO_2-Fixierung vollzogen, manche Arten vermögen sogar nach Bedarf vom einen auf den anderen Modus umzuschalten (vgl. Ortlieb & Winkler 1977 und die dort angegebene Literatur).

Die Mannigfaltigkeit der Faktoren, die bei der reichen Entfaltung der drei Unterfamilien der Bromeliaceen unzweifelhaft eine Rolle gespielt haben, ist damit bei weitem noch nicht erschöpft, man denke allein an die zumeist – aber keineswegs ausschließlich – durch Vögel vollzogene Bestäubung. Von Interesse ist in diesem Zusammenhang auch, daß die Samen der ausschließlich epiphytischen Tillandsioideae aus langen Haaren gebildete Flugschirme aufweisen und damit an Windverbreitung angepaßt sind, während die beerenfrüchtigen Bromelioideae durch Vögel verbreitet werden. Die weithin felsbewohnenden Pitcairnioideae (z. B. *Pitcairnia*- und *Puya*-Arten) bilden kleine geflügelte Samen aus, die vom Wind leicht in Felsspalten geweht werden.

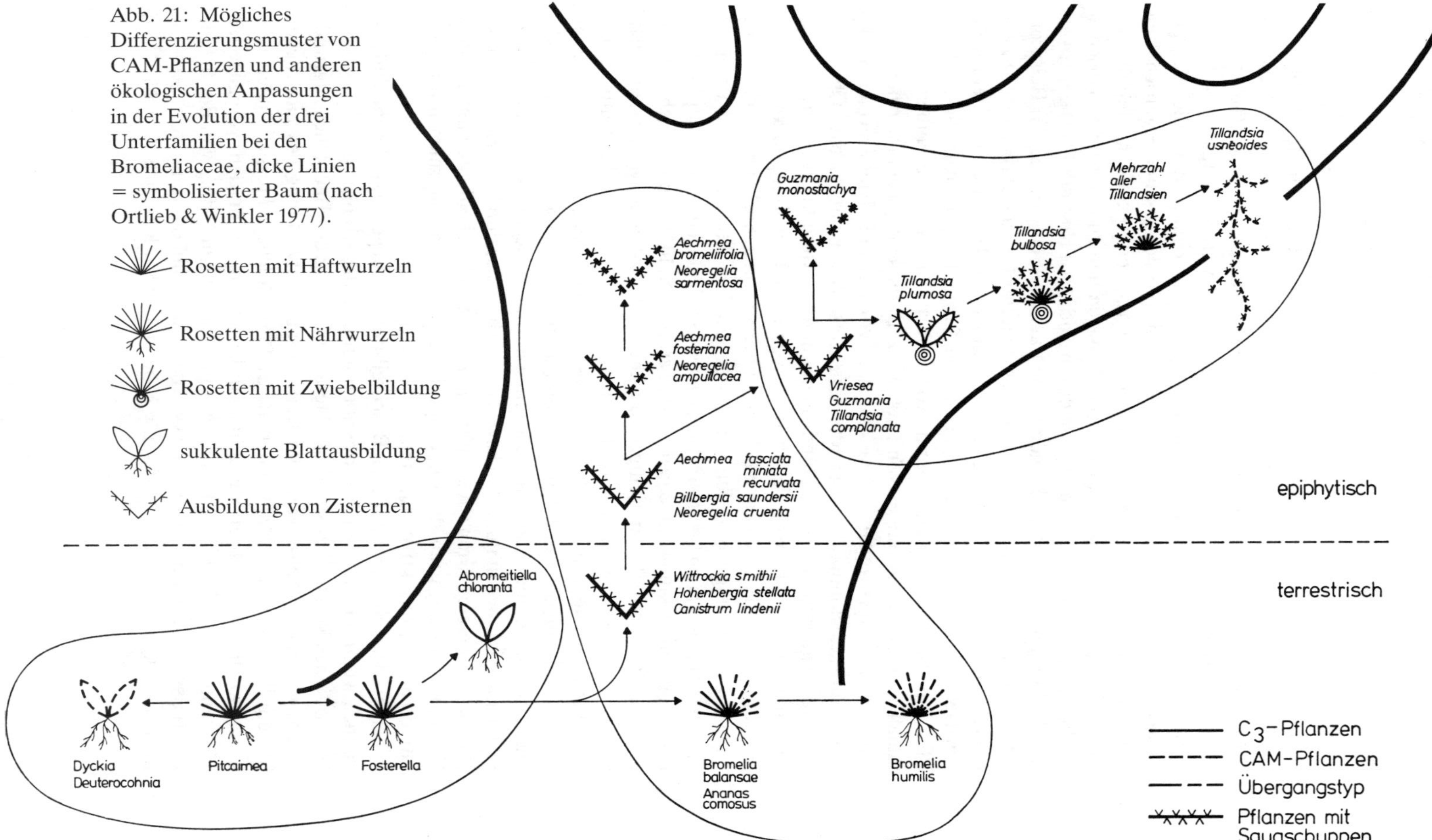

Abb. 21: Mögliches Differenzierungsmuster von CAM-Pflanzen und anderen ökologischen Anpassungen in der Evolution der drei Unterfamilien bei den Bromeliaceae, dicke Linien = symbolisierter Baum (nach Ortlieb & Winkler 1977).

Die bekannte Tatsache, daß sich z.B. in der Familie der Chenopodiaceae (Gänsefußgewächse) sehr viele an hohe Salzkonzentrationen im Boden angepaßte und daher als Halophyten bezeichnete Pflanzen finden oder daß die Ericaceen größtenteils Bewohner von Rohhumusstandorten sind, läßt darauf schließen, daß man bei der Charakterisierung auch größerer Taxa „mit Unterschieden in fundamentalen Stoffwechselbereichen rechnen muß", die es eingehend zu untersuchen gilt, um gegebenenfalls die physiologischen Eigenschaften von Verwandtschaftsgruppen genauer charakterisieren zu können. „Für die Gesamtheit der physiologischen Eigenschaften, die den zu einer taxonomischen Einheit gehörenden Individuen gemeinsam sind", hat Kinzel (1972) den „Ausdruck ‚Physiotypus' vorgeschlagen" (Zitat aus Kinzel 1982, S. 17). Beispiele für die auszuführenden Untersuchungen bieten etwa die Arbeiten Kinzels (1982, vgl. die dort angegebene Literatur, sowie 1984) über den Mineralstoffwechsel von Halophyten, calcicolen und calcifugen, basiphilen und acidophilen Pflanzen, Serpentin-Pflanzen und Hochmoorpflanzen. Sie erlauben bereits manche Charakterisierungen von Taxa, wie z.B. die Unterscheidung ganz oder vorwiegend „calcitropher" (Crassulaceae, vorwiegend: Brassicaceae, Fabaceae) und „calciphober" Verwandtschaftskreise (Caryophyllaceae, Chenopodiaceae, Amaranthaceae). „Durch keine andere Methode werden aber die Abhängigkeitsbeziehungen der Pflanzen von ihrer Umgebung so klar herausgestellt, wie gerade durch die Wuchsformuntersuchung. Sie kann besser als jede andere Betrachtungsweise den Einfluß der Außenfaktoren auf die Pflanzengestalt und damit auch bis zu einem gewissen Grade die Ursachen der phylogenetischen Entwicklung aufzeigen" (Meusel 1951, S. 146). Unter Wuchsform ist dabei die Gesamtheit all derjenigen Merkmale zu verstehen, welche den Wuchs oder den „Habitus" einer Pflanze bestimmen und damit auch ihre zeitliche und räumliche Eingliederung in ihren Lebensraum. Das bedeutet auch, daß man den Gestaltwandel einer Pflanze im Verlauf ihrer Eigenentwicklung mit in die Untersuchung einbeziehen und feststellen muß, in welchem Maße eine Pflanze in der Lage ist, sich in ihrer Wuchsweise innerhalb der durch die Eigenart ihres Bauplans gesetzten Grenzen standortspezifischen Gegebenheiten anzupassen. Es geht somit auch um die sippenspezifischen Reaktionsnormen ihrer vegetativen und reproduktiven Organe.

Dabei ist es mit „einer äußeren Beschreibung" nicht getan, vielmehr sind erst dann, „wenn wir der Wuchsformenbetrachtung die strenge morphologische Methode des Vergleichens und der Herausarbeitung des Bauplanes zugrunde legen, von dieser Seite wertvolle Beiträge zur Entwicklung des natürlichen Systems" zu erwarten (Meusel 1951, S. 146). Solche Untersuchungen sind korrespondierend mit arealkundlichen Ermittlungen in den vergangenen Jahrzehnten in reichem Maße und mit beträchtlichem Erfolg von der Schule H. Meusels ausgeführt worden (vgl. dazu die Bibliographie von Jäger & Müller-Uri 1981, ferner: Meusel & Mörchen 1985, Kästner 1978–89, 1991,

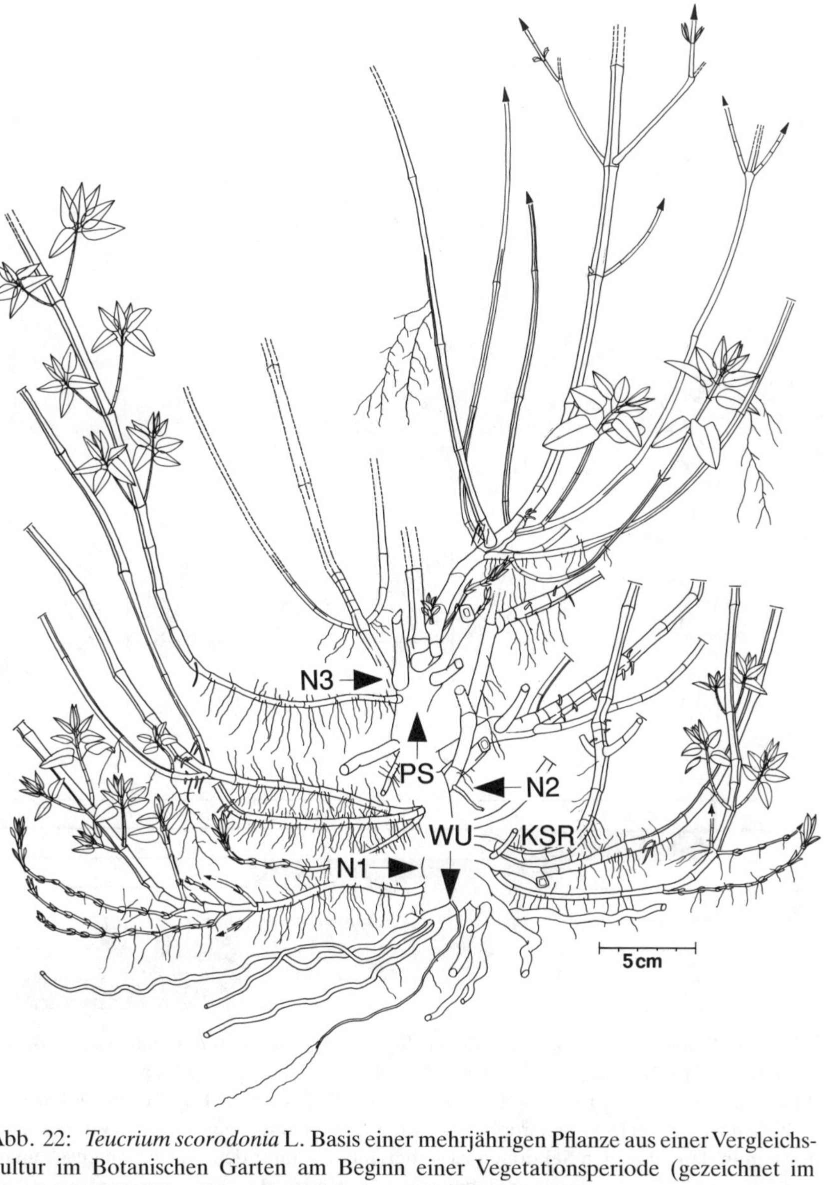

Abb. 22: *Teucrium scorodonia* L. Basis einer mehrjährigen Pflanze aus einer Vergleichskultur im Botanischen Garten am Beginn einer Vegetationsperiode (gezeichnet im März). N1, N2, N3 = Bereiche des 1., 2. und 3. Knotens am Primärsproß (PS), KSR = ursprüngliche Kotyledonarsproßregion. Am Übergang Sproß–Wurzel (PS–WU) Sproßachse seitlich etwas weggekrümmt. Das allorhize Wurzelsystem stark aufgezweigt, im Boden teilweise flach ausstreichend. Unterhalb abgestorbener vorjähriger reproduktiver Sprosse (abgeschnitten oder gestrichelt gezeichnet) epi- und hypogäische, zum Teil rhizomartige mit Niederblättern und reicher sproßbürtiger Bewurzelung versehene Innovationssprosse. Einige überdauerte Seitenäste (→) deuten auf Beziehungen zu einer zweiphasigen Entwicklung von Sproßachsen verwandter mediterraner Arten hin. Der zentrale basale Abschnitt der Primärachse läßt Merkmale eines verholzten Dauerachsensystems erkennen (wie es für Zwerghalbsträucher typisch ist) (Orig. A. Kästner).

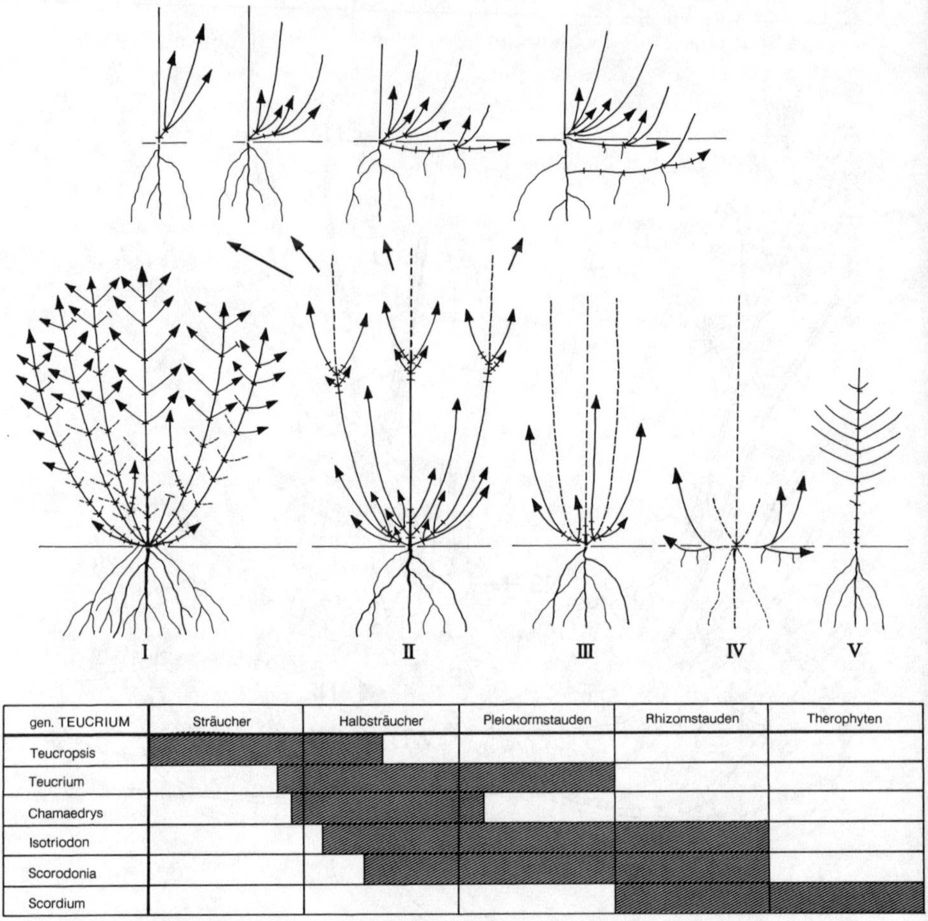

Abb. 23: Wuchsformenschemata für die Sippen der Gattung *Teucrium* L.; denkbare Ableitung: Halbsträucher (I) – Zwerghalbsträucher (II) bis zwerghalbstrauchartige Pflanzen mit Wurzelsprossen (obere Reihe von Schemata) – Pleiokormstauden (III) – Rhizomstauden (IV) – Therophyten (V). Das Auftreten der verschiedenen Wuchsformen in den einzelnen Sektionen ist in der Tabelle unter den Wuchsformenschemata angegeben (Orig. A. Kästner).

HAGEMANN 1989 und die dort angegebene Literatur). Einen Eindruck von der dabei angewandten Methodik mögen die durch Abb. 22 dokumentierte Analyse einer Einzelpflanze von *Teucrium scorodonia* und der mit Abb. 23 gebotene Vergleich von Schemata der in der Gattung *Teucrium* auftretenden Wuchsformen vermitteln (KÄSTNER 1991). In diesen Schemata sind jeweils die Resultate zahlreicher Einzelanalysen von Pflanzen zusammengefaßt, die teilweise unter sehr verschiedenen Lebensbedingungen gediehen, so daß die Amplitude der sippenspezifischen Reaktionsnormen (standortgemäße Wuchsweise) mit erfaßt werden konnte. Die Spielbreite der einzelnen Sippen in der strauchförmigen, halbstrauchförmigen oder staudenartigen Gestaltung des Vegetationskörpers wird durch die den Wuchsschemata beigefügte Tabelle zum Ausdruck gebracht.

Ein Musterbeispiel für eine sorgfältige „möglichst weitgespannte biologisch orientierte Erkundung der Struktur und Gliederung eines Verwandtschaftskreises" bietet der erste Band der von MEUSEL & KÄSTNER (1990) vorgelegten ›Lebensgeschichte der Gold- und Silberdisteln‹ (*Carlina*, Compositae).

3.2.4 Paläontologie

Der entscheidende Beitrag der Paläontologie zur Begründung der Deszendenztheorie wurde bereits erwähnt (S. 21). Im großen und ganzen konnte inzwischen bei der beträchtlichen Vermehrung der fossilen Funde das Bild von der im Laufe der Erdgeschichte zunehmenden Mannigfaltigkeit und Organisationshöhe der Lebewesen bestätigt werden. Von manchen Tier- und Pflanzengruppen fand man mehr oder minder kontinuierliche Progressionsreihen, die durch viele Epochen der Erdgeschichte bis zu heute lebenden Formen reichen. Erwähnt seien nur die Glieder der berühmten Entwicklungsreihe der Pferde vom *Hyracotherium* des Eozän bis zum heutigen Pferd (vgl. Abb. 15), der Urvogel *Archaeopteryx* aus dem Jura und die Ichtyostegalia aus dem Devon, die zwischen der Fischgruppe der Crossopterygier und den Amphibien vermitteln sollen (vgl. im übrigen STARCK 1978 Bd. I, THENIUS 1976 und die im Literaturverzeichnis unter Paläozoologie angegebene Literatur).

Aus dem Pflanzenreich kann man diesen Beispielen die rezent mit 10 Gattungen vertretene Grünalgen-Familie der infolge ihrer Kalkinkrustation leicht fossilisierenden Dasycladaceae gegenüberstellen, die vom Kambrium in 120 Gattungen durch alle Formationen der Erdgeschichte bekannt sind (vgl. das Stammbaumschema bei EHRENDORFER 1983, S. 544).

Zu einer vollständigen systematischen Abhandlung einer größeren Tier- oder Pflanzengruppe gehört heute auch die Darstellung der fossilen Vertreter, über die man – je nach Erhaltungszustand in unterschiedlichem Maße – oft erstaunliche Details ermitteln konnte. Bei vielen tierischen Organismengruppen sind freilich bessere Voraussetzungen für eine Fossilisierung gegeben als bei den Pflanzen, und so kann die Paläozoologie vielleicht in größerem Umfange zur Aufklärung stammesgeschichtlicher Zusammenhänge zwischen großen Gruppen des Tierreiches beitragen als die Paläobotanik für das Pflanzenreich.

Eine der wichtigsten Entdeckungen waren hier die oberkarbonischen bis permischen Voltziales, deren weibliche Zapfen die Deutung der Koniferenzapfen als Blütenstände bestätigen. Ähnliches gilt für die von den Pteridophyten zu den Spermatophyten überleitenden karbonischen Samenfarne (Lyginopteridatae, Pteridospermae), bei denen die Ableitung der Samenanlagen aus weiblichen Sporangienständen (Makrosori) unter Vereinigung peripherer steriler Sporangien zu Integumenten möglich erscheint. Weithin geben jedoch fossile Funde mehr Rätsel auf, als sie zu lösen erlauben. Funde aus jüngeren Erdepochen, die nicht selten in dichterer Folge auftreten, lassen Formenreihen und Entwicklungstendenzen und damit auch verwandtschaftliche Zusammenhänge bisweilen besser erkennen; das gilt besonders im Zusammenhang mit historisch-arealkundlichen Befunden.

„Es war eine der bedeutendsten Leistungen der Paläobotanik, als 1904–1906 der Nachweis gelang, daß schon lange vorher unter verschiedenen Namen bekannte Stämmchen mit sekundärem Dickenwachstum sowie farnartige Wedel, Mikrosporangiengruppen (?) und besonders auch bestimmte Samen zu *einer* Pflanze *(Lyginopteris hoeninghausii)* gehören“ (Ehrendorfer in Sitte et al. 1991, S. 723), die dann als Vertreter der soeben erwähnten Samenfarne (Lyginopteridatae) klassifiziert wurde.

Dieses Beispiel kennzeichnet eine in der Paläontologie häufig auftretende Situation, daß man nämlich von fossilen Organismen oft nur Bruchstücke kennt, deren Zuordnung erst im Laufe der Zeit und mit unterschiedlichem Wahrscheinlichkeitsgrad geklärt werden kann – so wie die zunächst als Farnwedel gedeuteten und unter dem Namen *Sphenopteris hoeninghausii* Brongn. beschriebenen Blattabdrücke sich als Teile der bereits als *Lyginopteris hoeninghausii* bekannten Pflanze erwiesen. Anders als bei der Zuordnung von Larven und Imagines von Insekten oder der gestaltlich oft so verschiedenen Entwicklungsstadien und Generationen vieler parasitischer Organismen oder von Algen oder Pilzen – bei denen der Entwicklungsgang einer, wenn auch oft schwierigen, unmittelbaren Beobachtung zugänglich ist – kann bei den fossilen Organismen der Nachweis in der Regel nur aufgrund des unmittelbaren räumlichen Zusammenhanges der Teile geführt werden. Deutlich wird dies bei den mit aller Sorgfalt geführten Versuchen, den Zusammenhang zwischen der sporophytischen Generation devonischer „Urfarne“ *(Lyonophyton rhyniensis, Sciadophyton)* und äußerlich gleichgestalteten gametophytischen Pflanzen nachzuweisen, die mit den Sporophyten in abwechselnd aufeinanderfolgenden Schichten gefunden wurden (vgl. Remy & Remy 1980). Der unanfechtbare Nachweis dieses Zusammenhanges wäre zugleich die Bestätigung, daß die „Urfarne“ einen isomorphen Generationswechsel aufwiesen, wie er für frühe Stadien der Landpflanzen-Evolution postuliert wurde.

Daß fast alle über die oft schwierig zu interpretierenden morphologischen Gegebenheiten und die an Hand von Quer- und Längsschliffen ermittelbaren anatomischen Befunde hinausreichenden Merkmale, deren sich die Systematik bei der Beurteilung rezenter Organismen bedient, bei Fossilien nicht herangezogen werden können, ist ohne weiteres deutlich (immerhin kann man heute oft auf paläoklimatische und paläoökologische und in manchen Fällen sogar auf biochemische Daten zurückgreifen).

Da die geographische und stratigraphische Verteilung von Fossilien nicht zuletzt aufgrund unterschiedlicher Fossilisierungsbedingungen sehr unregelmäßig sein kann, müssen zeitliche oder räumliche Lücken im Auftreten fossiler Organismen und/oder diskontinuierliche Merkmalsausbildungen nicht unbedingt auch ein sicherer Hinweis dafür sein, daß man diese Organismen als getrennte Arten betrachten müßte, wenngleich man im allgemeinen so verfährt. Eingedenk des Lehrsatzes, daß Arten „ sich wandelnde Systeme" darstellen, stimmt man andererseits darin überein, daß man die recht selten auftretenden lückenlosen Abfolgen über längere Erdperioden kontinuierlich sich abwandelnder Organismen trotz eventueller starker Verschiedenheiten zwischen Anfangs- und Endgliedern nicht verschiedenen Taxa zuordnen sollte.

3.2.5 Palynologie

Die Sporen der Moose und Farngewächse und die Pollenkörner der Samenpflanzen sind von einer aus zwei Schichtkomplexen gebildeten Wandung umschlossen (Abb. 24), dem zarteren aus Cellulose und Pektin gebildeten *Endospor* bzw. der *Intine*, welche auch den auskeimenden Gametophyten bzw. Pollenschlauch als Wand umgibt, und dem aus widerstandsfähigen Sporopolleninen bestehenden *Exospor* bzw. der *Exine*. Diese weist gewöhnlich vorgebildete Austrittsstellen (Tremata oder Aperturen) für den Gametophyten bzw. den Pollenschlauch auf, und zwar in Form dünnwandiger „Keimfalten" (Colpi) von oft kompliziertem Bau oder offener, bisweilen auch mit einem Deckel versehener Poren. Anzahl, Anordnung und Form dieser Aperturen können für größere Verwandtschaftskreise charakteristisch sein. Man kann sogar Progressionsreihen von Pteridophyten bis zu Angiospermen aufzeigen. Dabei gilt die Ausbildung von Aperturen am proximalen, d.h. zum Zentrum der Tetrade weisenden Pol als relativ ursprünglich; solche catatremen Sporen bzw. Pollenkörner finden sich bei vielen Pteridophyten, aber auch bei den fossilen Pteridospermen (Lyginopteridatae) und bei primitiven Angiospermen. Anatreme Pollenkörner mit Aperturen am distalen Pol sind aber ebenfalls bei Gymnospermen und als ursprünglich geltenden Angiospermengruppen verbreitet. Demgegenüber wird die Verlagerung der Aperturen an den „Äquator" (Abb. 24 III), ihre Vermehrung und ihre Verteilung über die ganze Oberfläche als mehr oder minder weitgehend abgeleitet betrachtet. Die langgestreckten Colpi wurden in der Evolution offenbar nicht selten komplizierter ausgestaltet (colporat) und zu rundlichen Poren (pororat, Abb. 25 III; porat) umgeformt. Als

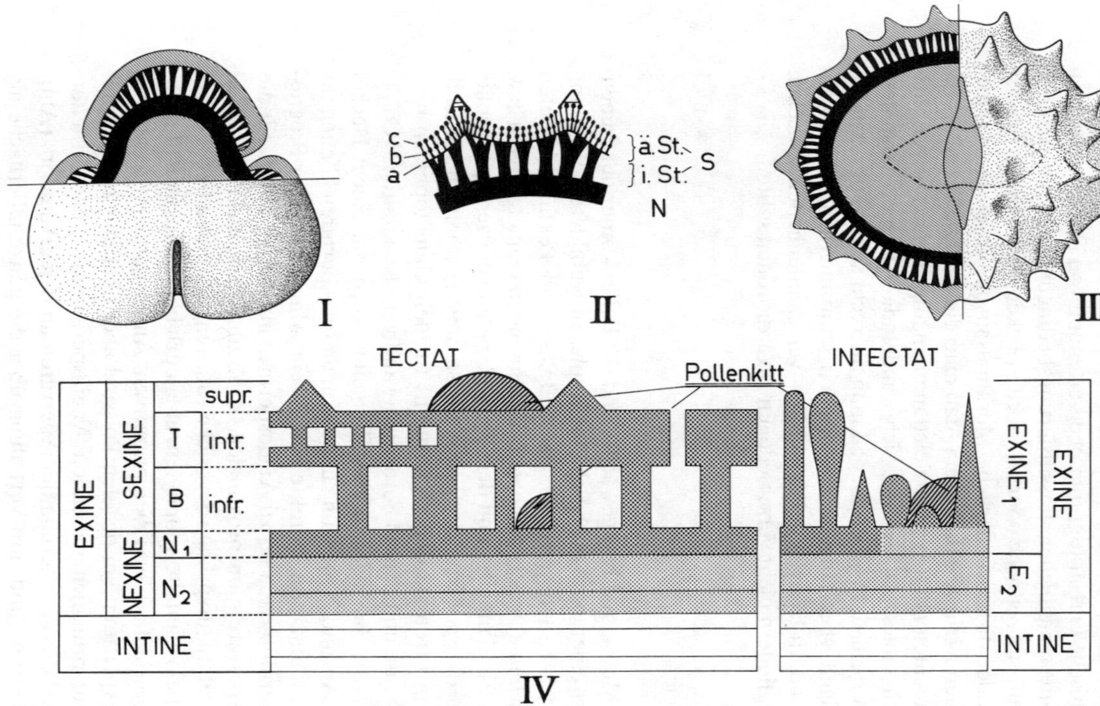

Abb. 24: I, III Tricolporate Pollenkörner von *Centaurea montana* (I Polansicht) und *Amberboa muricata* (III Äquatoransicht), je halb in Aufsicht, halb im Schnitt, um den Bau der Pollenkornwand zu zeigen. II Schnitt durch die mehrschichtige Exine des Pollenkorns von *Centaurea americana*, N Nexine, S Sexine mit innerer (i. St.) und noch weiter (a, b, c) gegliederter äußerer Stäbchenschicht (ä. St.) (nach Wagenitz, verändert). IV Schema des Feinbaues der Pollenkornwand, T Tectum, B Bacula (Columellae), supr., intr., infr. = supra-, intra- oder infratectale Fortsätze oder Feinstrukturen, N1 die sog. Footlayer; statt der Bezeichnungen Sexine und Nexine werden auch die Ausdrücke Exine 1 (Ektexine) und Exine 2 (Endexine) verwendet wie im Schema rechts angegeben (nach Teppner, Erdtman, Faegri und Iversen aus Weberling/Schwantes 1992).

fortgeschrittene Ausbildungsweise gilt auch das Zusammenbleiben der Pollenkörner im Tetradenverband (z. B. Ericaceen) und die Vereinigung zu größeren Pollenverbänden wie z. B. bei den Asclepiadaceen und Orchideen. Die Pollenkörner ursprünglicher Samenpflanzen besitzen teilweise nur zart angedeutete Austrittsstellen (Leptomata). Aperturen können aber auch rückgebildet sein, so z. B. bei manchen submers lebenden Wasserpflanzen, bei denen sich auch die Übertragung der Pollenkörner auf die Narben unter Wasser vollzieht.

Bei den Gymnospermen ist die Exine gewöhnlich dreischichtig; bei vielen Coniferen werden durch Abheben der beiden äußeren Schichten an zwei Stellen Luftblasen gebildet, welche die Sinkgeschwindigkeit herabsetzen.

Bei den Angiospermen besitzt die Exine, vor allem in ihren äußeren Schichten, der Sexine, eine hochkomplizierte Feinstruktur (Abb. 24 II, IV). Bei den *intectaten* Pollenkörnern ist sie nur in Form von Stäbchen (Bacula), Keulen, Stacheln oder Warzen oder netzartigen Skulpturen entwickelt, welche der äußersten Schicht der Nexine, der sogen. Footlayer, aufsitzen (Schema Abb. 24 IV rechts). Die stäbchenförmigen (Columellae, Bacula) bis keulenförmigen Skulpturen können jedoch an den distalen Enden miteinander verschmelzen und auf diese Weise ein mehr oder minder geschlossenes Dach (Tectum) über der bisherigen Außenschicht bilden (Schema Abb. 24 IV links, 26 III, IV), das selbst wieder mehrschichtig und mit säulchenförmigen Innenstrukturen und supratectaten Außenskulpturen ausgestattet sein kann (Abb. 24 II). Solche *tectaten* Pollenkörner können in manchen Fällen gegenüber den intectaten als abgeleitet gelten, in anderen Fällen könnte die intectate Struktur aber auch das Ergebnis einer Reduktion sein; als Beispiel aus der neueren Literatur mögen die Untersuchungen von Hesse et al. (1989) über die Exinestrukturen bei Orchideen dienen. In den Hohlräumen des Tectums finden sich oft Inkompatibilität bedingende Proteine und aus ölartigen Substanzen bestehender Pollenkitt (Abb. 24 IV).

Diese komplizierte Feinstruktur der Exine ist es, welche neben der äußeren Gestalt und den zuvor genannten Merkmalen den hohen diagnostischen Wert der Pollenstrukturen bedingt und wertvolle Kriterien für den Vergleich im Sinne der Systematik liefert. – Der hohe diagnostische Wert der Pollenmerkmale und die Widerstandsfähigkeit der Pollenkornwandung ermöglicht darüber hinaus den Nachweis fossiler Vorkommen vieler Pflanzensippen und die Rekonstruktion der Floren- und Vegetationsentwicklung an Hand der Bestimmung fossiler Pollenkörner (Pollenanalyse).

Um die Strukturen von Sporen und Pollenkörnern besser erkennbar zu machen und die Vergleichbarkeit der Präparate zu sichern, werden rezente wie fossile Sporen und Pollenkörner gleichermaßen der sogen. Azetolyse unterworfen, d. h. ca. 5 min. im Zentrifugierglas bei 100° C im Wasserbad der Einwirkung eines Gemisches von Essigsäureanhydrid und konzentrierter Schwefel-

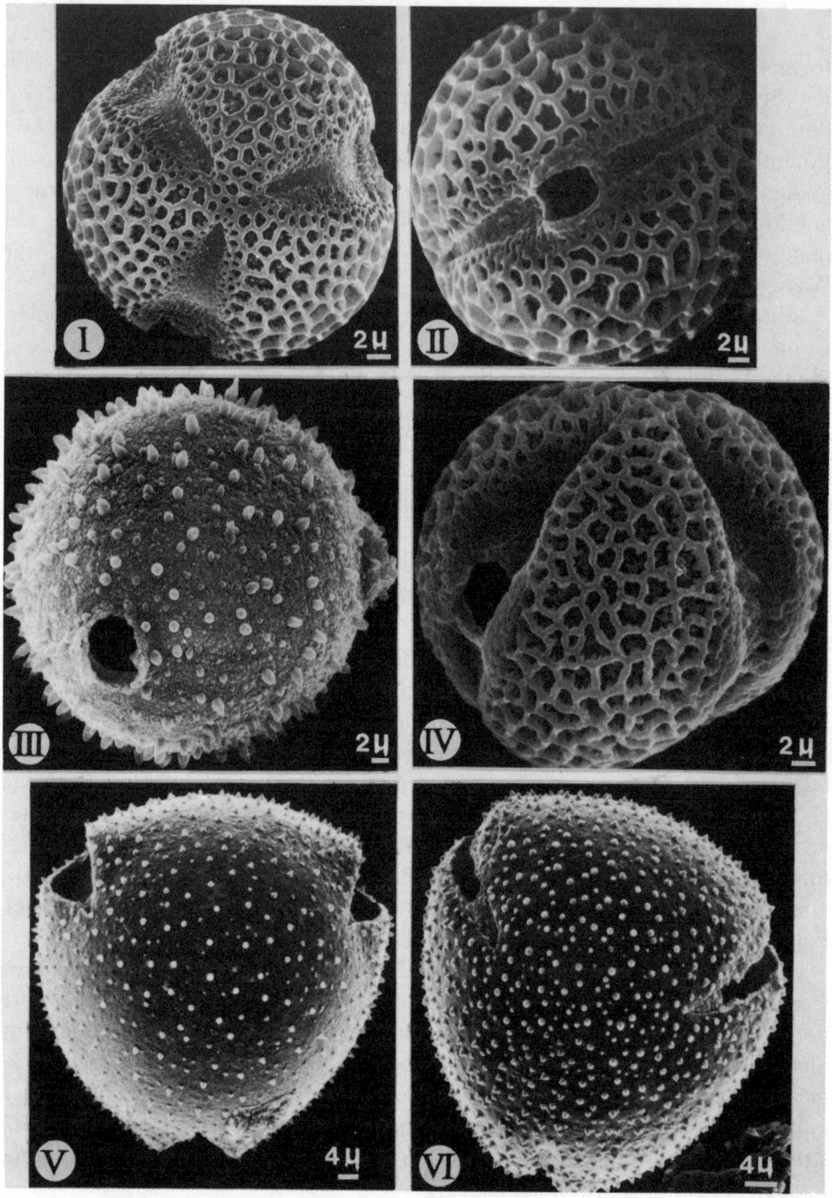

Abb. 25: REM-Aufnahmen von Pollenkörnern verschiedener Caprifoliaceen (Geißblattgewächse). I *Viburnum ellipticum* Hook., II *V. ciliatum* Greenm., III *Diervilla sessilifolia* Buckl. (3-pororat), IV *Viburnum lantanoides* Michx., V *Lonicera etrusca* Santi, VI *Kolkwitzia amabilis* Graebn. (nach Böhnke-Gütlein & Weberling 1981 und Böhnke-Gütlein 1984).

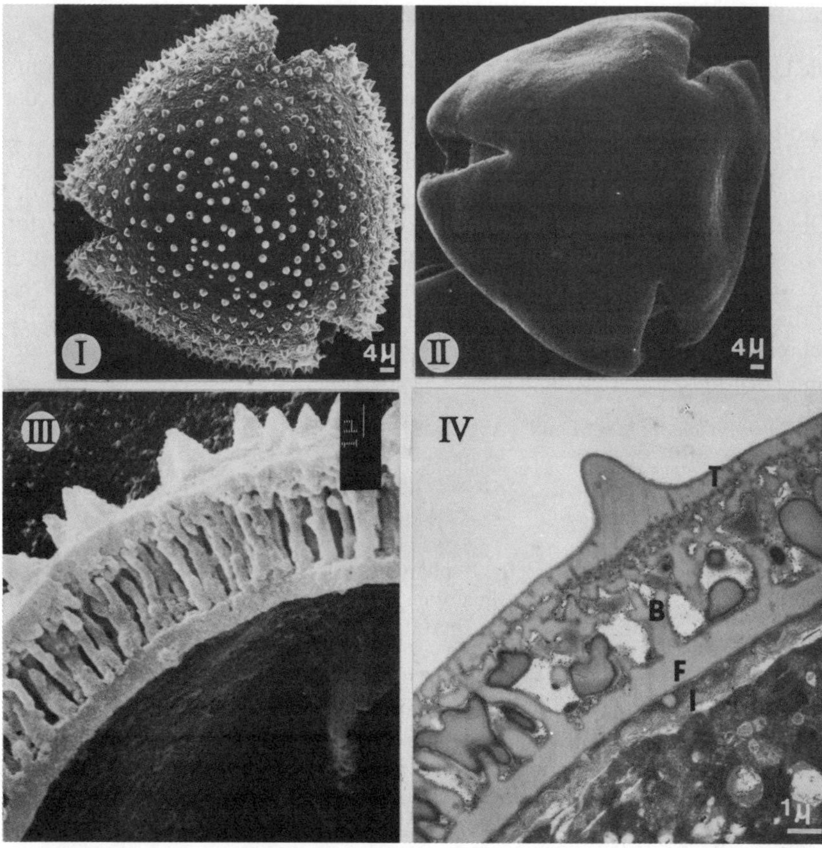

Abb. 26: I–II REM-Aufnahmen von Pollenkörnern verschiedener Caprifoliaceen, I *Abelia spathulata* Sieb. & Zucc., II *A. umbellata* (Graebn. & Buchw.) Rehd., III *Abelia × grandiflora* (Rovelli & André) Rehd., Schnitt durch die Exine, IV REM-Aufnahme, Schnitt durch die Exine von *Dipelta yunnanensis* Franch., B Bacula, F Footlayer, I Intine, T Tectum (nach Böhnke-Gütlein & Weberling 1981 und Böhnke-Gütlein 1984).

säure ausgesetzt; dadurch werden die Cellulose und andere organische Partikel zerstört, die übrigen Strukturen aber treten durch Erhaltung des Sporopollenins besser hervor. Von so behandelten Pollenkörnern lassen sich auch Schnitte anfertigen, wie sie zur Analyse der Sexine-Feinstruktur benötigt werden (Leins 1968). Neben die lichtmikroskopische Untersuchung ist in den letzten Jahrzehnten mehr und mehr die Untersuchung mit Hilfe des Raster-Elektronen-Mikroskopes (REM) getreten (vgl. Abb. 25 u. 26), dabei liefern Schnittpräparate besonders gute Einblicke in die Sexinestruktur (Abb. 26 III). Untersuchungen von Ultradünnschnitten mit dem Transmissions-Elektronenmikroskop (TEM) erbrachten in den vergangenen Jahren aufschlußreiche Befunde über die Ultrastruktur der verschiedenen Exine-Schichten, die sich systematisch auswerten lassen, so etwa Einzelheiten über die unterschiedliche Struktur der Footlayer (Abb. 26 IV F).

Die Beschreibung der Pollenkörner, ihrer Gestalt und Umrißformen (in Pol- und Äquatoransicht), Zahl, Lage und Form der Aperturen, der Muster der Oberflächenstrukturen und der komplizierten Feinstrukturen der Sexine erfordern eine umfangreiche Terminologie, für die wir auf die einschlägige Literatur verweisen, vor allem auf die Darstellung bei Straka (1975, vgl. auch 1958), ferner Erdtman (1952/66, 1969) und Beug (1961). Als Beispiele für die Beschreibung von Pollenkörnern mögen die Caprifoliaceen *Viburnum lantanoides* und *Diervilla sessilifolia* dienen:

Viburnum lantanoides Michx. (Abb. 25 IV)

Aperturen:	3-colporat
Größe:	28 μ × 29 μ
Exinedicke:	ca. 2 μ
Polachse/ Äquatorialdurchmesser (P/E)	0,96 (sphäroid)
Umriß:	Äquatoransicht elliptisch, Polansicht ptychotrem (d. h. die Aperturen liegen in Eintiefungen der Seiten eines Dreiecks)
Lumina:	bis ca. 4 μ

Die Pollenkörner sind reticulat (netzförmig skulpturiert) mit kurzen intraluminaren Bacula. Die Muri (leistenartige Strukturen) enden teilweise frei. Zum Colpusrand werden die Lumina kleiner und die Muri verschmelzen schließlich zu einer glatten Oberfläche. Die Aperturen setzen sich aus einem langen spitzen Colpus und einer lalongaten (in Richtung des Äquators verlängerten) Endoapertur zusammen. Die Ektexine überbrückt im Bereich der Endoapertur den Colpus.

Diervilla sessilifolia Buckl. (Abb. 25 III)

Aperturen:	3-pororat
Größe:	49 μ × 49 u
Exinedicke:	1 μ
Umriß:	Äquatoransicht rund, Polansicht peritrem
Spinulae (Stacheln):	Höhe bis ca. 2,5 μ, 6 Stück auf eine Strecke von 50 μ (= Dichte 6/50 μ)

Die Pollenkörner sind intectat mit 3 pororaten vestibulaten (nach außen gewölbten) Aperturen. Die Endoapertur ist kreisrund und von einem Wulst der Exine umgeben (clausimarginat). Die Pollenoberfläche ist mit Spinulae besetzt und dazwischen granulos bis scabros skulpturiert. Auch die innere Pollenoberfläche ist skulpturiert, wobei diese Endoskulpturen besonders im Aperturbereich hervortreten.

Die von Van Campo (1978) als Endoskulpturen bezeichneten Skulpturen der inneren Oberfläche (d. h. der Endexine bzw. der Footlayer) sind in ihren charakteristischen Formen ein sehr konstantes Merkmal der Pollenkörner bei den Caprifoliaceae.

In welcher Weise die Palynologie zur systematischen Einordnung von Taxa unsicherer oder umstrittener Stellung beitragen kann, ist von ERDTMAN (1952/1966, 1969) und mehrfach von STRAKA an Hand von Beispielen dargestellt worden. So etwa fiel die Form der Pollenkörner der 1937 als Scrophulariacee neu beschriebenen Art und Gattung *Isaloa lepida* HUMBERT aus Madagaskar „völlig aus dem Rahmen der übrigen Scrophulariaceen-Pollentypen" heraus, vielmehr wurde später festgestellt, daß sie den Pollenkörnern der Acanthaceae-Barliereae „aufs Haar" glichen und *Isaloa lepida* auch hier einzuordnen war. An Hand der Pollentypen konnte man ferner für die westindisch-zentralamerikanischen Arten der Gattung *Buxus* und für die afrikanischen *Buxus*- und *Notobuxus*-Arten „stammbaumähnliche Ableitungsschemata" aufstellen; ein weiteres der vielen Beispiele sind die Sarcolaenaceae (STRAKA 1986).

3.2.6 Embryologie

Die bekannte Gliederung der Angiospermen in Monocotyledoneae und Dicotyledoneae – in Ein- und Zweikeimblättrige – besagt bereits, daß nicht nur in der Zoologischen Systematik, sondern auch in der Systematik der Samenpflanzen den embryologischen Merkmalen eine wichtige Bedeutung zukommt.

In der Botanik ist mit der Bezeichnung Embryologie nicht allein die Kenntnis von der in mancher Hinsicht verschiedenartigen Ausbildungsweise des Embryos der Kormophyten, sondern auch die gesamte gametophytische Phase gemeint, d.h. die Ausbildung der Mikro- und Makrosporen mit Einschluß der Ausbildung der Antherenwand und – namentlich bei den Angiospermen – der verschiedenen Formen der Samenanlagen (vgl. PHILIPSON 1977) und ihrer spezifischen Strukturen – Zahl und Beschaffenheit der Integumente (BOUMAN 1971, 1974, 1979, BOUMAN & CALIS 1977) und des Nucellus (tenuinucellat – crassinucellat) bis zur Entwicklung des Nährgewebes, der Samenschale und der Entwicklung und Keimung des Embryos und auch der Ausbildung von Samenanhängseln (KAPIL, BOR & BOUMAN 1980). Dabei ist freilich zu bemerken, daß sich hinsichtlich der Ausbildung der Mikrosporen die Bereiche der Embryologie und der Palynologie überschneiden.

Für die Embryoentwicklung der *Gymnospermen* haben SIEGERT (1989) und SCHNECKENBURGER (1989) erneut die Frage der endogenen oder exogenen Entstehung der Keimwurzel aufgeworfen. Mit der endogenen Entstehung der Keimwurzel – wie die Autoren sie aufgrund der Betrachtung des „Gesamtembryos", d.h. mit Einschluß des Suspensors (nicht des „definitiven Embryos" im Sinne von SCHNARF 1933) einstufen – würde ein bisher als besonders wichtig betrachteter Unterschied gegenüber den ausschließlich „sproßbürtig" bewurzelten Pteridophyten entfallen. YAMASHITA (1991) hat dieser Aussage allerdings widersprochen, wobei er nach wie vor das klassische Konzept im Sinne von SCHNARF zugrunde legt.

Die Fülle der bereits vorliegenden Daten über die Embryologie der Angiospermen ist in einer Reihe bekannter Werke übersichtlich zusammengefaßt (SCHNARF 1929, 1931, MAHESHWARI 1950, DAVIS 1966, JOHRI 1984, RHAGHAVAN 1986), die Embryologie der Gymnospermen ist ebenfalls in einigen Werken zusammenfassend dargestellt (vgl. SCHNARF 1933, JOHANSEN 1950, CHOWDHURY 1962).

Beim Bau der Antherenwand interessieren an systematisch relevanten Eigenschaften vor allem die später zur Öffnung der Pollensäcke durch Längsrisse, Poren, Querspalten oder Klappen führenden Strukturen, d.h. insbesondere die Ausbildung einer subepidermalen oder – seltener – epidermalen Faserschicht (bei manchen Araceae mit inverser Orientierung), ferner der Bau und die Entwicklung des Tapetums.

Es hat sich nämlich gezeigt, daß die verschiedenen Typen der Tapetumentwicklung – Sekretionstapetum, amöboid-zelliges und amöboid-periplasmodiales *Tapetum* – ein gutes systematisches Merkmal darstellen können, wobei das amöboid-periplasmodiale Tapetum den am weitesten abgeleiteten Typ repräsentiert. Dies ließ sich unter anderem auch für die Caprifoliaceae zeigen, bei denen die auch in anderer Hinsicht abweichenden und oft als eigene Familien behandelten Gattungen *Sambucus* (Holunder) und *Viburnum* (Schneeball) noch ein Sekretionstapetum aufweisen, die weiter abgeleiteten Diervilleae und Linnaeeae ein teilweise hoch entwickeltes amöboid-zelliges Tapetum (Abb. 27 I) und die auch in morphologischer (Blütenstände) und palynologischer Hinsicht am weitesten fortgeschrittenen Lonicereae (*Lonicera*, Geißblatt u. a.) ein amöboid-periplasmodiales Tapetum (Abb. 27 II, WEBERLING & HILDENBRAND 1982, 1986).

Nach den unterschiedlichen ersten Teilungsschritten während der frühen Entwicklung des Angiospermenembryos und dem Anteil der verschiedenen Segmente an den Organen des Embryos unterschieden SCHNARF (1929), MAHESHVARI (1959) und JOHANSEN (1950) 5 bzw. 6 verschiedene Typen, die entsprechend ihrem Auftreten bei bestimmten Angiospermenfamilien als Cruciferen- (bzw. Onagraceen-), Asteraceen-, Solanaceen-Typ usw. benannt wurden. Für jeden dieser Typen wurde noch eine Anzahl von Subtypen beschrieben. Ein anderes Klassifikationssystem geht auf die zahlreichen Untersuchungen der Schule von SOUÈGES zurück (vgl. GUIGNARD 1974), ein weiteres auf YAMAZAKI (1974). All diesen Klassifikationssystemen kommt jedoch nur ein begrenzter Wert zu: die einzelnen Typen können zwar für bestimmte Verwandtschaftskreise charakteristisch sein, kommen nicht selten aber auch in systematisch sehr weit voneinander entfernten Gruppen vor, oder verschiedene Typen treten innerhalb derselben Gruppe auf. – Ähnlich verhält es sich mit den bekannten Typen der Endospermbildung: zellulär (Zellwandbildung jeweils sofort nach

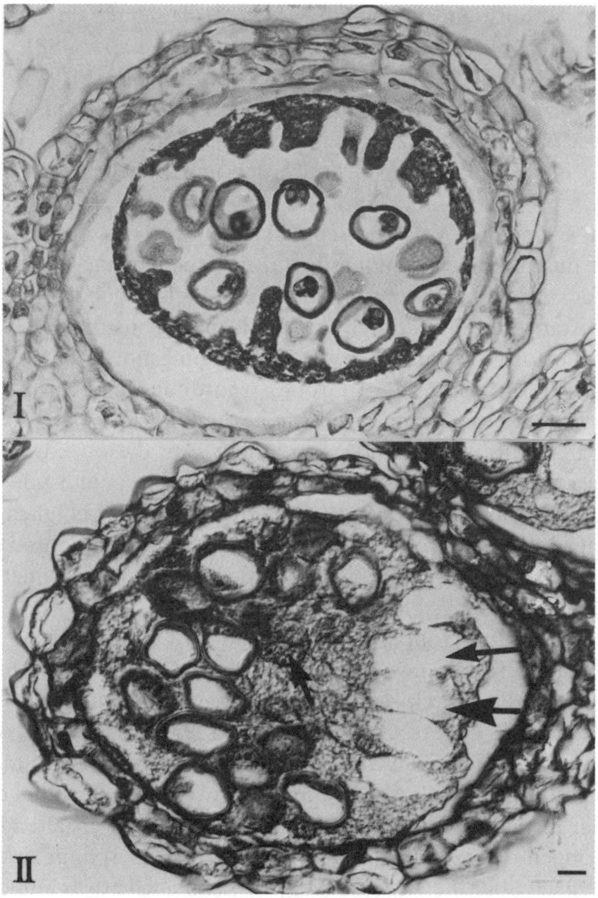

Abb. 27: Tapetumdifferenzierung bei Caprifoliaceae, Querschnitte durch Pollensäcke. I *Dipelta floribunda* Maxim., amöboides Eindringen der Tapetumzellen in das Pollenfach, II *Symphoricarpos rotundifolius* Gray, periplasmodiales, das gesamte Pollenfach ausfüllendes Tapetum. Die Marke entspricht 13 µm. Großer Pfeil: stark vakuolisiertes periplasmodiales Tapetum, kleinerer Pfeil: Kern (nach Weberling & Hildenbrand 1986).

der Kernteilung), nukleär (Zellwandbildung erst nach vielen Kernteilungen) und dem Zwischentyp der helobialen Endospermbildung (am mikropylaren Pol nukleär, darunter zellulär). Der letztgenannte Typ kann für die Alismatales (Helobiae) zwar weitgehend als typisch gelten, doch gibt es fließende Übergänge zum zellulären Typ.

In den vergangenen Jahrzehnten haben vor allem Untersuchungen über die

Feinstruktur der aus den Integumenten hervorgehenden Samenschale (Testa) große Bedeutung für die Systematik erlangt (Barthlott 1981, 1984, 1990, Barthlott & Ziegler 1981, Barthlott & Voit 1979, Barton 1967, Corner 1976, Grau 1980, Huber 1969 u.a.). Dies ist vor allem dem Einsatz des Raster-Elektronen-Mikroskopes zuzuschreiben, wobei die erstellten Photos abgesehen vom wissenschaftlichen Wert auch den menschlichen Sinn für Ästhetik befriedigen.

Bei vielen sympetalen Verwandtschaftskreisen wird das einzige sehr kräftige Integument durch eine Verdauungsdrüse, das aus der nach innen gekehrten Epidermis des Integuments entstehende Endothel, abgebaut, und die mobilisierten Substanzen werden durch sog. Endospermhaustorien (Chalazar- und Mikropylarhaustorien) dem Nährgewebe und dem Embryo zugeführt. Bei den Scrophulariaceae drängen die in Größe, Anordnung und Struktur sehr verschiedenen Endothelzellen mit ihren Innenwänden gleichmäßig oder nur mit ihrem zentralen Teil in das Endosperm hinein. Auf diese (teilweise auch auf andere) Weise erhält die Endospermoberfläche, welche zumeist die äußere Begrenzung des Samens bildet, eine „alveolierte“ Struktur. Lediglich die Außenepidermis der Testa ist durch ihre höchst vielfältig geformten und sklerifizierten Zellen zuweilen noch entscheidend an der Skulptur der Samenoberfläche beteiligt (vgl. Hartl 1959, 1965).

Bei den verwandten (vollparasitisch lebenden) Orobanchaceae besteht die fertig ausgebildete Testa im wesentlichen aus der äußeren Epidermis des Integuments, deren Zellen durch Hervortreten der antiklinalen Wände ein netziges Muster bilden. REM-Untersuchungen (Attawi 1977) zeigten nun, daß die antiklinalen und die inneren Zellwände der Testaepidermis bei den meisten Orobanchaceengattungen lokale Verdickungen aufweisen. Sofern bei den Epidermiszellen der fertig ausgebildeten Testa die Außenwand erhalten bleibt, sind die Verdickungen der Wände kaum zu erkennen. Hier spannt sich die dünne Außenwand flach über die Zelle hinweg, sie kann auch etwas aufgewölbt und/oder leicht verdickt und von Tüpfeln durchsetzt sein; bei einigen *Orobanche*-Arten bietet sie sich als netzartiges Geflecht aus fibrillenartigen Elementen dar. Bei den meisten Arten aber zieht sie sich mehr oder weniger tief in die Zelle hinein, sofern sie nicht überhaupt schwindet. Dann sind die Muster der Wandverdickungen (Abb. 28, 29) erkennbar, die für die einzelnen Gattungen und Artengruppen charakteristisch sind und als Merkmale der verschiedenen Gattungen oder als Sektionsmerkmale bei *Orobanche* in Betracht gezogen werden sollten.

Auf die Notwendigkeit, bei der Beschreibung und systematischen Einordnung von Organismen, und ganz besonders bei *tierischen* Organismen den gesamten Entwicklungsgang, also auch die frühen Entwicklungs- und Larvenstadien zu berücksichtigen, haben wir eingangs (S. 10) bereits hingewiesen. Die in vielen Tiergruppen auf die Anfangsstadien der Entwicklung folgenden Larven

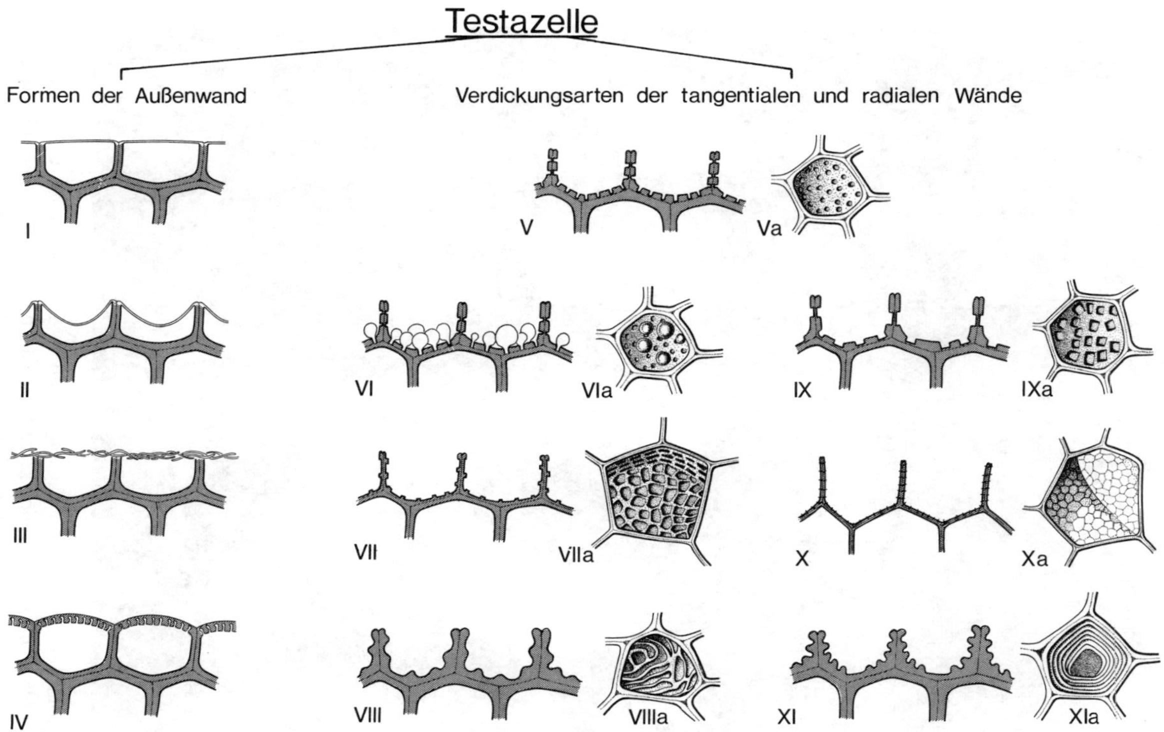

Abb. 28: Samenoberflächen bei Orobanchaceen. I Einfache, flach gespannte, II in die Zelle hineingezogene, III mit fibrillenähnlichem Geflecht überzogene und IV verdickte Außenwand mit Tüpfeln; V, Va poröse Verdickung; VI, VIa mit kugelähnlichen Körpern bedeckte Zellwand; VII, VIIa siebförmig, grob perforierte Verdickung; VIII, VIIIa Verdickung in unregelmäßigen Leisten; IX, IXa netzförmige Verdickung; X, Xa siebförmig, fein perforierte Verdickung; XI, XIa Verdickung in ringförmig umlaufenden Leisten (nach Attawi 1977).

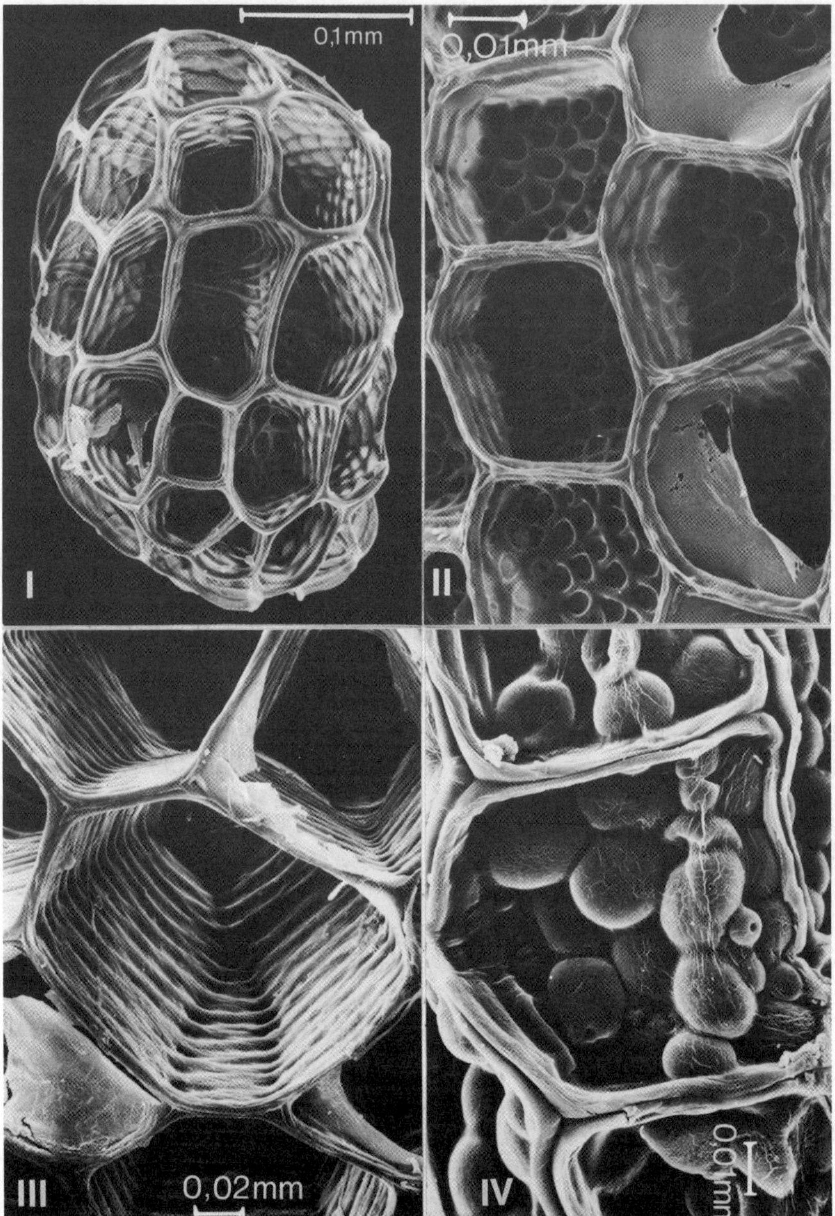

Abb. 29: Oberflächen von Orobanchaceen-Samen. I *Aeginetia indica* L., Same, Gesamtansicht; II *Orobanche crenata* Forsk., teilweise noch von der Außenwand bedeckte Zellen der Testa-Epidermis, poröse Struktur der Antiklinal- und Innenwände; III *Cistanche tubulosa* (Schenk) R. Wight, Antiklinalwände mit ringförmig umlaufenden Leisten; IV *Orobanche ludoviciana* Nuttall, Innenwände der Testaepidermis-Zellen mit kugelartigen Körpern bedeckt (nach Attawi 1977).

sind bekanntlich durch Merkmale gekennzeichnet, die den erwachsenen (adulten) Tieren fehlen. Ebenso bekannt ist, daß die Grundzüge dieser Larvenformen oft für größere Verwandtschaftskreise charakteristisch sind. Die für die Annelida und Echiurida (Quappenwurm) typische Trochophora-Larve mit den eventuell von ihr abgeleiteten Larvenformen bildet dafür ein gutes Lehrbuchbeispiel, das freilich auch zeigt, daß im einzelnen sehr eingehende vergleichend-ontogenetische Studien erforderlich sind (vgl. SALVINI-PLAWEN 1980).

Dabei ist die weitgehende Verschiedenheit zwischen der Entwicklung der „geschlossenen" Tiergestalt mit der Möglichkeit immer neuer Verschmelzungen ursprünglich getrennt angelegter Teile und der Entwicklung der zumeist „ offenen" pflanzlichen Gestalt mit ihrem „additiven Wachstum", d. h. der ständigen Hinzufügung neuer, zumeist weitgehend selbständig bleibender Bauelemente zu betonen. Da im zellwandlosen tierischen Organismus ganze Organe verlagert oder sogar in späteren Stadien völlig rückgebildet werden können, gestalten sich die Untersuchungen der tierischen Embryologie komplizierter als die der pflanzlichen Embryologie, dafür aber sind ihre Ergebnisse zumeist auch sehr aussagekräftig.

Die Technik embryologischer Untersuchungen beschreibt SIEWING (1969, S. 13): „Mit Hilfe von Lebendbeobachtungen und Vitalmarkierungen, von Totalpräparaten und Schnittserien bei Anwendung der verschiedenartigsten Färbungen, aber auch unter Anwendung von Experimenten mannigfaltigster Art kann der normale Ablauf der Ontogenese ermittelt werden", er hebt aber dann die eigentliche Aufgabe hervor: „Aufgrund eines *methodisch exakten Vergleichs*" Übereinstimmungen und Unterschiede festzustellen. „Bei der Durchführung des Vergleichs befindet sich der morphologische Embryologe in einer bei weitem schwierigeren Situation als der morphologische Anatom: Hat letzterer es mit *einem* Stadium der Individualentwicklung zu tun, so findet der Embryologe in der Ontogenese eine Fülle verschiedener Phasen von völlig verschiedenem Aussehen und ganz unterschiedlicher Organisationshöhe: von der Zygote über die Furchung, die Keimblätterbildung, die Organ- und die histologische Differenzierung, oft noch mit einer Metamorphose verbunden, führt die Ontogenese kontinuierlich zum Adultus. Mit ihm ist sie untrennbar verbunden ..." „*Vergleichsgrundlage* in der morphologischen Embryologie *ist der Gesamtablauf der Individualentwicklung*, bis zum Erreichen der Körpergrundgestalt." Mit HATSCHEK (1888, S. 19 ff. zit. nach SIEWING 1969) folgert SIEWING: „Die Methode der vergleichenden Ontogenie ist eine Erweiterung der vergleichend anatomischen Methode."

Bei diesem Vergleich kommt es darauf an, aus der Fülle der im Lauf der Ontogenie auftretenden, allein zum Schutz und zum Erhalt der Funktionsfähigkeit des ständig sich wandelnden Organismus notwendigen, später aber wieder verschwindenden Strukturen und Merkmalen solche herauszufinden, die sich aus der Herleitung von einem bestimmten Bauplan erklären und keinen selektiven

Wert für den adulten Organismus haben oder sich allenfalls negativ auswirken können („phylogenetische Bürde"). Soweit solche Merkmale nachweisbar sind, bilden sie eine starke Stütze für die Annahme bestimmter Verwandtschaftsverhältnisse, fehlen sie jedoch, so erlaubt dies keine weiteren Schlüsse, weil solche Merkmale während der Phylogenie auch infolge einer Abkürzung der Ontogenie verschwinden können.

Auch im Einzelfall kann die Berücksichtigung der Embryologie oder (bei Tieren) allein schon der Eier wertvolle taxonomische Hinweise liefern. MAYR (1975, in der Übersetzung von KRAUS) nennt in diesem Zusammenhang die Entdeckung der verschiedenen Zwillingsarten des *Anopheles maculipennis*-Komplexes („Malariamücken") aufgrund von Unterschieden in der Struktur der Eier, die hauptsächlich auf die Form der Puppen begründete systematische Gliederung der Aleyrodidae (Mottenläuse) und die Bestätigung der vermuteten Verwandtschaft der Fischordnung der Heteromi mit den Aalen aufgrund der Larvalstadien.

MAYR (1975, S. 122) betont auch, daß „Folgerungen aufgrund der Kennzeichen eines Entwicklungsstadiums eine überaus nützliche Gegenprobe für Ergebnisse" darstellen, die bei der Untersuchung derselben Organismen in einer anderen Phase gewonnen wurden (vgl. die Untersuchungen von ORTON 1957 und INGER 1967 über Frösche, von EVANS 1964 über Grabwespen und von VAN EMDEN 1957 über verschiedene Insektengruppen). Da außer Frage steht, daß „Larval- und Adultmerkmale sichtbare Manifestationen desselben Genotypus" darstellen, muß die systematische Gliederung eines Verwandtschaftskreises auch beide Merkmalsgruppen in Betracht ziehen. Wie bei manchen Algen- oder Pilzgruppen liefert die Heranziehung früher Entwicklungsstadien nicht selten erst die Schlüsselmerkmale für die systematische Gliederung der merkmalsarmen oder gleichförmigen „voll entwickelten" Organismen (vgl. LÉVI 1956 über Schwämme, Porifera).

3.2.7 Mikromorphologie, Cytologie

Von den nur mit Hilfe des Transmissions-Elektronenmikroskops (TEM) oder hochauflösender Raster-Elektronenmikroskopie (REM) erkennbaren Feinstrukturen haben für die Systematik der höhere Pflanzen vor allem die von BEHNKE (1975 ff.) untersuchten Stärke- und Eiweißeinschlüsse in den Siebröhrenplastiden und die Feinstruktur der epikutikularen Wachse (BARTHLOTT 1990, 1991) wichtige Hinweise geliefert.

Die *Siebelement-Plastiden* vieler Samenpflanzen weisen allein Stärkekörner auf (S-Typ), bei anderen (P-Typ) akkumulieren sie entweder neben Stärke Proteine oder ausschließlich Proteine. Die letzteren bieten sich in elektronenmikroskopischen Abbildungen von Dünnschnitten als irreguläre oder ringförmige gebündelte Filamente und/oder als globuläre, polygonale oder keilförmige Kristalloide dar (Abb. 30). Die verschiedenen Kombinationen dieser Eigenschaften haben sich als kennzeichnend für bestimmte Verwandtschaftsgruppen erwiesen (BEHNKE & DAHLGREN 1976ff., BEHNKE 1991), und zwar besitzen die Monocotylen Plastiden mit keilförmigen Proteineinschlüssen, während Filamente fehlen (Abb. 30 I). Die Siebelementplastiden der Caryophyllales repräsentieren einen bei keiner anderen Angiospermengruppe auftretenden Subtypus (Abb. 30 II-V, 31), der durch ringförmig gebündelte Filamente gekennzeichnet ist, die – außer bei den Amaranthaceae und Chenopodiaceae – um ein globuläres (Abb. 30 IV, V) oder polygonales (Abb. 30 II) Kristalloid gelagert sind. Den Amaranthaceae und Chenopodiaceae fehlt das zentrale Kristalloid (Abb. 30 III). Die bisweilen als verwandt angesehenen Polygonaceae, Plumbaginaceae und Bataceae, bei denen die für die Caryophyllales charakteristischen Betalaine (vgl. S. 111) fehlen, weisen dagegen nach dem S-Typ gebaute Plastiden auf (BEHNKE 1975, 1976a–c, 1991). Die Verwandtschaftskreise der Magnoliales und der Leguminosae und andere Gruppen sind ebenfalls durch bestimmte Plastidentypen charakterisiert. In nicht wenigen Fällen konnten aufgrund dieses Merkmals vermutete Verwandtschaftsbeziehungen bestätigt oder ausgeschlossen werden.

Die häufig als mikroskopisch kleine Kristalloide die Oberflächen höherer Pflanzen bedeckenden *Epicuticularwachse* sind in ihrer Form ebenfalls so charakteristisch für größere Verwandtschaftskreise, daß sie als wichtiges Verwandtschaftskriterium gelten dürfen (BARTHLOTT 1990, 1991): die meisten Liliifloren-Familien besitzen parallel orientierte Wachsschuppen (*Convallaria*-Typ, Abb. 32 I), „dagegen sind zusammengesetzte längsgeriefte Stäbchen (*Strelitzia*-Typ) auf die nicht liliifloren ‚farinosen' Familien" der Monocotylen beschränkt (Abb. 32 II). Die in Abb. 32 III gezeigten quergerieften „Stäbchenkristalloide (*Aristolochia*-Typ) charakterisieren die magnolioiden Ordnungen Aristolochiales, Annonales, Laurales und Magnoliales sowie einige Caryophyllidae und altertümliche Liliifloren ... und bemerkenswerterweise die Paeoniaceae", die vermutlich einen Übergang von den Magnoliales zu den Dilleniales darstellen, denen diese früher in die Ranunculaceae integrierte Familie wegen der zentrifugalen Gliederungsweise ihres Androeceums in jüngster Zeit zugeordnet wurde. Die Lotosblume *(Nelumbo)*, die wegen ihrer eigenartigen, im Blütenzentrum umgekehrt kegelförmig aufragenden Blütenachse eine Sonderstellung innerhalb der Seerosengewächse (Nymphaeaceae) einnimmt, läßt aufgrund ihrer epicuticularen Wachse eher eine enge Verwandtschaftsbeziehung zu den Mohngewächsen (Papaveraceae) vermuten (BARTHLOTT, mdl. Mitteilg.).

Über weitere für die Systematik der Angiospermen wichtige Feinstrukturen, wie die für die Capparales charakteristischen dilatierten Cisternen des endoplasmatischen Retikulums (BEHNKE 1977), charakteristische Oberflächenstrukturen oder die Mikromorphologie der Samenschalen bei Orchidaceen und Cac-

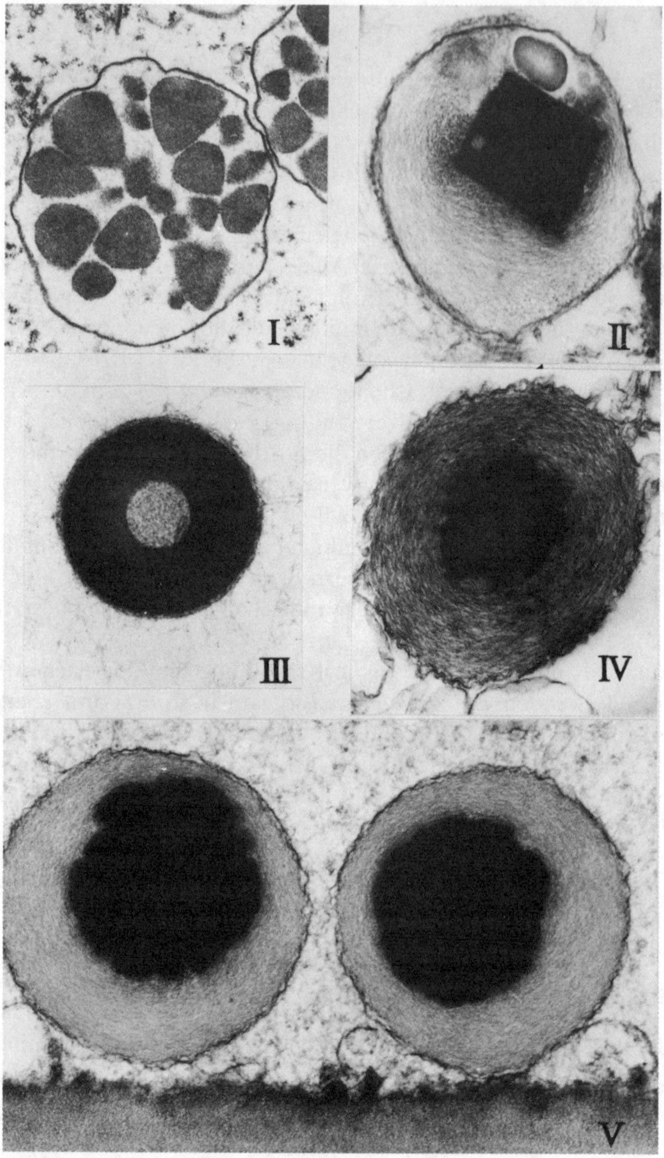

Abb. 30: Formen von Siebröhrenplastiden bei Angiospermen. I *Vanilla planifolia* G. Jacks. (Orchidaceae, Monokotylen-Typ), II *Macarthuria australis* Hueg. (Molluginaceae, Filamente, zentraler polygonaler Proteinkristall), III *Pleuropetalum darwinii* Hook. f. (Amaranthaceae, Filamente ohne zentralen Kristall), IV *Petiveria alliacea* L. (Phytolaccaceae, Filamente mit globulärem Kristalloid), V *Monococcus echinophorus* F. Muell. (Phytolaccaceae, Filamente mit globulärem Kristalloid) (nach H.-D. Behnke 1976c, Behnke & Dahlgren 1976 und unveröff. Orig.).

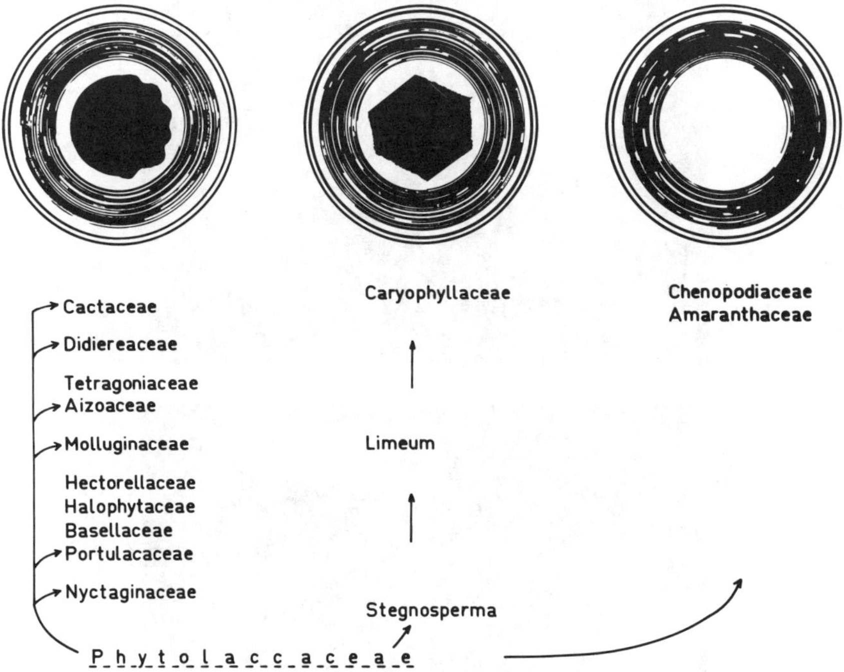

Abb. 31: Typen der Siebröhrenplastiden bei Caryophyllales und deren systematische Verbreitung (nach H.-D. Behnke 1976b).

taceen vergleiche man die zusammenfassende Darstellung von Behnke und Barthlott (1983) sowie Barthlott 1990 und die dort zitierte Literatur. Die für die verschiedenen Algengruppen sehr charakteristische submikroskopische Struktur der Plastiden (Abb. 33) wurde bereits auf S. 66 erwähnt.

Als besonders aussagekräftig im Hinblick auf die Klärung von Verwandtschaftsbeziehungen zwischen verschiedenen Algengruppen und den höheren Pflanzen haben sich Einzelheiten der Wandbildung bei der Zellteilung erwiesen. Als einfachste Form kann die nach der Mitose auftretende Zerklüftung des Plasmas und die simultane Umhüllung der beiden Tochterzellen mit neuen Zellwandschichten angesehen werden. Als relativ ursprünglich gilt auch die von der alten Zellwand ausgehende irisblendenartige Durchtrennung der Mutterzelle nach der Mitose. Bei einem schon weiter abgeleiteten Typus erfolgt die Querwandbildung in einem Phycoplasten, der nach Invagination des Plasmalemmas irisblendenartig durch Verschmelzen von Golgivesikeln und teilweise wohl bereits von Plasmodesmen durchsetzt in einer Schicht quer zur Achse der vorherigen Kernspindel liegender Mikrotubuli entsteht. Bei den Grünalgen-

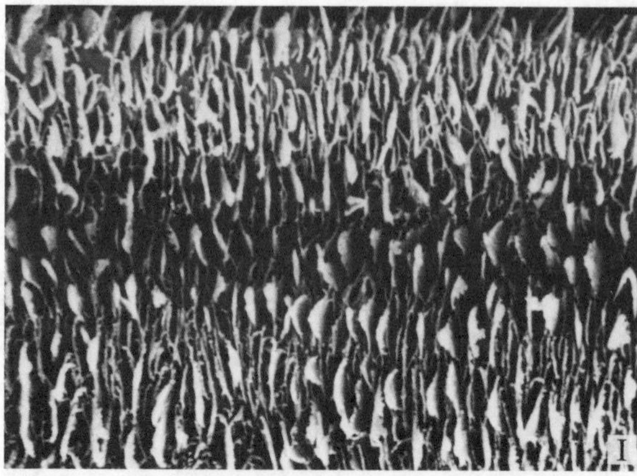
I

20UM
II

5UM
III

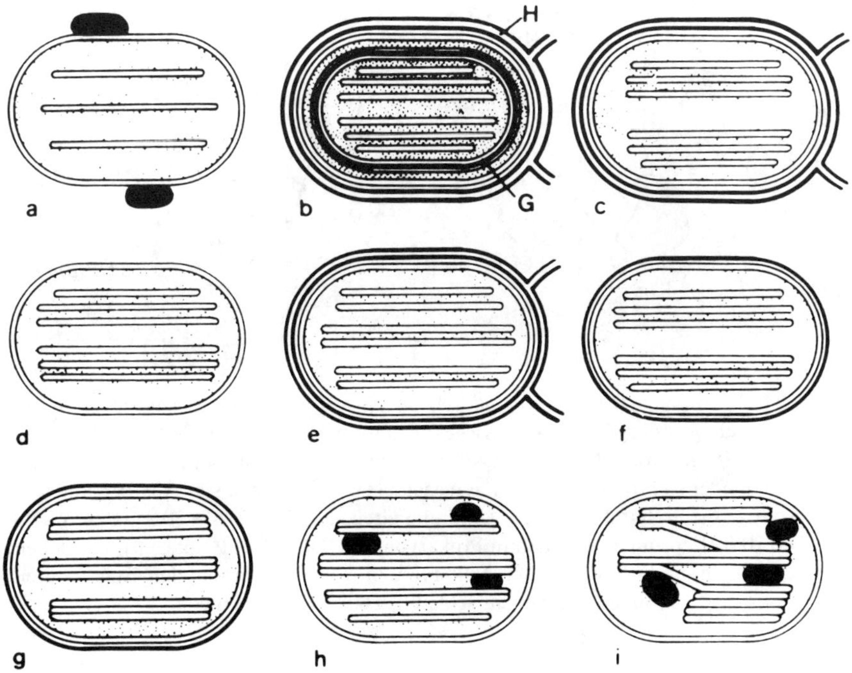

Abb. 33: Schema der Chromatophorenstrukturen bei verschiedenen Algengruppen. a Rhodophyceae, mit extraplastidialer Stärke und einzelnen Thylakoiden; b Chryso-, Xantho-, Bacillario-, Phaeo-, Raphidophyceae, mit Gürtellamelle (G) und Hüllzisterne (H); c Haptophyceae, ohne Gürtellamelle; d Eustigmatophyceae; e Cryptophyceae, mit Hüllzisterne; f Dinophyceae, Chloroplastenhüllen wie bei g aus drei Membranen bestehend; g Euglenophyceae; h Chlorophyceae, ohne Granabildung; i Chlorophyceae und Prasinophyceae, mit Granabildung; Stärke ist schwarz eingezeichnet. – Stark schematisiert in Anlehnung an Taylor (1976) (aus Ettl 1980).

Abb. 32: Feinstruktur-Typen epicuticularer Wachse, I regelmäßig parallel orientierte Wachsschuppen bei *Asparagus officinalis* L., *Convallaria*-Typ; II zusammgesetzte längsgeriefte Stäbchen bei *Phenacospermum guyanense* (L. Richter) Endl. ex Miq. (Strelitziaceae), *Strelitzia*-Typ; III quergeriefte Stäbchenkristalloide bei *Williamodendron quadrilocellatum* (Van der Werff) Kubitzki & Richter (Lauraceae, *Aristolochia*-Typ) (nach Barthlott 1990).

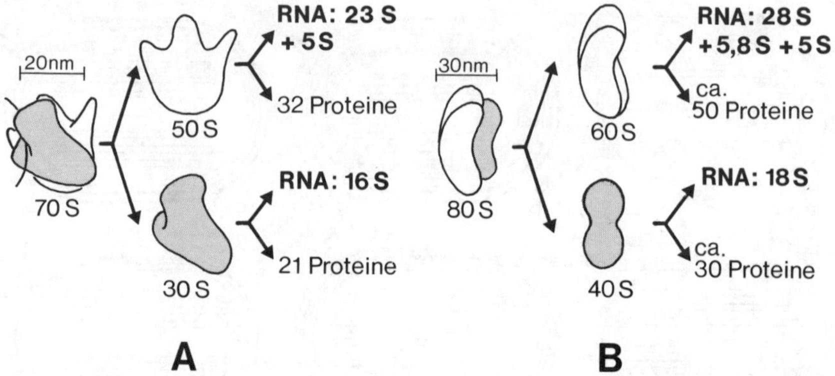

Abb. 34: Ribosomenstruktur, schematisch. A. Prokaryotisches Ribosom *(Escherichia coli)*, B. eukaryotisches (cytoplasmatisches) Ribosom (nach Nultsch 1991). An den Ribosomen findet die Proteinbiosynthese statt, sie bestehen aus ribosomaler Nucleinsäure und verschiedenen Proteinen. Man unterscheidet zwei Größenklassen, die 70 S und 80 S Ribosomen, die in charakteristische Untereinheiten zerfallen (50 S + 30 S und 60 S + 40 S). Die 70 S Ribosomen kommen in Prokaryonten (Bakterien, Blaualgen) und in den Mitochondrien und Plastiden der Eukaryonten vor. Im Plasma der Eukaryonten kommen dagegen ausschließlich 80 S Ribosomen vor.

ordnungen der Coleochaetales und den Charales sind diese Mikrotubuli bei der Entstehung der regelmäßig von Plasmodesmen durchsetzten Zellplatte nicht in der Äquatorialebene, sondern in der Längsrichtung der Zelle orientiert. Das Auftreten dieses für die höheren Pflanzen typischen *Phragmoplasten* bei den genannten Algengruppen kann als Hinweis auf die stammesgeschichtliche Abkunft der höheren Pflanzen aus diesem Verwandtschaftsbereich der Chlorophyta gewertet werden (vgl. Schwantes in Weberling & Schwantes 1992).

Einer Kombination cytologischer und biochemischer Methoden verdanken wir die Entdeckung der unterschiedlichen Ausbildung der Ribosomen bei Prokaryonten und Eukaryonten (Abb. 34): 70 S Ribosomen aus 30 S- und 50 S-Einheiten bei Prokaryonten – 80 S Ribosomen aus 40 S- und 60 S-Einheiten bei Eukaryonten (S-Einheit = Svedberg-Einheit der Sedimentationsgeschwindigkeit). Das Vorkommen der sonst auf die Prokaryonten beschränkten 70 S Ribosomen in den Plastiden und Mitochondrien der Eukaryonten wird bekanntlich als Stütze für die sog. Endosymbiontenhypothese gewertet.

In der Zoologie haben Ultrastrukturbefunde unter anderem bei der Systematisierung der Plathelminthomorpha („Plattwürmer") eine wichtige Rolle gespielt. Hier unterscheiden sich die Gnathostomulida („Kiefermäuler") durch monociliäre Epidermiszellen mit diplosomalem Basalapparat (mit akzessorischem Zentriol) von den Plathelminthes („Plattwürmern" im engeren Sinne), deren Epidermiszellen stets mehrere Cilien aufweisen, während das akzessorische Zentriol fehlt. Weitere Unterschiede bestehen in der Ultrastruktur der Protonephridien. Ferner hat sich für die Systematik dieser Gruppe der Feinbau der Spermien als wichtig erwiesen (vgl. Ax 1984).

3.2.8 Karyologie

Die wichtigen Beiträge der cytologischen Forschung zur Klärung systematischer Fragestellungen erstrecken sich vor allem auf Befunde, welche den Zellkern betreffen, und zwar in erster Linie die Chromosomen.

Schon seit langem weiß man, daß sowohl die Anzahl als auch morphologische Eigenschaften der Chromosomen eines Chromosomensatzes artspezifisch und konstant sind. Im Bereich der Botanik wurden in den vergangenen Jahrzehnten sehr viele höhere Pflanzen, aber auch Moose und eine Anzahl von Algen auf ihre Chromosomenzahlen hin untersucht. Dies wird erleichtert durch Schnellmethoden der Fixierung (in Alkohol-Eisessig), verhältnismäßig einfache Färbungen (Karmin-Essigsäure, Orcein-Essigsäure) und die Herstellung einfacher Quetschpräparate zur Darstellung von Mitosen und Ausstrichpräparaten für Pollenmeiosen (Darlington & La Cour 1963, Geitler 1960, Gerlach 1984, Traub 1953 u. a.). Man schätzt, daß für 8% der Bryophyten, 20% der Pteridophyten und 15–20% der Angiospermen Zählungen vorliegen (vgl. Stace 1989).

Die meisten Ergebnisse von Zählungen an Samenpflanzen wurden in periodisch erscheinenden Bänden des Index to Plant Chromosome Numbers (IAPT, ab 1965) zusammengefaßt, ferner in regelmäßigen IOPB Chromosome Number Reports (A. Löve) in der Zeitschrift Taxon veröffentlicht. Bei Beschreibungen höherer Pflanzen ist die Angabe der diploiden Chromosomenzahl schon weithin üblich geworden. Für die Pteridophyten wurden die meisten Ergebnisse von Löve, Löve & Pichi-Sermolli (1977), für die Bryophyten von Fritsch (1982) und Newton (1983 u. 1984) und für die Algen von Godward (1966) zusammenfassend dargestellt.

Die Rolle, welche der Kenntnis der Chromosomenzahlen für die Aufklärung von Prozessen der Sippenbildung zukommt, wurde bereits in Kap. 2.4 erwähnt; dies gilt vor allem auch für die Erkennung von Polyploidiereihen (z. B. bei *Rumex*). Mit Hilfe der Feststellung verschiedener Polyploidiestufen unter Berücksichtigung anderer sekundärer Veränderungen der Zahlenverhältnisse, wie aufsteigender Dysploidie (etwa $n = 9 \rightarrow 10$) oder absteigender Dysploidie (etwa $n = 9 \rightarrow 5$), vermag man gelegentlich auch die Lesrichtung mehrdeutiger Formenreihen eindeutig festzulegen, wie es Ehrendorfer (1964) für die in verschiedenen Anpassungen der Früchte an bestimmte Verbreitungsarten sich äußernden Entwicklungslinien der Dipsacaceen (Abb. 35) gelungen ist (zur Bedeutung der Polyploidie vgl. auch H. Lewis 1967, W. H. Lewis 1980).

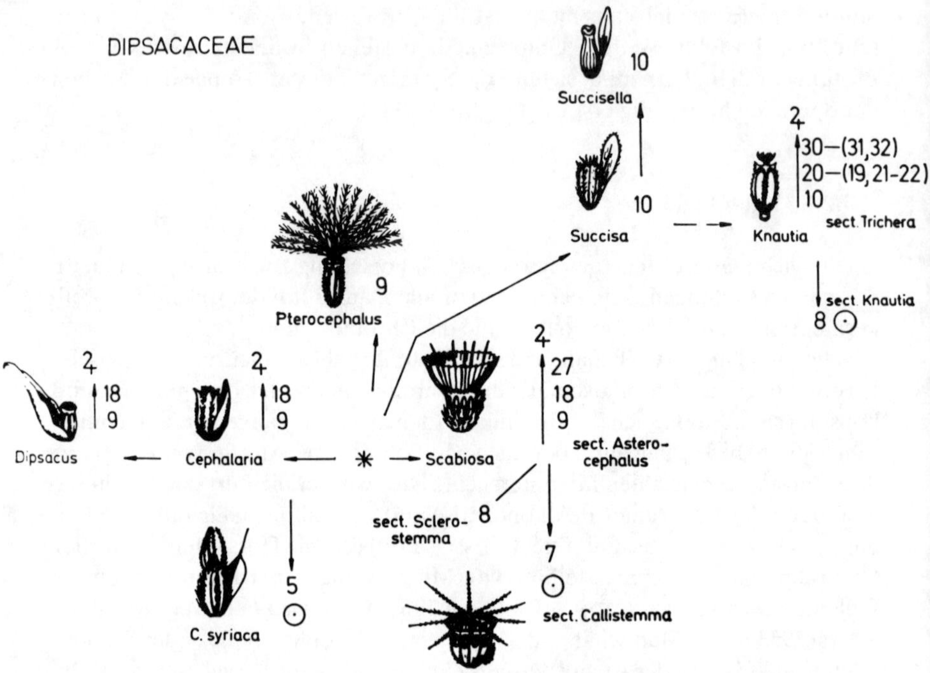

Abb. 35: Phylogenetisches Schema der wichtigsten Sippengruppen der Dipsacaceae: mit Darstellung der Differenzierung der Früchte (Innenkelche, Außenkelche) und der Tragblätter (soweit vorhanden). Die Zahlen bezeichnen haploide Chromosomenzahlen (n), die Pfeile deuten einige Entwicklungsrichtungen an: primäre dysploide Differenzierung (9 → 10), diverse Polyploidiereihen (2 × → 4 × → 6 × und aneuploide Streuzahlen, perenne Lebensformen = ♃) und diverse absteigende Dysploidreihen (9 → 8 → 7 → 6 → 5, ⊙ einjährige Lebensformen) (nach Ehrendorfer 1964).

Bei den verschiedenen Tiergruppen erfolgt die Feststellung von Chromosomenzahlen zumeist durch die Untersuchung embryonaler Gewebe, von Regeneraten, Zellen in der Hämolymphe, Blutkörperchen, Hirn- und Ganglienzellen von Insektenlarven (Mitosen) oder von Ovarien und Hoden (Meiosen). Zur Methodik gibt es auch hier einschlägige Veröffentlichungen (vgl. z. B.: Darlington & La Cour 1962, Göltenboth 1978, Linnert 1977 und Ruthmann & Hauser 1979, Macgregor & Varley 1988, ferner Crozier 1968, Imai 1966, Meredith 1969, Moorhead et al. 1960).

In größerem Maße erfolgen Chromosomenuntersuchungen z. B. bei Säugetieren und Reptilien, Amphibien (vgl. M. Schmid 1980), Käfern (S. G. Smith), Mantiden (Hughes-Schrader), Heuschrecken (White vgl. 1978), *Drosophila* (Stone, Carson & Wassermann), Chironomiden (Keyl) und Homopteren

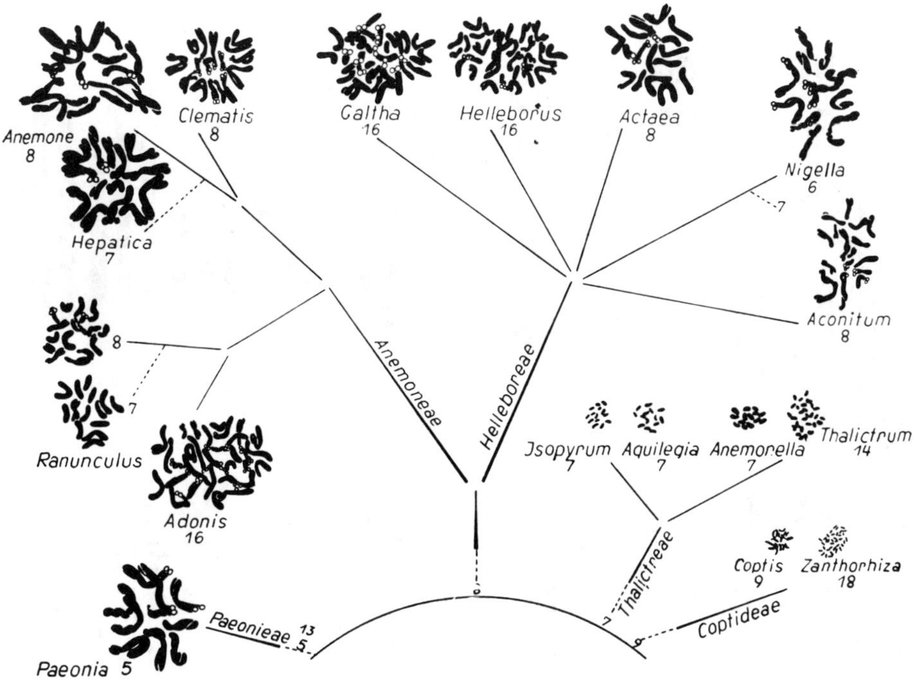

Abb. 36: Verwandtschaftsbeziehungen von Ranunculaceen-Gattungen entsprechend dem Karyotyp (Chromosomenzahl und -gestalt) (nach Gregory 1941).

(Hakka); zu den zahlreichen Literaturangaben vergleiche man die Bibliographie bei White (1973).

Wie in der Botanik gibt es auch für die bei den verschiedenen Tiergruppen ermittelten Chromosomenzahlen zusammenfassende Darstellungen, von denen hier nur einige genannt sein mögen: Makino (1951, An atlas of the chromosome numbers in animals, 2nd. ed.), Cohen & Gans (1970 Crocodilia), Borgaonkar (1949 Chiroptera, 1965a, 1966a Insectivora, 1965b, 1966b Primatae).

In ihrer Form und Größe lassen die Chromosomen eines Chromosomensatzes vor allem in der Metaphase mehr oder minder deutliche, artspezifische und konstante Verschiedenheiten erkennen. Dies gilt in erster Linie für die relative Länge der Chromosomen und die unterschiedliche Lage des in Form einer starken Einschnürung erkennbaren *Centromers* (telozentrisch, subtelozentrisch, metazentrisch usw.). Ferner sind oft sekundäre Einschnürungen zu beobachten, darunter sog. SAT-Zonen. Diese normalerweise wenig anfärbbaren Zonen (*s*ine *a*cido *t*hymonucleinico), an denen sich später die Nucleolen des Zellkerns bilden, sind oft – keineswegs immer – knopfförmigen terminalen

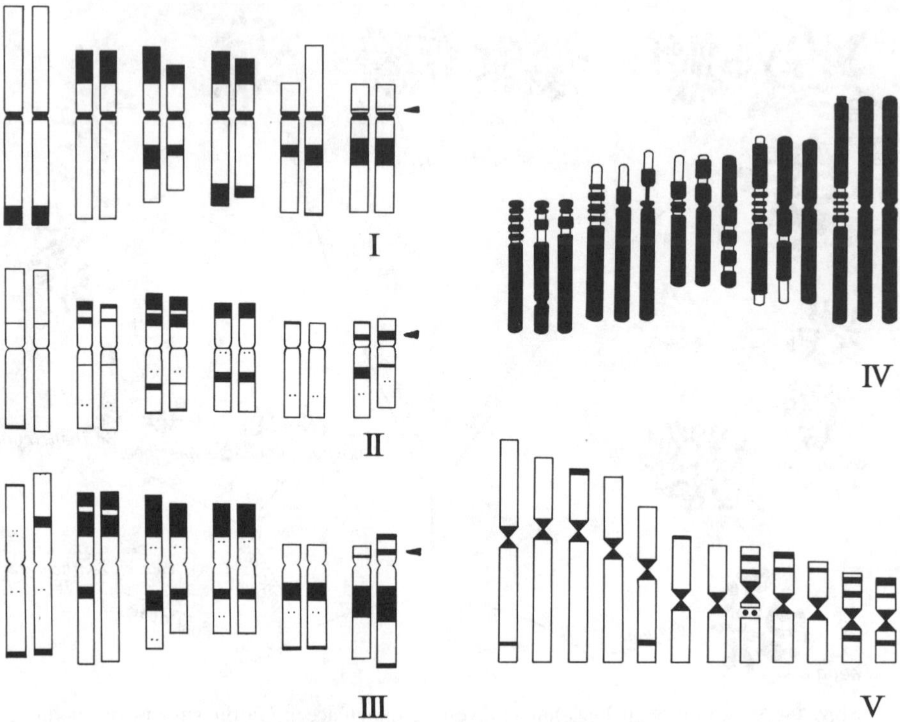

Abb. 37: I–III Giemsa C-Banden-Karyogramme bei Arten der *Scilla siberica*-Gruppe, I *S. siberica* Haw., II *S. amoena* L., III *S. melaina* F. Speta; die Pfeile weisen auf Nucleolus-organisatoren. IV Schematische Darstellung der Chromosomen von *Trillium*-Arten (n = 5), die homologen Chromosomen der drei untersuchten Arten, *T. erectum* L., *T. grandiflorum* (Michx.). Salisb. und *T. undulatum* Willd. sind jeweils nebeneinander angeordnet; Euchromatin-Abschnitte schwarz, Heterochromatin weiß. V Karyogramm mit C-Banden des Frosches *Hyperolius viridiflavus ommatostictus* (männl. u. weibl.), Euchromatin hell, Heterochromatin dunkel, dunkle Kreise in Chromosom 8 Nucleolusorganisator (I–III nach Greilhuber 1984, IV nach Wilson & Boothroyd 1941 aus Ehrendorfer 1964, V nach Almeida et al. 1990).

Chromosomenanhängen, sog. *Satelliten*, benachbart. In festgelegter Abfolge können auch lichtoptisch erkennbare und deutlich gegeneinander abgesetzte Verdickungen beobachtet werden, die man als *Chromomeren* bezeichnet; sie entsprechen lokalen Akkumulationen aus geknäuelten und miteinander verwobenen Abschnitten der Chromatinfibrillen.

Jeder Chromosomensatz zeigt somit eine Fülle chrakteristischer Formeigenheiten, einen bestimmten *Karyotyp*; seine diagrammatische Wiedergabe bezeichnet man als *Karyogramm*.

Karyogramme sind bei vielen Blütenpflanzenfamilien mit Erfolg zur Klärung systematischer Fragen herangezogen worden. Lehrbuchbeispiele sind die weitgehende Klärung der Verwandtschaftsverhältnisse bei den Ranunculaceae (Abb. 36) durch GREGORY (1941, in Übereinstimmung mit morphologischen, serologischen und phytochemischen Befunden, vgl. JENSEN 1967 u. FROHNE & JENSEN 1973/85, siehe S. 112/113) und die Zusammenführung der früher in die Amaryllidaceae und Liliaceae eingeordneten Gattungen *Agave* und *Yucca* in der Familie der Agavaceae aufgrund ihrer charakteristischen Karyogramme mit 5 großen und 25 sehr kleinen Chromosomenpaaren.

Seit langem unterscheidet man aufgrund des verschiedenen Grades der Anfärbbarkeit im Chromatin sog. euchromatische und heterochromatische Abschnitte. Durch verschiedene Färbetechniken lassen sich zudem in Metaphasechromosomen charakteristische Querbandenmuster sichtbar machen, die auch bei nur geringen Formunterschieden eine sichere Identifikation der einzelnen Chromosomen erlauben. Derzeit bedient man sich 5 verschiedener Färbeverfahren, durch die 5 verschiedene Muster von nicht sehr zahlreichen und daher gut unterscheidbaren C-, Q-, G-, R- und N-Banden erzeugt werden (Abb. 37). Das vor allem bei Wirbeltieren gut erkennbare und auswertbare G-Banden-Muster führte bei Pflanzen bisher zu keinen Ergebnissen.

Zumindest durch derartige Verfahren läßt sich in vielen Fällen zeigen, daß die homologen Chromosomen eines Chromosomenpaares nicht völlig gleichartig sind. Auf diese Weise werden zugleich die Möglichkeiten verbessert, Hybridisierungsergebnisse auch karyologisch nachzuweisen und damit Prozesse der Artbildung unter Beteiligung von Bastardierung – wie sie in Kap. 2.4 erwähnt wurden – genauer zu rekonstruieren. Im Zusammenhang mit der Betrachtung morphologischer und anderer Merkmale hat sich der Vergleich von Karyogrammen unter Berücksichtigung der Bandenmuster als sehr aufschlußreich bei der Klärung systematisch-phylogenetischer Fragestellungen erwiesen (vgl. dazu die Ausführungen von GREILHUBER 1984 sowie GREILHUBER & EHRENDORFER 1988 und MORAWETZ 1986).

3.2.9 Biochemie, Chemotaxonomie

Biochemische Merkmale haben sich in den vergangenen 3 Jahrzehnten – entsprechend den verfeinerten Möglichkeiten biochemischer Analysemethoden – in zunehmendem Maße als wertvolle Kriterien für die Biosystematik erwiesen. Man ist daher mitunter geneigt, ihren Wert zu überschätzen. Das gilt ganz besonders für die Sequenzanalysen bei Proteinen. Dabei konzentriert man sich darauf, die Primärstruktur, d. h. die Reihenfolge der Aminosäuren im Aufbau wichtiger Enzyme von allgemeiner Verbreitung – z. B. des Cytochrom C – bei verschiedenen Organismen zu vergleichen oder die Abfolge der Nucleotide in der die genetischen Informationen für den Organismus enthaltenden und darum als noch wichtiger erachteten DNA und RNA festzustellen. Vorausgesetzt wird dabei, daß Unterschiede in der Aufeinanderfolge der Aminosäuren als Ergebnis einer divergierenden Entwicklung zu werten sind, die von ursprünglich übereinstimmenden Sequenzen ihren Ausgang genommen hat.

Bei aller positiven Bewertung dieser Bemühungen betont Cronquist (1980, S. 1) jedoch: "Chemical characters are like other characters: they work when they work, and they don't work when they don't work. Like all taxonomic characters, they attain their value through correlation with other characters, and perfect correlations are the exception rather than the rule. Of all the sorts of chemical data, the structure of vital proteins may hold the most promise for helping to establish relationships among major groups of angiosperms. We do not know when or whether this promise will be fulfilled ..." Gerade das Beispiel Cytochrom C illustriert dieses Dilemma ausgezeichnet. Während in der Zoologie die vergleichende Analyse dieses wichtigen Atmungsenzyms ausgezeichnete Dienste bei der Rekonstruktion des Stammbaumes (vor allem auf höherem taxonomischen Niveau) leistete, verliefen entsprechende Versuche in der Botanik enttäuschend.

Soweit es sich um sehr spezifische Substanzen handelt, kann deren regelmäßiges, auf bestimmte Taxa begrenztes Vorkommen wichtige Hinweise auf verwandtschaftliche Beziehungen geben. Auch bei der Ausbildung von biochemischen Merkmalen ist jedoch die Konstanz keineswegs immer im erwünschten Maße gegeben, während man andererseits auch hier mit überraschenden Parallelismen und Konvergenzerscheinungen rechnen muß; und auch die biochemischen Charaktere stehen bei der systematischen Bewertung „in Konkurrenz" mit anderen, möglicherweise widersprechenden Befunden. Ein „a priori" höherer systematischer Wert kommt den biochemischen Merkmalen dabei ebensowenig zu wie allen anderen Merkmalskategorien.

Die Methoden zur Erfassung und Erkennung der verschiedenen biochemischen Eigenschaften müssen sich selbstverständlich nach der Gruppe der zu untersuchenden Stoffe richten (vgl. Harborne 1984a). Sie reichen von der Papier- und Dünnschichtchromatographie (TLC, vgl. Shellard 1968) bis zur Hochdruck-Flüssigkeits-Chromatographie (HPLC) und zur Gaschromatographie (GC) und bis zur Anwendung der Elektronen-Spin-Resonanz-Spektroskopie (ESR), z. B. zur Identifikation von Chinonen (im einzelnen vergleiche man dazu die bei Harborne 1984 angegebene Literatur). Für die Trennung und Identifikation von Proteinen kommen Elektrophorese und Gel-Elektrophorese zur Anwendung sowie bei der Analyse von Aminosäuresequenzen chemische Abbauverfahren (vgl. Karlson 1988) bzw. deren Kombination mit dem Einsatz von Restriktionsendonucleasen bei der RNA- und DNA-Analyse (vgl. Knippers 1985 und die einschlägige Literatur zur molekularbiologischen Technik).

Eine verbreitete Technik für den Vergleich von Proteinen, die auf die aufwendige Isolierung und Strukturaufklärung einzelner Proteine ganz verzichten kann, ist die Serodiagnostik oder Serologie. In einem ersten Schritt wird dazu das zu vergleichende Protein oder Proteingemisch einem höheren Tier (meist Kaninchen) in den Blutkreislauf injiziert. Dort wirkt es als Antigen, d. h. es verursacht die Bildung von Antikörpern. In einem zweiten Schritt wird aus diesem Versuchstier Antiserum (Blutserum mit Antikörpern) gewonnen. Bringt man dieses Antiserum nun in einem weiteren Schritt mit einer Proteinlösung eines anderen Organismus zusammen, so ergibt sich eine Fällungsreaktion, wenn diese Lösung die gleichen Antigene enthält wie die Proteinlösung, mit der das Versuchstier behandelt wurde. Ein spezifisches Protein kann mehrere Bindungsstellen (sog. Determinanten) für verschiedene Antikörper aufweisen. Das hat zur Folge, daß eine verbreitete Determinante die Unterscheidung von an sich verschiedenen Proteinen mit dieser Technik unmöglich macht. Abhilfe kann hier die sogenannte Vorabsättigung schaffen. Dazu wird das zu untersuchende Proteingemisch vor der Fällungsreaktion (dritter Schritt) mit dem Antiserum, das mit einer zweiten, sicher nicht verwandten Art erzeugt wurde, vermischt. Dadurch werden alle Antigen-Antikörper-Bindungen, die durch unspezifische (d. h. für die Fragestellung nicht relevante) Determinanten verursacht werden, vor dem zweiten Schritt belegt (vorabgesättigt), und das Ergebnis der Fällungsreaktion wird daher wesentlich spezifischer und aussagekräftiger. Es ist aber zu beachten, daß durch das Verfahren der Vorabsättigung Vorgaben über die systematische Stellung der untersuchten Organismen in die Methodik eingeführt werden. Festzuhalten ist auch, daß man bei dieser Methodik zwar die Übereinstimmung oder Nichtübereinstimmung der untersuchten Proteine feststellt, das Protein selbst aber nicht kennt. Durch vorgeschaltete Reinigungsschritte können einzelne Proteine aus dem Proteingemisch isoliert werden, und die Analyse wird dadurch etwas spezifischer. Man arbeitet aber hierbei immer mit einem unbekannten Gemisch von Antikörpern. Eine abweichende Methodik besteht darin, daß man in komplizierten Verfahren eine einzige einheitliche Population von Antikörpern (sog. monoklonale Antikörper) produziert und damit einen spezifischen Typ von Antigenen nachweisen kann. Für die Systematik spielt dieses Verfahren aber keine Rolle, da hierbei die Isolierung und genaue Kenntnis des Antigens eine wesentliche Voraussetzung für die Produktion der monoklonalen Antikörper darstellt. Die systematisch relevanten Daten liegen also bereits vor, bevor man monoklonale Antikörper herstellen kann. Dagegen ist die Arbeit mit monoklonalen Antikörpern in der Molekularbiologie und Zellbiologie heute Standard.

Schon länger als die Proteine sind andere chemische Substanzen insbesondere für die Systematik der Pflanzen verwendet worden. Dabei handelt es sich vorwiegend um die in den Vakuolen der höheren Pflanzen angereicherten sog. sekundären Pflanzenstoffe. Diese Sekundärstoffe gehören verschiedenen Stoffklassen an (Alkaloide, Glycoside, ätherische Öle, verschiedene Farbstoffe, aber keine Proteine) und waren der Analytik früher zugänglich als die Proteine. Einen systematisch gegliederten Überblick über die Ergebnisse der Biochemie der Pflanzen geben die mehrbändigen Werke von Hegnauer (1962–73 mit mehreren Supplementbänden bis 1990) und Gibbs (1974, Blütenpflanzen), Zugang zu weiteren Ergebnissen bieten die im Abschnitt ›Biochemie‹ des Literaturverzeichnisses genannten Publikationen.

Auf zoologischem Gebiet konzentrieren sich die Arbeiten im wesentlichen auf den Vergleich von Proteinen, insbesondere Enzymen (vgl. Wright 1974, 1966, 1980). Andere Untersuchungen wie die von Howse & Bradshaw (1980) befassen sich mit Abwehr- und Giftstoffen sowie Erkennungsstoffen bei Ameisen und Termiten (vgl. auch Howse 1975) oder den auf die Systematik bezogenen Vergleich anderer Stoffe (z. B. Pheromone). Wichtige chemosystematische Daten gehen heute aus Untersuchungen hervor, die der Entwicklung von Tiermodellen für pharmazeutische Untersuchungen dienen. Da die Tierschutzbestimmungen Nichtwirbeltiere und niedere Wirbeltiere im Tierversuch weniger stark betreffen als Säuger, gibt es umfangreiche Untersuchungen über den (abgestuften) Grad der Verwendbarkeit dieser Organismen in der pharmakologischen Forschung. Diese Arbeiten sind, obwohl mit anderer Zielsetzung ausgeführt, in gleicher Weise für die Systematik relevant. Wichtige in diesem Rahmen untersuchte Stoffe sind vor allem Hormone, Neurotransmitter und andere dem Stoff- oder Elektronentransport dienende Moleküle. Die Grenze zwischen Biochemie und Cytologie verschwimmt dabei immer mehr.

Entscheidende Erkenntnisse brachte in den beiden vergangenen Jahrzehnten der Einsatz biochemischer Kriterien für die bis dahin völlig unzureichend erschlossene Systematik der Bakterien, oder besser: der *Prokaryonten*. Bei der genaueren Analyse des – wie schon länger bekannt – von allen anderen Organismen abweichenden Aufbaus der Zellwand stellten sich tiefgreifende Unterschiede zwischen den verschiedenen Prokaryontengruppen heraus: an Stelle des für die „echten Bakterien" (Eubacteriophyta) charakteristischen, aus Aminozuckern und D- und L-Aminosäuren gebildeten Mureinsacculus (mit unterschiedlicher Schichtung bei grampositiven und gramnegativen Bakterien) besitzen die Archaebacteriophyta entweder einen sog. Pseudomureinsacculus (aus Peptidoglykanen, ohne Muraminsäure) oder einen aus Uronsäuren, Neutralzuckern und Aminosäuren zusammengesetzten Heteropolysaccharidsacculus oder eine Oberflächenschicht aus Proteinbausteinen mit einem Mosaik aus hexagonalen Untereinheiten, und ihre Lipide besitzen statt der Fettsäuren Isoprenoide, welche durch Etherbindung statt durch Esterbindung mit Glycerin verknüpft sind. Darüber hinaus stellte man bei Sequenzanalysen einen abweichenden Bau der 16 S-rRNS und bei der t-RNS den Ersatz von Thymin durch Pseudouridin fest. Die als Lebewesen von sehr primitiver Organisation betrachteten Prokaryonten haben sich damit als ein Organismenreich von weit größerer Mannigfaltigkeit und weitaus stärker divergierenden Entwicklungstendenzen erwiesen, als man bisher anzunehmen geneigt war.

In Ermangelung morphologischer Merkmale werden Taxa bei Prokaryonten vielfach anhand von Stoffwechselmerkmalen, also chemischen Charakteristika unterschieden. Dabei ist zu beachten, daß Prokaryonten sich wegen der fehlenden (biparental-)sexuellen Fortpflanzungsweise nur schwer in das klassische Artkonzept einfügen lassen.

Die unterschiedliche Ausbildung der Ribosomen bei Pro- und Eukaryonten hatten wir bereits als wichtiges Merkmal hervorgehoben. Ein weiteres Beispiel für die Auswertung von Ribosomenmerkmalen als Verwandtschaftskriterium sind die Übereinstimmungen in den Nucleotidsequenzen der 5 S-ribosomalen RNA bei den Basidiomyceten (Ständerpilzen) und den bislang zu den Ascomyceten gestellten Taphrinales (u. a. Verursacher sog. Narrentaschen bei Steinobstarten und Hexenbesen bei Laubhölzern), welche eine Einordnung der Taphrinales (als Taphrinomycetidae) bei den Basidiomycetes nahelegen. Bei verschiedenen Bakterien- und Pilzgruppen haben sich die unterschiedlichen Anteile der Basenpaare GC und dementsprechend AT in der DNA als wichtige systematische Kriterien erwiesen.

Für die Unterscheidung und Abgrenzung der Algengruppen stellen schon seit langer Zeit biochemische Kriterien, nämlich die Verbreitung der verschiedenen Assimilationsfarbstoffe und der Assimilationsprodukte und Reservestoffe, das entscheidende Merkmal dar, heute freilich in Kombination mit dem Feinbau der Plastiden (vgl. Ettl 1980 sowie Abb. 33). – Aufgrund von Analysen der Proteine und Nucleotidsequenzen, z. B. der 5 S Ribosomen-RNA, erweisen sich die Rotalgen als phyletisch sehr alte Gruppe, möglicherweise repräsentieren sie den ältesten Typ photosynthetisch aktiver Eukaryonten.

Bei den *Flechten (Lichenes)* spielen Farbreaktionen auf bestimmte Chemikalien – KOH, Calcium- oder Natriumhypochlorit, p-Phenylendiamin – bereits als Bestimmungshilfe eine wichtige Rolle. Sie beruhen auf dem Vorkommen spezifischer, offenbar zumeist nur vom Algen- und Pilzpartner gemeinsam synthetisierbarer *Flechtenstoffe*, von denen bisher etwa 200 ihrer chemischen Konstitution nach bekannt sind. Sie gehören verschiedenen Stoffgruppen an – aliphatische Säuren, Chinone, Dibenzofuranderivate, Depside (Ester aromatischer Oxicarbonsäuren mit Oxicarbonsäuren), (aus Polyoxi-benzolcarbonsäuren zusammengesetzte, nicht verseifbare) Depsidone u. a. – und liefern abgesehen von ihrem diagnostischen Wert wichtige Kriterien für die Flechtensystematik (vgl. im übrigen Hawksworth 1976).

Für die *Pilze (Mycobionta)* ergeben sich wichtige übergreifende Merkmale aus dem Vorkommen bestimmter Farbstoffe, vor allem im Bereich der Basisdiomycetes (z. B. Pulvinsäurederivate); darüber hinaus erlauben der Chemismus der Zellwände, die Lysinsynthese über den Aminoadipinsäureweg oder das Vorkommen spezifischer giftiger Verbindungen (cyclische Peptide) über größere oder kleinere systematische Gruppen sich erstreckende Schlußfolgerungen (über Steroide und Triterpenoide bei Basidiomyceten vgl. NATORI, YOKOYAMA & AOSHIMA 1973).

In einem Überblick über die bisher ermittelten chemosystematischen Daten für *Moose (Bryophyta)* konnten SUIRE & ASAKAWA (1979) bereits über Enzyme, Fettsäuren, Flavonoide, Stilbenoide, Terpenoide, Monoterpene und verwandte Verbindungen, Sesquiterpene, Diterpenoide und sogar über Alkaloide referieren. Sie bestätigen damit die frühere Vermutung HEGNAUERS (1962, Bd. I S. 176): „Nach allem, was bis heute bekannt geworden ist, dürften die Bryophyten in chemisch-physiologischer Hinsicht nicht wesentlich von den Chlorophyten und Tracheophyten (Gefäßpflanzen) verschieden sein." – Ergebnisse eingehender Untersuchungen über verschiedene Wege des Metabolismus des D-Methionins werden als Hinweis für die Gliederung der Bryophyta in Klassen und Unterklassen gedeutet (POKORNY 1974). Über die neuesten Resultate der Chemosystematik bei Moosen berichten ZINSMEISTER & MUES (1990).

Für die *Farngewächse (Pteridophyta)* zeigt ein bekanntes Lehrbuchbeispiel (vgl. EHRENDORFER in STRASBURGER 1983, Abb. 576, BRIGGS & WALTERS 1969, Abb. 72) in zweidimensionalen Chromatogrammen die Erhaltung von Flavonoidmustern bei der Bildung trigenomer allopolyploider Bastarde von *Asplenium*-Arten. Eine sehr übersichtliche Zusammenfassung über die für die Systematik aufschlußreiche Verteilung von Flavonoiden sowie Terpenoiden und einigen anderen Stoffgruppen bei *Pteridophyten* und *Gymnospermen* und ihre Bedeutung für die Systematik geben GOTTLIEB, KAPLAN, ZOCHER & KUBITZKI in KRAMER & GREEN 1990. Für die Pteridophyten seien ferner genannt: BERTI & BOTTARI 1968, COOPER-DRIVER & HAUFLER 1983, SOEDER 1985 und SWAIN & COOPER-DRIVER 1973.

Bei *Pteridophyten* und *Gymnospermen* ist Coniferylalkohol der wichtigste Ligninbaustein (bei den Angiospermen überwiegt die Sinapylkomponente). Allgemein bestehen hinsichtlich der Zellwandstoffe einerseits zwischen den verschiedenen Gruppen der *Gymnospermen* große Übereinstimmungen, andererseits zeigen sie mit zunehmender Entwicklungshöhe abgestufte Unterschiede. Zwei Vertreter der wegen ihres nur aus Tracheiden bestehenden Holzes bereits genannten primitiven Magnoliales-Familie der Winteraceen (vgl. S. 66) zeigen in ihrer Ligninzusammensetzung ähnlich intermediäre Züge wie einige Gymnospermen, unter ihnen *Welwitschia* aus der Klasse der Gnetatae, der höchstentwickelten Gymnospermengruppe, deren übrige Vertreter sogar ein den Angiospermen ähnliches Lignin aufweisen (vgl. FROHNE & JENSEN 1985). – Polyphenole sind verbreitet, unter ihnen die bei Angiospermen nur ausnahmsweise bekanntgewordenen Bis-Flavonoide, ferner kommen niedere Terpene vor (als Bestandteil der ätherischen Öle in den schizogenen Sekretgängen) sowie Cyclitole (Sequoyitol, sonst bei allen Gymnospermen-Familie nachgewiesen, fehlt bei Gnetatae und Angiospermen).

Bei den *Angiospermen* bieten sich vielfältige Möglichkeiten, aus der vergleichenden Analyse von Stoffgruppen und Synthesewegen aufschlußreiche Daten für die Systematik zu gewinnen, und zwar durch die Untersuchung von Reservestoffen, von Proteinen mit Einschluß der DNA und RNA, aufgrund serologischer Reaktionen und vor allem durch die Untersuchung der überaus zahlreichen und vielfältigen Sekundärstoffe.

Als Beispiele für *Reservestoffe* mag das Inulin erwähnt sein, das keineswegs nur für die Compositen und ihnen nahestehende Familien, sondern für eine nicht geringe Anzahl weiterer Dikotylenfamilien der Asteridae, Rosidae und Dilleniidae sowie wenige Liliifloren charakteristisch ist. Enger begrenzt und daher spezifischer ist dagegen das Vorkommen der (in der Form des Sedoheptulosediphosphats aus dem Photosynthesezyklus bekannten) Sedoheptulose als Reservestoff bei der Gattung *Sedum* oder der Erucasäure im Samenöl der Brassicaceae und anderer Capparales sowie der Tropaeolaceae und Limnanthaceae.

Zu der großen Zahl der *Sekundärstoffe*, deren Registrierung sich als nützlich für die Chemosystematik erwiesen hat, gehören vor allem die Alkaloide, Anthrachinone, Betalaine, viele Flavonoide, die iridoiden Substanzen, Senfölglykoside, Polyacetylene, Saponine, Sesquiterpene, Tannine und Triterpenoide.

Man hat das Auftreten dieser großen Fülle von Sekundärstoffen bei den Angiospermen mit ihrer Bedeutung als Abwehrstoffe gegen Tierfraß und Befall durch Pilze und Bakterien gedeutet (Fraenkel 1959) und vermutet, daß die Entfaltung der großen Angiospermengruppen erst durch die „Erfindung" immer neuer biochemischer „Abwehrwaffen" ermöglicht wurde – der Isochinolinalkaloide bei den Magnoliidae, der Tannine bei den Hamamelididae, Rosidae und Dilleniidae, der iridoiden Substanzen bei den Asteridae bis hin zur Entwicklung der Polyacetylene und Sesquiterpene bei den Compositen (Ehrlich & Raven 1965, Bate-Smith 1984, vgl. auch Cronquist 1977). Diese Hypothese hat sicherlich einen „hohen Erklärungswert", es ist jedoch anzunehmen, daß es für die Vielfalt der Sekundärstoffe bei den Angiospermen mehrere Gründe gibt.

Ein Musterbeispiel für die Begrenzung einer Stoffgruppe auf einen wohldefinierten Verwandtschaftskreis stellt das Vorkommen der *Betalaine* bei den Caryophyllales (Centrospermae) dar. Die im Unterschied zu den weitverbreiteten (roten oder blauen) Anthocyanen stickstoffhaltigen (rotvioletten oder gelben) Betalaine treten innerhalb der Angiospermen ausschließlich bei den Familien der Caryophyllales auf (aber auch als Hutfarbstoff beim Fliegenpilz!), leider mit dem Schönheitsfehler, daß ausgerechnet die aus vielerlei guten Gründen im Zentrum der Ordnung plazierten Caryophyllaceae und Molluginaceae statt der Betalaine Anthocyan besitzen, das wiederum allen Betalain-führenden Familien fehlt (Reznik 1955, Mabry 1977). Andererseits war das Vorkommen der Betalaine bei den Caryophyllales Anlaß, die lange Diskussion über die systematische Einordnung der Cactaceae und der in mancher Hinsicht kakteenähn-

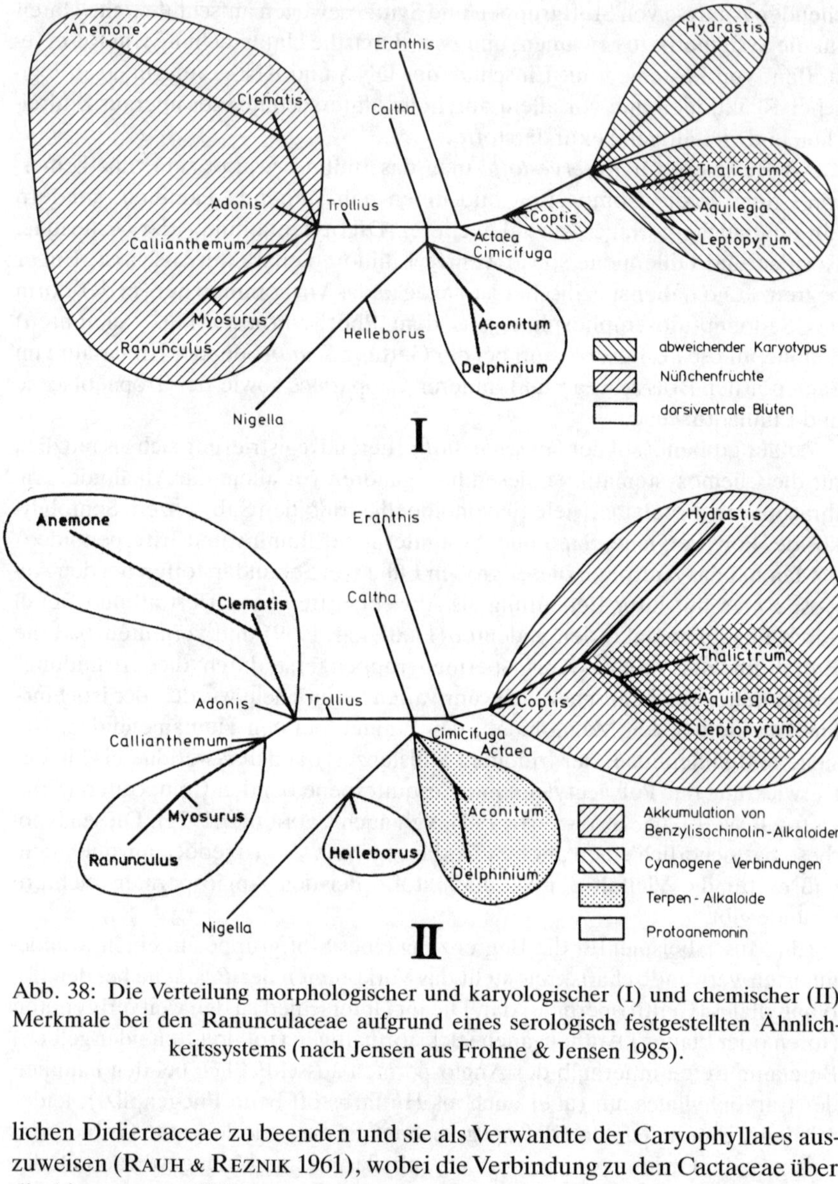

Abb. 38: Die Verteilung morphologischer und karyologischer (I) und chemischer (II) Merkmale bei den Ranunculaceae aufgrund eines serologisch festgestellten Ähnlichkeitssystems (nach Jensen aus Frohne & Jensen 1985).

lichen Didiereaceae zu beenden und sie als Verwandte der Caryophyllales auszuweisen (Rauh & Reznik 1961), wobei die Verbindung zu den Cactaceae über die Aizoaceae und Mesembryanthemaceae bereits aufgrund blütenmorphologischer Untersuchungen (Buxbaum 1948) erkennbar erschien. Auch die bereits erwähnten Merkmale der Siebröhrenplastiden (S. 94 ff.) und palynologische Befunde (Straka 1965) rechtfertigen dieses Vorgehen.

Eine zweite systematisch sehr spezifisch verbreitete Stoffgruppe sind die *Isochinolin-Alkaloide*, besonders die für die Magnoliidae charakteristischen (sonst sehr selten vorkommenden) Benzyl-Isochinolin-Alkaloide. Das Vorkommen von teilweise identischen Isochinolin-Alkaloiden bildete auch ein wichtiges Argument bei der Feststellung der engen Verwandtschaftsbeziehungen zwischen den Papaveraceae einerseits und den Ranunculaceae und Berberidaceae andererseits. So ist das in beiden Unterfamilien der Papaveraceae verbreitete Protopin („Leitalkaloid" der an Benzylisochinolin-Abkömmlingen reichen Papaveraceae, FROHNE & JENSEN 1985) auch bei der Berberidaceengattung *Nandina* vorhanden, das Hydrastin bei Berberidaceae und Ranunculaceae; auch serologische Untersuchungen (JENSEN 1967) ließen auf engere Beziehungen zwischen Ranunculaceae und Papaveraceae schließen, nicht dagegen zu den übrigen der früher mit den Papaveraceae in der Ordnung der Rhoeadales vereinigten Familien der jetzt als Capparales bezeichneten Ordnung, den Cruciferae (Brassicaceae), Resedaceae, Capparaceae, Tovariaceae und Moringaceae, die allesamt wiederum durch *Senfölglykoside* charakterisiert sind (SCHRAUDOLF 1965, 1967), welche den Papaveraceae fehlen. Die Kluft zwischen den beiden Verwandtschaftskreisen war freilich auch durch morphologische Untersuchungen (Blütenmorphologie, MERXMÜLLER & LEINS 1966, konstantes Vorkommen rudimentärer Stipeln bei den Capparales, nicht bei den Papaveraceae, WEBERLING 1956a) deutlich geworden. Die Ergebnisse der biochemischen und serologischen Untersuchungen JENSENS (1967, FROHNE & JENSEN 1985) über die systematische Gliederung der Ranunculaceae (Abb. 38 II) decken sich ebenfalls weitgehend mit den morphologischen (Abb. 38 I) und auch mit karyologischen Befunden (Abb. 36). Daß das Vorkommen von Senfölglykosiden ebenso wie das anderer Stoffe nicht allein für die Entscheidung systematischer Fragen ausschlaggebend sein kann, wird daran deutlich, daß Senfölglykoside noch bei 9 weiteren Familien auftreten, von denen nur zwei, die Batidaceae (vgl. SCHRAUDOLF, SCHMIDT & WEBERLING 1971) und die Violales-Familie der Caricaceae in gewisser verwandtschaftlicher Beziehung zu den Capparales gesehen werden können.

Das Vorkommen einer großen Zahl von Alkaloiden verbindet auch die Familien der Rubiales – die Loganiaceae, Apocynaceae, Asclepiadaceae und Rubiaceae – miteinander. In diesem Fall handelt es sich vor allem um Indolalkaloide, zu denen das Strychnin gehört. Das Auftreten des für die Rubiaceengattung *Coffea* bekannten Coffeins (ein Purin-Alkaloid) ist dagegen wenig aussagekräftig, da es nicht nur bei manchen Rubiaceen, sondern auch bei der *Cola*-Nuß (Sterculiaceae), beim Reiherschnabel (*Erodium*, Geraniaceae) der Stechpalme (*Ilex, I. paraguariensis*, Maté! Aquifoliaceae) und anderen, nicht näher verwandten Pflanzen auftritt. Diese starke Streuung überrascht nicht, wenn man bedenkt, daß Coffein durch Methylierung des Xanthins, eines häufigen Stoffwechselproduktes, entstehen kann. Dieses Beispiel zeigt zugleich, daß es in

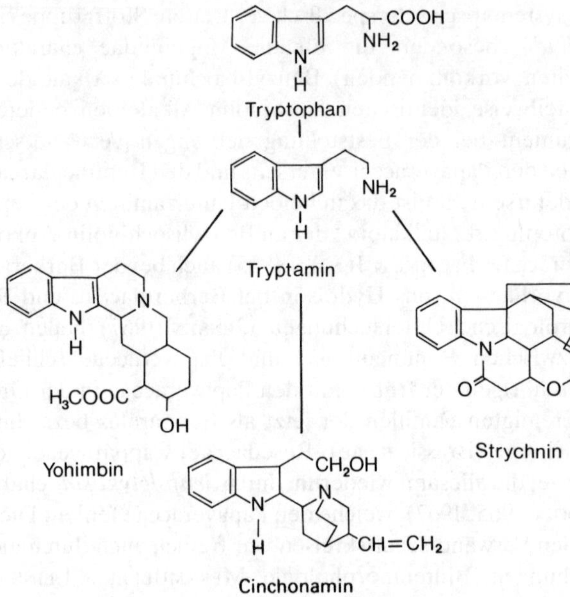

Abb. 39: Biosynthesewege einiger vom Tryptophan sich herleitender Indolalkaloide (aus P. Smith 1976).

vielen Fällen erforderlich ist, die Synthesewege der als mehr oder minder signifikant geltenden Verbindungen zu kennen (vgl. BIRCH 1973). Für einen Teil der Indolalkaloide kommt z.B. die Entstehung aus dem Tryptophan (Abb. 39), für andere die Synthese aus dem Phenylalanin in Betracht (vgl. SMITH 1976, vgl. ferner GOMES & GOTTLIEB 1980).

Die Biosynthesewege boten für JENSEN, NIELSEN & DAHLGREN (1975) die Grundlage für eine Einteilung der sog. *iridoiden* Substanzen, die für eine Reihe sympetaler Verwandtschaftskreise charakteristisch sind, aber auch bei Hamamelidales, Cornaceae, Loasaceae und anderen choripetalen Familien vorkommen. Das Grundskelett der Iridoide, für die Mevalonsäure als Vorläufer angegeben wird, ist in Abb. 40 I wiedergegeben. Von einfachen Ausgangsformen wie dem Loganin (Abb. 40 II) führt ein Weg zum Seco-Loganin (Abb. 40 IV), das als Intermediärprodukt für drei weitere Synthesewege zu den Seco-Iridoiden gilt. Ein anderer Weg führt über das 10-Desoxy-Geniposid (Abb. 40 III) zu fünf verschiedenen Gruppen der einfachen Iridoide. Die weiter abgeleiteten Verbindungen sind nach Aussage der Autoren auch bei den stärker abgeleiteten Familien und Ordnungen zu finden (vgl. ferner: BATE-SMITH 1984).

Von den *Flavonoiden*, deren Grundskelett in Abb. 40 V wiedergegeben ist, sind über 500 verschiedene Verbindungen bekannt, die man in verschiedene

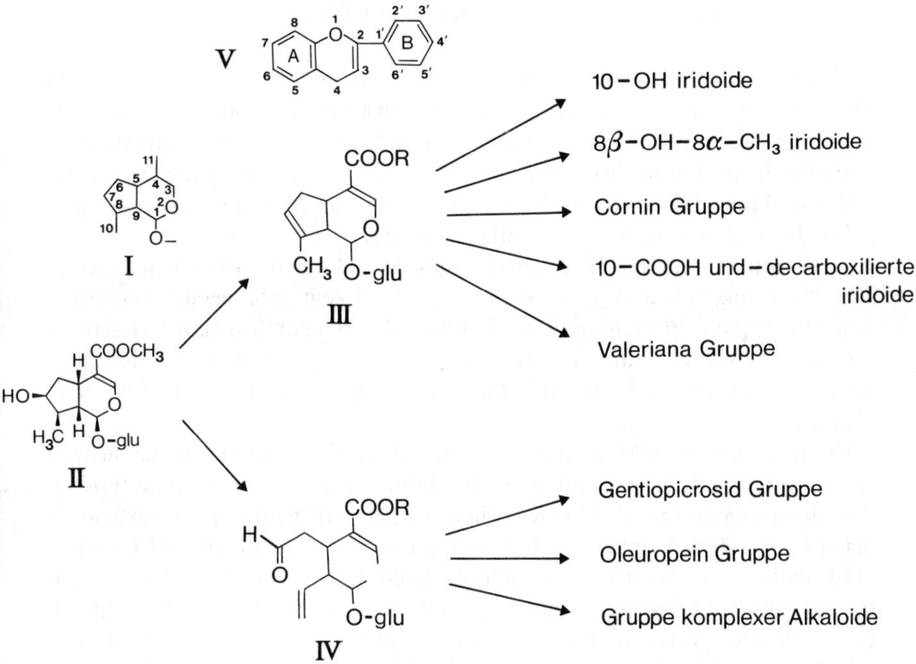

Abb. 40: I Grundskelett der iridoiden Substanzen; II–IV Ableitung der carbozyklischen Iridoide (III) und Secoiridoide von Loganin (II) und weitere chemische Differenzierungen (Pfeile), III 10-Desoxy-Geniposid, IV Seco-Loganin; V Grundskelett der Flavonoide, glu = Glucose (nach Jensen et al. 1975).

Klassen unterteilen kann (vgl. HARBORNE & TURNER 1984). Ihre Berücksichtigung hat verschiedentlich zur Klärung der systematischen Stellung von Familien (Julianaceae verwandt mit den Anacardiaceae) und zur intrafamiliären Systematik (Ulmaceae, GINASSI 1978b) beigetragen (vgl. ferner: CRAWFORD 1978, GINASSI 1978a, GORNALL, BOHM & DAHLGREN 1979, HARBORNE, MABRY & MABRY 1975, HARBORNE & MABRY 1982, SWAIN 1980a).

Ellagsäure, ein Dilacton, wurde bisher vor allem bei Familien der Hamamelididae, Rosidae und Dilleniidae gefunden, ist jedoch innerhalb dieser Gruppen nicht allgemein verbreitet. CRONQUIST (1980) vermutet, daß sie bei den drei genannten Verwandtschaftskreisen etwa gleichzeitig mit deren Entfaltung während der Kreidezeit auftrat und eine Rolle als Repellentia spielte (vgl. im übrigen: BATE-SMITH 1984, HASLAM 1982).

Über *Sesquiterpenlactone* vergleiche man: FISCHER, OLIVIER & FISCHER 1980 sowie SEAMAN 1982, über *Monoterpene*: SCHÜTTE 1976.

3.2.10 Moderne Verfahren der Stammbaumrekonstruktion

Um Übersicht über die Fülle der verschiedenen Daten zu gewinnen und sie für die Systematik reproduzierbar auswerten zu können, begann man schon vor knapp 30 Jahren mit der Anwendung automatisierter Auswertungsverfahren. Anfänglich wurden noch Lochkarten und Hollerithmaschinen eingesetzt. Als sinkende Preise Computer auch für Systematiker leichter verfügbar machten, nahm die Verbreitung dieser Techniken stark zu.

Es ist nötig, darauf hinzuweisen, daß diese Verfahren im wesentlichen technische Neuerungen waren. Die wichtigsten, ihnen zugrundeliegenden theoretischen Prinzipien der Systematik sind älter. Zu logisch durchstrukturierten theoretischen Modellen wurden diese Grundlagen der Systematik in den 50er Jahren vor allem durch HENNIG *(Kladistik)* und SNEATH & SOKAL *(Phänetik)* entwickelt.

Computergestützte Methoden zur Verwandtschaftsanalyse kann man in zwei streng getrennte Gruppen einteilen. Die Befürworter dieser beiden Methoden, der phänetischen und der kladistischen, stehen sich heute oft in unversöhnlicher Gegensätzlichkeit gegenüber. Der klassische, nicht mit einem Computer ausgestattete Systematiker wendete vielfach beide Verfahren (oder Teile davon) gleichzeitig nebeneinander her auf dasselbe Problem an. Die entworfenen Systeme waren in Teilen kladistisch, in anderen Teilen gaben sie nur Ähnlichkeitsbeziehungen (phänetische Beziehungen) wieder.

Es gibt bis heute kein Computerprogramm, das eine gleichzeitige Berücksichtigung des kladistischen und des phänetischen Ansatzes ermöglicht. Ein von A. HALL (Bolus Herbarium, Cape Town RSA) entwickeltes Programm, das dazu in der Lage sein soll, befindet sich noch in der Entwicklungsphase. Der Systematiker muß sich also für das eine oder das andere Verfahren entscheiden.

Eine detaillierte Erläuterung einzelner Programme soll hier unterbleiben. Es erscheint aber notwendig, die Unterschiede zwischen den zugrundegelegten biologischen Prinzipien zu erläutern und daran aufzuzeigen, für welche Fragestellungen welches der beiden Verfahren geeigneter ist.

Kladistik

Die theoretischen Grundlagen der Kladistik mit einer eigenen Terminologie wurden von dem deutschen Zoologen HENNIG entwickelt. Sein Lehrbuch ›Phylogenetic Systematics‹ (HENNIG 1966) war vor allem in Amerika ein großer Erfolg. Die Teile seines Konzeptes, die sich für eine automatisierte Auswertung von Verwandtschaftsbeziehungen besonders eigneten, wurden unter der (von Gegnern als Schimpfwort eingeführten) Bezeichnung „Kladistik“ formalisiert und in Computerprogramme umgesetzt.

Das Konzept läßt sich am einfachsten an der typischen Stammbaumdarstellung *(Dendrogramm)* der Kladistik, dem *Kladogramm* erläutern (Abb. 41). Die

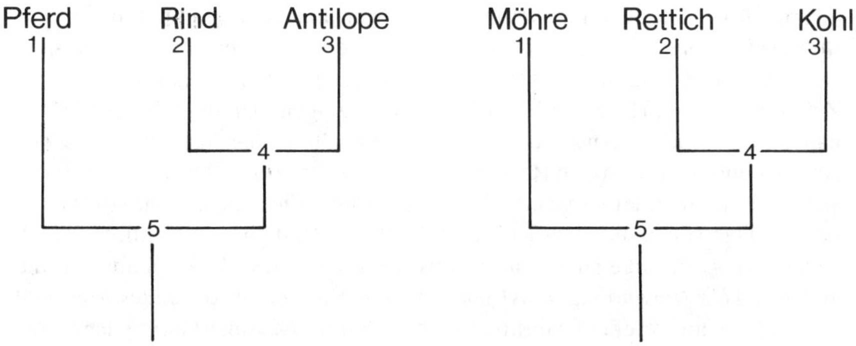

Abb. 41: Kladogramm, Erläuterungen im Text.

Taxa, deren Verwandtschaftsbeziehung untersucht werden soll, stehen alle an Zweigenden des Kladogrammes. Diese terminalen Taxa werden als *OTU's (operational taxonomic units)* bezeichnet. Die Knoten (in Abb. 41 4 und 5) stellen ausgestorbene Vorfahren der OTU's dar und werden als *HTU's (hypothetical taxonomic units)* bezeichnet. Dem kladistischen Konzept liegt also der auf S. 30 bereits erwähnte, sogenannte „evolutionäre Artbegriff" zugrunde. Dabei wird definiert, daß eine evolutionäre Art genau von ihrer Entstehung bis zu ihrer Aufspaltung in zwei (oder mehr) Tochterarten existiert. Mit der Aufspaltung in Tochterarten gilt die evolutionäre Art als erloschen, selbst wenn eine der Tochterarten mit der Ausgangsart vollkommen übereinstimmt.

Der zweite wichtige Ansatz der Kladistik ist eine weitere Differenzierung des Homologiebegriffs. Die wesentliche Feststellung ist dabei, daß bei Homologien sorgfältig zwischen ursprünglichen und abgeleiteten Merkmalen (Merkmalszuständen) unterschieden werden muß, da die einen für die Frage einer bestimmten Verwandtschaftsbeziehung eine Rolle spielen können, die anderen hingegen nicht. Fragen wir zum Beispiel: sind die Hausrinder näher mit den Pferden oder näher mit den Antilopen verwandt (ist der Rettich näher mit der Möhre oder dem Kohlrabi verwandt)? Es gibt in beiden Fällen Merkmale, die zweifellos homolog sind, die aber zur Entscheidung der Frage nichts beitragen, weil alle hier in Betracht kommenden Organismen sie gleichermaßen aufweisen. So ist z. B. das aus zwei getrennten Herzkammern mit je einer eigenen Vorkammer aufgebaute Herz (die Ausbildung von Samen, die in einen Fruchtknoten eingeschlossen sind) bei den genannten Organismen mit Sicherheit eine homologe Struktur. Das Merkmal ist nicht nur, weil es bei der ganzen Gruppe einheitlich ausgeprägt ist, für eine weitere Untergliederung unbrauchbar, sondern in erster Linie, weil es den ursprünglichen Zustand innerhalb der untersuchten Gruppe repräsentiert. Solche von einer stammesgeschichtlichen früheren

Gruppe übernommenen (ursprünglichen) Merkmale bezeichnet man als *„plesiomorph"*. Die Ausbildung des Herzens (die Angiospermie) wird entsprechend als *„Symplesiomorphie"* für die genannten Taxa bezeichnet. Die aus zwei Zehen gebildeten Hufe von Kuh und Antilope zeigen, daß diese beiden OTU's näher miteinander verwandt sind als mit dem Pferd, das auf nur einer Zehe geht. Ebenso erweisen sich Rettich und Kohlrabi aufgrund der Senfölglycoside als enger miteinander verwandt als mit der Möhre, die diesen Inhaltsstoff nicht besitzt. Das HTU, aus dem Kuh und Antilope (Rettich und Kohlrabi) durch Aufspaltung hervorgegangen sind, weist also ein neues Merkmal auf, das die anderen *TU's (taxonomic units)* nicht haben. Ein neu auftretendes Merkmal bzw. ein neu auftretender Merkmalszustand leitet sich vom ursprünglichen Zustand ab und wird als *„Apomorphie"* bezeichnet. Es ist die Neuentwicklung, von der sich TU 4 im Kladogramm von TU 5 unterscheidet, sie wird als *„Autapomorphie"* (an dieser Stelle neu auftretendes Merkmal) für TU 4 bezeichnet. Für die OTU's 2 und 3 ist diese Neuentwicklung eine *„Synapomorphie"* (= gemeinsames abgeleitetes Merkmal), die sie als enger miteinander verwandt als mit TU 1 ausweist.

TU's, die durch Aufspaltung aus einer gemeinsamen Abstammungs-TU hervorgehen, werden als *Schwestergruppen* bezeichnet. In Abb. 41 sind z. B. Antilope und Kuh ebenso wie Rettich und Kohlrabi Schwestergruppen. Aber auch die Paarhufer (Kuh + Antilope) sind eine Schwestergruppe zu den Unpaarhufern (Pferd); dasselbe gilt für die Brassicaceen (Rettich und Kohlrabi) und die Umbelliferen (Möhre). Die Begriffe *„plesiomorph"* und *„apomorph"* und die davon abgeleiteten Worte sind zunächst nichts anderes als neue Vokabeln für die mit *„ursprünglich"* und *„abgeleitet"* umschriebenen Sachverhalte. Symplesiomorphien, also gemeinsamer Besitz ursprünglicher Merkmale, begründen im kladistischen Konzept (im Gegensatz zum phänetischen) keine engere Verwandtschaft. So ist z. B. die Ausbildung nackter Samenanlagen und das Vorkommen einer einfachen Befruchtung nach allgemeiner Auffassung gegenüber in einen Fruchtknoten eingeschlossenen Samen und doppelter Befruchtung ursprünglich. Das gemeinsame Auftreten des ursprünglichen (plesiomorphen) Merkmalszustandes kann aber nicht als Begründung dafür herangezogen werden, daß die Gymnospermen näher miteinander verwandt sind als mit den Angiospermen. Umgekehrt sind alle Angiospermen wegen der doppelten Befruchtung näher miteinander verwandt als mit jeder Gymnospermengruppe. In einem kladistischen System wird Verwandtschaft ausschließlich mit Synapomorphien begründet!

Weitere wichtige Begriffe sind *„Homoplasie"*, *„Parallelismus"* und *„Konvergenz"*. Als *„Homoplasie"* wird eine Ähnlichkeit bezeichnet, die ihre *Ursache nicht in gemeinsamer Abstammung* hat (bisher vielfach als *„Analogie"* bezeichnet, vgl. S. 57). „Homoplasie" ist der Sammelbegriff für „Parallelismen" und „Konvergenzen" (vgl. S. 17, 24).

Als *„Parallelismus"* definiert man eine unabhängige Ausbildung übereinstimmender Strukturen auf der Basis von homologen (aus gemeinsamer Abstammung hervorgegangen) Strukturen. In dieser Weise hat sich z. B. die Stammsukkulenz mehrfach parallel aus der für die Kormophyten homologen und für alle Sukkulenten plesiomorphen normalen Sproßachse entwickelt. Auch die Umbildung der Vorderextremitäten zu Flossen bei Pinguinen, Seekühen, Walen und Robben ist ein bekanntes Beispiel für Parallelismus. Diese Art der Homoplasie wurde früher in Anlehnung an Plate (1901, S. 502) als *„Homoiologie"* bezeichnet.

„Konvergenz" bezeichnet dagegen die Ausbildung ähnlicher Strukturen aus ganz verschiedenen Bauelementen. Klassische Beispiele hierfür sind die Grabhand von Maulwurf und Maulwurfsgrille oder bei Pflanzen die aus Blättern oder Sprossen gebildeten Ranken.

Die *Schwestergruppen* eines Kladogrammes entsprechen nicht immer den Stufen unseres Klassifikationssystems (Art, Gattung, Familie, Ordnung usw. mit ihren Untereinheiten). Die Vögel sind z. B. nicht eine Schwestergruppe der Reptilien insgesamt, sondern eine Schwestergruppe der Krokodile. Eine Gruppe, die wie die Reptilien zwar nach allgemeiner Auffassung von einer Stammart abstammt, aber nicht alle Abkömmlinge dieser Stammart umfaßt (die Vögel sind davon ausgeschlossen), bezeichnet man als paraphyletisch. Die möglichen Verwandtschaftsbeziehungen innerhalb einer Gruppe werden durch die Begriffe *„holophyletisch", „monophyletisch", „paraphyletisch"* und *„polyphyletisch"* beschrieben. Als „monophyletisch" wird in der Regel eine Gruppe von Taxa bezeichnet, die alle von einer gemeinsamen Ausgangsform abstammen, die Gruppe darf nur Taxa umfassen, die von dieser Ausgangsform abstammen, muß aber nicht alle davon abstammenden Taxa enthalten. Kladisten haben diese verbreitete und übliche Definition abgewandelt und bezeichnen als monophyletisch nur noch solche Gruppen, die *alle* von einer Ausgangsform abstammenden Taxa umfassen. Diese (wesentlich engere) Definition macht den oben bereits genannten Begriff „paraphyletisch" für Gruppen erforderlich, die nicht alle von der Stammform abgeleiteten Taxa umfassen. In neuerer Zeit bürgert sich ein, für die engere Fassung von „monophyletisch" den Terminus „holophyletisch" zu benutzen. „Monophyletisch" ist dann als Überbegriff für „holophyletisch" und „paraphyletisch" anzusehen.

Das Wesentliche kladistischer Stammbaumdarstellungen ist, daß für jede Verzweigung im einzelnen angegeben werden kann, mit welchem Merkmal oder auf welchen Merkmalen sie begründet wird. Die Verzweigungen im kladistischen Stammbaum stellen (hypothetische) Taxa dar. Die Merkmalsausprägungen der HTU's können der Analyse (dem errechneten Stammbaum) entnommen werden. Bei phänetischen Stammbäumen stellen die Verzweigungen keine Taxa dar. Eine Rekonstruktion, aufgrund welcher Merkmale eine bestimmte Gruppe zusammengefaßt wird, ist bei der phänetischen Analyse im Einzelfall grundsätzlich nicht möglich!

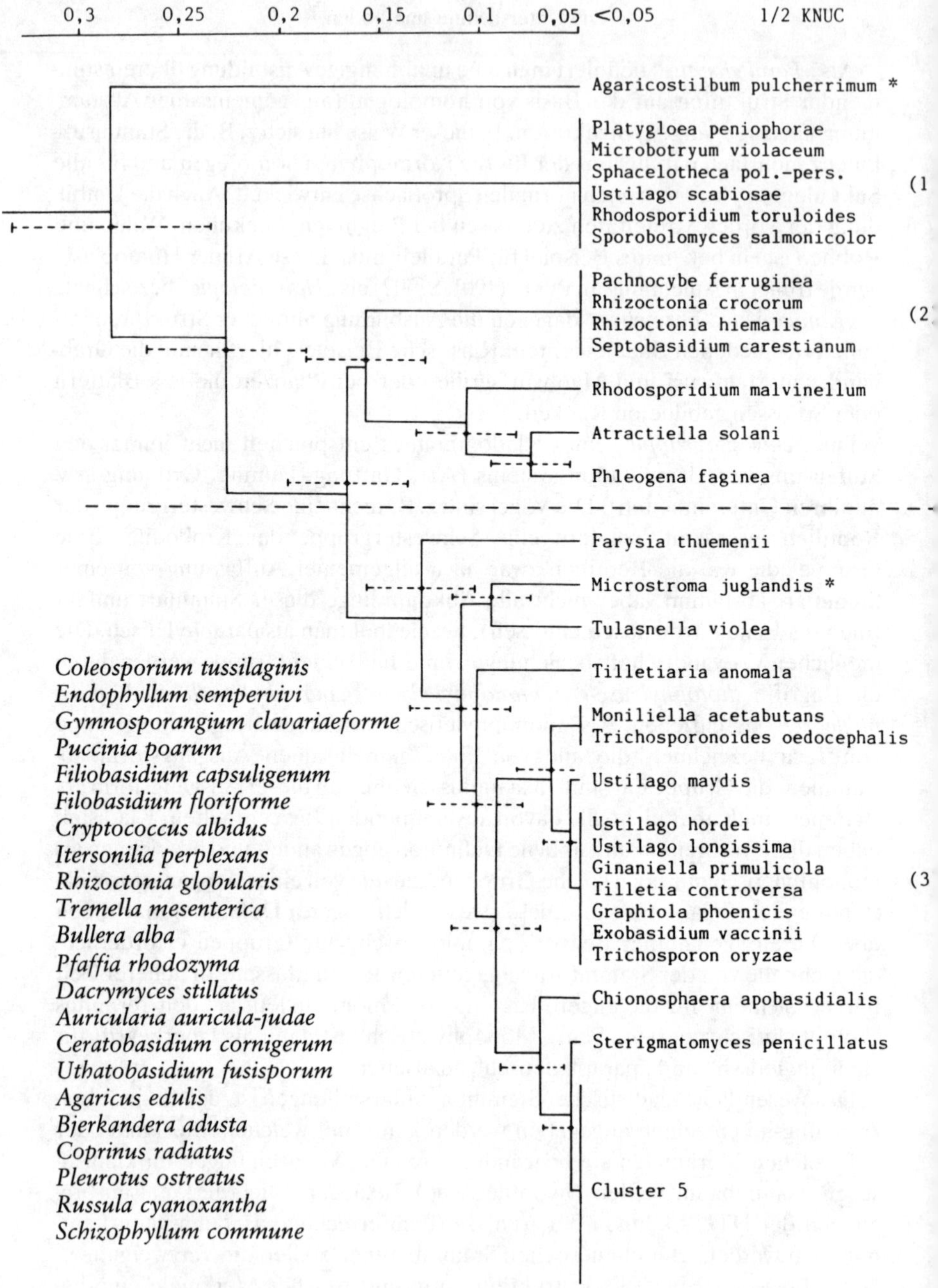

Abb. 42: Phänogramm, errechnet mit Sequenzdaten der ribosomalen RNA, der Block von Arten links unten listet die Taxa von Cluster 5 auf (aus Blanz 1985).

Die Kladistische Bearbeitung einer Gruppe, ob von Hand oder mit dem Computer, beginnt mit der Erfassung der zur Gliederung verwendeten Merkmale und Merkmalsausprägungen (zur Definition von „Merkmal“ und „Merkmalsausprägung“ siehe Abschnitt ›Description Language for Taxonomy‹). Die Merkmalsmatrix für die OTU's sieht dabei aus wie in Abb. 43. Jede Zeile beginnt mit einem Kürzel für ein OTU, gefolgt von einer in Buchstaben oder Zahlen kodierten Beschreibung. Die erste Stelle bedeutet dabei das erste Merkmal, der Buchstabe oder die Ziffer bezeichnet die entsprechende Merkmalsausprägung. Die Zahlenreihe bedeutet also Merkmal 1 im Zustand 1, Merkmal 2 im Zustand 3, ... usw. Nicht bekannte Merkmalsausprägungen werden durch ein vereinbartes Symbol (hier ?) gekennzeichnet. Für jedes Merkmal kann jeweils nur ein Zustand ausgewertet werden (manche Programme erlauben die Eingabe mehrerer Zustände, verwendet wird dann der Zustand, mit dem sich der kürzeste Stammbaum ergibt). Das bedeutet, daß eine Kladistik-Analyse für die Rosaceae für das Merkmal „Nebenblätter“ entweder den Zustand „vorhanden“ oder „fehlend“ annehmen kann. Bei den Rosaceae kommen aber beide Zustände vor. Eine gängige Lösung für dieses Problem ist, die Gruppe für die Analyse in zwei Taxa aufzuteilen (in Rosaceae ohne Spiraeoideae mit dem Attribut „Stipeln vorhanden“ und in Spiraeoideae mit dem Attribut „Stipeln fehlend“). Manche systematische Neuerung ergibt sich offenbar weniger aus besserer Kenntnis der Taxa, sondern daraus, daß solche aus technischen Gründen aufgeteilten Gruppen nicht als Schwestergruppen aus der Analyse herauskommen, sondern an weiter auseinanderliegenden Ästen.

Für jede Gruppe von OTU's gibt es nun nicht nur ein Kladogramm, sondern viele verschiedene. Das Ziel der Kladistik-Analyse ist daher nicht, ein beliebiges Kladogramm aus der mit der Zahl der OTU's rasch ins unermeßliche steigenden Anzahl möglicher Kladogramme zu finden, sondern das beste Kladogramm. Als „bestes“ Kladogramm wird dabei dasjenige angesehen, das mit der geringsten Anzahl von Autapomorphien (gleichbedeutend mit geringster Anzahl von Evolutionsschritten) auskommt. Ganz in diesem Sinn dieses „Sparsamkeitsprinzips“ (principle of parsimony) sind wir z. B. der Auffassung, daß der Evolutionsschritt hin zu den bedecktsamigen Blütenpflanzen oder zu den Säugetieren ein einziges Mal in der Evolution und nicht etwa mehrfach unabhängig erfolgt ist.

In der Regel gibt es kein einziges Kladogramm, das für alle verwendeten Merkmalsausprägungen eine monophyletische Entstehung erlaubt. Die Analyse sucht also nach dem besten, d. h. kürzesten Kompromiß. Dazu wird jede Änderung der Ausprägung eines Merkmals im Stammbaum gezählt. Der „kürzeste Stammbaum“, d. h. der mit der geringsten Anzahl an Änderungen, wird als der beste angesehen. Nicht selten gibt es mehrere gleich lange (oder besser gleich kurze) Kladogramme, und es ist dann Aufgabe des Systematikers, entweder zusätzliche Merkmale zu finden, die eine Entscheidung zwischen den verschiedenen Stammbäumen ermöglichen, oder in klassischer Weise, d.h. mehr oder weniger intuitiv den „besten" Stammbaum aus der gegebenen Auswahl herauszusuchen.

Es ist zu beachten, daß bei der Kladistik die Merkmale auf jeden Fall gewertet werden. Die Wertung kann dabei sehr unterschiedlich sein und kann sowohl die Absicht des Systematikers sein als auch eine technisch bedingt zwangsläufige Bewertung. Vor allem die durch die jeweilige Auswertungstechnik bedingte Wertung wird gerne übersehen. So nimmt z.B. das Gewicht des einzelnen Merkmals ab, je mehr Merkmale verwendet werden. Kladistik-Programme werten standardmäßig meist alle Schritte (d.h. von einer Merkmalsausprägung zur benachbarten; wird gleichgesetzt mit Evolutionsschritt) gleich. Wenn eine verschiedene Bewertung gewünscht wird, muß dies explizit angegeben werden. Nicht selten wird „keine Angabe" dann mit „keine Bewertung" gleichgesetzt. Alle Evolutionsschritte gleich zu bewerten ist aber eine Entscheidung, die genauso einer wissenschaftlichen Begründung bedarf wie eine unterschiedliche Bewertung. Daß in der Analyse nicht Merkmale gezählt werden, sondern die Schritte zwischen Merkmalszuständen, hat eine weitere wichtige Konsequenz. Ein Merkmal, das in vier verschiedenen Zuständen vorliegt, hat wegen dieser Berechnungsweise zunächst automatisch ein dreimal so hohes Gewicht wie ein Merkmal, das nur in zwei verschiedenen Zuständen vorliegt. Das liegt einfach daran, daß es drei Schritte braucht, um bei vier möglichen Zuständen alle Zustände zu durchlaufen (z.B. von „Blüten sitzend" über „Blüten kurz gestielt" und „Blüten deutlich gestielt" zu „Blüten sehr lang gestielt"), während bei zwei Zuständen nur ein Schritt erforderlich ist.

In der Kladistik-Analyse ist eine Wichtung der Merkmale auf sehr einfache Weise möglich. Man multipliziert dazu die Schritte für ein bestimmtes Merkmal mit einem beliebigen Faktor. Faktoren größer als 1 bedeuten eine Aufwertung, Faktoren kleiner 1 eine Abwertung. Man kann das oben erwähnte Merkmal „Länge des Blütenstiels" mit seinen vier Zuständen z.B. als weniger wichtig ansehen und mit der Wichtung 1/3 versehen. Dann addiert sich der Übergang von kurzen zu sehr langen Blütenstielen mit der Länge 2/3 zur Gesamtlänge des Stammbaumes (es ist ein Schritt von „kurz gestielt" zu „deutlich gestielt" und ein weiterer zu „lang gestielt", mit dem Faktor 1/3 ergibt das 2/3).

Das letzte Beispiel führt zu einem weiteren wichtigen Unterschied in der Charakterisierung der Merkmale. Es ist ohne weiteres einsichtig, daß ein Wechsel in der Länge des Blütenstieles von „sitzend" zu „lang gestielt" größer ist als von „sitzend" zu „kurz gestielt". Betrachtet man dagegen die Blütenfarbe, so ist ein Wechsel von rot nach blau nicht anders zu bewerten als von rot nach violett oder von gelb nach weiß. Merkmale, deren Zustände nur in einer gewissen Reihenfolge durchlaufen werden können, wie die Länge des Blütenstieles, werden als *geordnet* (ordered multistate) bezeichnet. Merkmale, die eine solche logische Abfolge nicht erkennen lassen, wie die Blütenfarbe, werden als *ungeordnet* (unordered multistate) bezeichnet. Die ersten Kladistik-Programme erlaubten bei den geordneten Merkmalszuständen nur eine lineare Anordnung. Modernere Programme erlauben heute auch eine verzweigte Strukturierung der Merkmale (Merkmalsphylogenie, Merkmalsstammbaum, engl. character-state tree).

Eine wesentliche und unabdingbare Voraussetzung für eine Kladistik-Analyse ist, daß alle eingebrachten OTU's wirklich eine monophyletische Einheit bilden. Aus logischen Gründen (Zirkelschluß) kann die Monophylie nicht kladistisch festgestellt werden, sondern muß durch vorausgehende Studien sichergestellt sein. In der Regel verläßt man sich dabei auf die Zuverlässigkeit der in klassischer Weise arbeitenden Systematik.

In einer Kladistik-Analyse trägt das Auftreten jedes neuen Merkmalszustandes in der Regel zur Gesamtlänge des Baumes genau gleich viel bei wie ein späterer Rückschritt zum ursprünglichen Zustand *(reversal)*. Wenn man berücksichtigt, welcher Züchtungsaufwand bei manchen Zuchtrassen zur Erreichung gewisser wertbestimmender Charakteristika erforderlich ist und wie schnell diese bei Nachlassen des Selektionsdruckes (fehlende Erhaltungszucht) wieder verlorengehen können, kann man gegenteilige Auffassungen im Einzelfall nicht generell ausschließen.

Kladistik erlaubt zwar theoretisch auch eine unterschiedliche Bewertung von Evolutionsschritt und entsprechendem Umkehrschritt; die heute verfügbaren Computerprogramme ermöglichen diese Unterscheidung jedoch nicht.

Es kann auch sinnvoll erscheinen, denselben Evolutionsschritt auf verschiedenen Ästen eines Kladogrammes unterschiedlich zu bewerten. Reduktionserscheinungen der Wurzel haben bei Wasserpflanzen möglicherweise eine ganz andere Wertigkeit als bei den Landpflanzen oder gar bei Epiphyten. Eine derartige unterschiedliche Bewertung eines gleichartigen Schrittes in verschiedenen Teilen einer Analyse läuft aber dem Grundgedanken der Kladistik-Analyse diametral entgegen. Fälle, in denen solche Annahmen angebracht sind, können innerhalb einer Kladistik-Analyse nicht simuliert und daher keiner Überprüfung unterworfen werden.

Die meisten verfügbaren Kladistikprogramme erzeugen „Stammbäume“, ohne eine Aussage oder Festlegung über die Ausgangs- oder Stammform zu machen. Der *Charakterisierung der Stammform* (dem sog. *rooting*) kommt daher eine besondere Bedeutung zu. In diesem Prozeß wird entweder durch den Untersuchenden festgelegt oder durch Analyse der Daten vom Programm ermittelt, wie die Stammform der analysierten Gruppe ausgesehen haben könnte. Es gibt dafür verschiedene Methoden, die sich nicht nur im mathematischen Verfahren, sondern durch ihren biologischen Ansatz unterscheiden. Das jeweilige biologische Konzept soll im folgenden kurz erläutert werden.

Das einfachste Modell besteht darin, daß der Untersuchende einen hypothetischen Vorfahren vorgibt. Man kann dazu entweder einen hypothetischen Vorfahren konstruieren oder ein rezentes Taxon als Ausgangsform einsetzen (was i. allg. nicht besonders sinnvoll ist, da eine Stammform meist nicht unverändert erhalten bleibt und zudem der der Kladistik zugrunde liegende evolutionäre Artbegriff dies eigentlich verbietet). In jedem Fall wird der hypothetische Vorfahre im Analyseprozeß als OTU behandelt. Die Merkmalsausprägungen des hypothetischen Vorfahren werden in der Analyse als der ursprüngliche Zustand festgelegt. Erst mit der Einführung des Vorfahren erfolgt also eine Polarisierung der Merkmalsausprägungen in 'ursprünglich' und 'abgeleitet'. Will man für ein bestimmtes Merkmal nicht festlegen, was 'ursprünglich' oder 'abgeleitet' ist, so wird dieses Merkmal für den Vorfahren in der Matrix nicht kodiert. Der ursprüngliche oder abgeleitete Zustand ergibt sich dann aus der Analyse so, daß die Länge des Stammbaumes minimal ist.

Eine andere, weit verbreitete Lösung des "rooting"-Problems ist der sogenannte *Außengruppenvergleich*. Man wählt dabei eine in der Regel aus mehreren OTU's bestehende Gruppe als *Schwestergruppe*. Diese Schwestergruppe bildet die Außengruppe zu der eigentlich zu analysierenden Gruppe, die als *Innengruppe* bezeichnet wird. Der Stammbaum wird dann so konstruiert, daß die Außengruppe eine monophyletische (monophyletisch s. str., nicht paraphyletisch) Einheit bildet. Die Polarisierung der Merkmalsausprägung in ursprünglich und abgeleitet wird dabei nicht vorgegeben, sondern vom Programm so gesetzt, daß diejenige Merkmalsausprägung als ursprünglich gilt, die an der Basis der Außengruppe vorliegt. Die Merkmale der Stammform werden damit nicht im einzelnen vorgegeben, sondern ergeben sich aus dem Vergleich von Außen- und Innengruppe. Wenn das "rooting" erst nach der Berechnung des kürzesten Stammbaumes erfolgt, kann es passieren, daß es keinen Stammbaum gibt, in dem die Innengruppe monophyletisch ist. Dies kann seine Ursache gleichermaßen in einer ungenügenden Datenmatrix (zu wenige Merkmale, falsche Bewertung der Merkmale, etc.) oder in einer tatsächlich nicht monophyletischen Struktur der Innengruppe haben.

Parallelismen (konvergente Entwicklungen) in der Innengruppe und der Außengruppe können dazu führen, daß ein Kladistikprogramm beim Außengruppenvergleich die Polarisierung der Merkmalsausprägungen „falsch", d. h. in nicht erwünschter Weise vornimmt. Dies kann vermieden werden, wenn der Baum für die Innengruppe und die Außengruppe getrennt berechnet und der "rooting"-Prozeß erst anschließend durchgeführt wird. Dieses Verfahren wurde zuerst von Lundberg (1972) vorgeschlagen und ist in vielen Programmen als "lundberg-rooting" verfügbar.

Eine weitere Methode ist, die Wurzel des Stammbaumes einfach in die Mitte des längsten, zwischen zwei OTU's vorkommenden Weges anzunehmen. Eine wissenschaftliche Begründung für dieses Verfahren ist eigentlich nicht ersichtlich. Stammbäume, denen dieses sog. "midpoint-rooting" zugrunde liegt, sind daher sehr zurückhaltend zu bewerten.

Es muß weiterhin festgehalten werden, daß die kladistische Theorie die gleichzeitige Anwendung mehrerer Verfahren erlaubt. Man kann z. B. die fünfzehige Vorderextremität der Wirbeltiere als ursprünglichen Zustand festlegen und gleichzeitig die Polarisierung anderer Merkmale nach dem Außengruppen-Vergleich vornehmen. Die heute verfügbaren Kladistik-Programme verlangen dagegen in der Regel eine eindeutige und durchgehende Festlegung für ein "rooting"-Verfahren.

Phänetik

Wie bei kladistischen Verfahren stand auch bei den ungefähr zur selben Zeit (um 1955) entwickelten Verfahren der Phänetik der Versuch im Vordergrund, der Systematik eine „objektive" Grundlage zu geben. Eine neue Generation von Forschern hatte wieder die Erfahrung gemacht, daß verschiedene Systematiker aufgrund derselben Daten zu unterschiedlichen Systemen gelangen. Sie sahen die Ursache dieses Problems in nicht objektivierbaren und nicht reproduzierbaren Verfahren der Datenauswertung in der Systematik.

Wie bei der kladistischen Analyse wird auch bei der phänetischen Analyse das Ergebnis in einem Dendrogramm dargestellt, das hier als Phänogramm bezeichnet wird. Während beim Kladogramm die Orientierung in der Regel der eines aufrechten Baumes entspricht, wird das Phänogramm meist als liegender Baum dargestellt. Dieser eher marginale Unterschied tritt allerdings nicht immer auf, da einfachere Graphikprogramme nur zu horizontalen Dendrogrammdarstellungen in der Lage sind.

Während es in der Kladistik entscheidend ist, den plesiomorphen (ursprünglichen) Zustand und den apomorphen (abgeleiteten) Zustand entweder als Arbeitshypothese vorher festzulegen oder als Ergebnis der Analyse zu entnehmen (Gefahr von Zirkelschlüssen!), nimmt die Phänetik hierauf keinerlei Rücksicht. Daraus zu schließen, Homologie-Probleme spielten bei der Phänetik keine Rolle, ist allerdings voreilig. Auch hier muß gewährleistet werden, daß vergleichbare, d. h. homologe Strukturen verglichen werden. Das Bestreben der Phänetik, phyletische Aspekte keinesfalls und auch nicht durch die Hintertür als Voraussetzung in die Analyse einfließen zu lassen, stößt hier früh an dieselben Grenzen möglicher Zirkelschlüsse wie auch andere Verfahren.

Die Phänetik begründet die gebildeten Gruppen nicht wie die Kladistik mit gemeinsamen, abgeleiteten Merkmalen (Synapomorphien), sondern ausschließlich mit dem Grad der allgemeinen Ähnlichkeit (sog. overall-similarity). Ein vollständiges Phänogramm ist daher immer mit einer Achse, auf der die sog. phänetische Entfernung angegeben ist, versehen. Diese "phenetic distance" ist entweder als „Ähnlichkeit" oder als "Unähnlichkeit" in Form eines Koeffizienten gegeben, dessen Größe bei den üblichen Verfahren zwischen null und eins liegen kann. Linien, die die Äste miteinander verbinden, sind Linien gleicher Ähnlichkeit (gleicher Koeffizient); durch welche Merkmale die Ähnlichkeit im einzelnen begründet ist, geht aus der Analyse nicht hervor.

Für phänetische Analysen gibt es sehr unterschiedliche statistische Verfahren. Nichthierarchische phänetische Verfahren erlauben nur die Ermittlung und Abgrenzung primärer Gruppen. Wie diese primären Gruppen auf übergeordneten hierarchischen Ebenen miteinander in verwandtschaftlichem Zusammenhang stehen, wird dabei nicht untersucht. Hierher gehören die meisten Verfahren, die zur Abgrenzung von Sippen in der Floristik verwendet werden, z. B. die auf S. 140ff. beschriebene Abgrenzung zweier Sippen von *Tephroseris* und die sog. Hauptkomponentenanalyse. Bei den hierarchischen phänetischen Verfahren werden Gruppen von OTU's zu übergeordneten Einheiten zusammengefaßt, so daß sich ein Dendrogramm ergibt. Bei den hierarchischen Verfahren gibt es im wesentlichen zwei verschiedene Ansätze. Man kann entweder die gesamte Gruppe aus allen OTU's in immer kleinere Teile aufteilen, bis am Ende jede Gruppe nur noch ein Element enthält (teilendes Verfahren). Der umgekehrte Ansatz geht von einzelnen OTU's aus, bildet Gruppen mit den nächstähnlichen OTU's und fügt diese Gruppen dann zu übergeordneten Gruppen zusammen (agglomerierendes Verfahren). Das letztere Verfahren liegt den gebräuchlichen Verfahren der Clusteranalyse zugrunde.

Phänetische Verfahren sind vor allem nützlich, wenn große Datenmengen verarbeitet werden müssen. Der eigentlichen Verwandtschaftsanalyse lassen sich problemlos Korrelationsanalysen vorschalten. Dadurch lassen sich korrelierte Merkmale erfassen und gegebenenfalls bei Vorliegen von einfachen Abhängigkeiten aus der Analyse ausschließen. Korrelationsanalysen sind auch von Nutzen, wenn man die Merkmale für eine Kladistik-Analyse auswählt, die in aller Regel mit wesentlich weniger Merkmalen arbeitet als eine Phänetik-Analyse. Es gibt umfangreiche statistische Überlegungen, ab welcher Anzahl von Merkmalen ein Phänogramm „stabil" ist, d. h. ab wie vielen Merkmalen durch das Hinzufügen neuer Merkmale keine wesentlichen Änderungen mehr auftreten. Diese Überlegungen gehen davon aus, daß sich das Phänogramm bei Hinzufügen weiterer Merkmale gewissermaßen asymptotisch dem „wahren" Sachverhalt nähert. Stichhaltige Begründungen für konkrete Zahlenangaben gibt es nicht, und es ist sinnvoll, so viele Merkmale zu verwenden, wie erreichbar sind. Praktische Beispiele reichen von rund 50 Merkmalen bei 40 OTU's bis zu mehreren hundert Merkmalen.

Phänetische Analysen sind besonders leistungsfähig, wenn die Zustände eines Merkmals nicht in ursprünglich und abgeleitet eingeteilt werden können und der Grad der Verwandtschaft tatsächlich nur aus der globalen Übereinstimmung geschlossen werden kann. Ein Beispiel hierfür sind Sequenzanalysen der nicht kodierenden Abschnitte der ribosomalen RNA. Änderungen hier sind rein zufällig, und die Änderungen häufen sich im Laufe der Zeit; kein Basen-

```
1. Erioc  2???2?212???12?11?1???21?1???34
2. Mesan  21122123?1122?211?1???21?1?1?23
3. Syngo  2311212?11122?23?1????21?1?1?21
4. Philo  2311?12311224232112 1?1121?1?21
5. Wurda  13?12????11223222112??21?1????2
6. Focko  13?12?????4224232112 1?21?1????1
7. Paepa  23?12123???21??3?112???1???1?11
8. Xerac  231121232112122221113?21?1?1?11
9. Actin  23112123111 21?2321122?2112?1?11
10. Plat  23112123?1221222112???233?1?11
11. Leio  2311212?11121?2322122?21?1?1??1
12. Lach  23?11?1???1?1??22112??21?1??211
13. Rond  23112121111 21?2321123?21?1?1?21
14. Blas  23111123111 21?222112??21?1?1?11
15. Toni  2311?22311121?222112?1?133?1?11
16. Paep  23?12123???21??2?112???1???1?11
17. Hypa  13???????3121122211 21?213111?11
```

Abb. 43: Merkmalsmatrix für eine Kladistikanalyse.

paar hat gegenüber anderen Basenpaaren eine hervorgehobene Bedeutung (Abb. 42 aus Blanz 1985).

Werden phänetische Analysen nicht wie im obigen Beispiel an speziellen DNA- oder RNA-Sequenzen vorgenommen, sondern mit Merkmalen im klassischen Sinn, dann hat die phänetische Analyse ihre beste Leistungsfähigkeit auf niedrigem taxonomischen Niveau, z. B. der Artebene. Auf höherem taxonomischen Niveau wirkt sich nachteilig aus, daß die phänetische Analyse nicht zwischen Homologie und *Homoplasie* (= Konvergenz + Parallelismus) unterscheiden kann, und die Kladistik ist dann vielfach überlegen.

3.3 Phytographie und Zoographie

3.3.1 Vorarbeiten

Wir haben bereits festgestellt, daß jede Organismengruppe die ihr adäquate Form der Bearbeitung erfordert. Dies gilt auch für die Beschreibung der Organismen und die Methoden zur Ermittlung der dazu notwendigen Daten. Insofern unterscheiden sich schon innerhalb der Botanik die Arbeitsmethoden der Algologen, Mykologen oder Blütenpflanzensystematiker beträchtlich.

Vor allem bei der Beschreibung neuer Taxa, aber auch bei Änderungen der Umgrenzung bekannter Taxa bedarf es umfangreicher Vorarbeiten, damit die

Beschreibungen den Anforderungen moderner Systematik genügen. Ob ein Taxon wirklich neu ist, kann man oft erst beurteilen, wenn man einen vollständigen Überblick über alle bekannten Taxa desselben Verwandtschaftskreises hat. Einen raschen Zugriff auf die für Phytographie und Zoographie relevanten Daten erhält man über spezielle Indexwerke, in welchen alle bis zu einem (i. d. R. im Vorwort) angegebenen Stichdatum veröffentlichten Taxa gewöhnlich in alphabetischer Reihenfolge mit bibliographischen Angaben aufgeführt sind. Man muß sich auf diese Weise zu Beginn der Bearbeitung einer bestimmten Pflanzengruppe einen einigermaßen vollständigen Überblick verschaffen. Da Phytographie und Zoographie nicht ganz allgemein beschreiben können, sondern versuchen müssen, relevante Daten zu erfassen und auszuwerten, werden hier in besonderem Maß moderne Informationsverarbeitungstechniken entwickelt und eingesetzt. Die meisten wichtigen Angaben sind allerdings bisher nur über spezielle Indexwerke erschlossen, die wichtigsten dieser im Literaturverzeichnis zusammengestellten Indizes seien hier genannt. Für die Botanik ist dies an erster Stelle der Index Nominum Genericorum (Ed. Farr, Leussink & Stafleu, 1979), ein von der IAPT ständig ergänzter Karten-Index (Regnum Vegetabile Vol. 100–102), ferner für die Blütenpflanzen: Index Kewensis (Ed. J. D. Hooker & B. D. Jackson 1895, 2 Bde., wird mit alle 5 Jahre erscheinenden Supplementbänden fortgesetzt, seit 1987 jährlich als Kew Index; wie bei manchen älteren Indexwerken sind auch beim Index Kewensis die älteren Bände unter älteren Fassungen des Nomenklaturcodes entstanden, und der Index weist daher manche Inkonsistenzen auf), Index Londinensis to Illustrations of Flowering Plants, Ferns and Fern Allies (Ed. O. Stapf, 1929–41, 6 Bde. und 2 Supplementbände); Willis, A Dictionary of the Flowering Plants and Ferns (1973); Kryptogamen, allgemein: Steudel, Nomenclator botanicus (1824), Rabenhorst, Kryptogamenflora (1884–1966); Farngewächse, Pteridophyta: Christensen, Index Filicum (1906–1965); Copeland, Genera Filicum (1947); Moose, Bryophyta: Bonner, Index Hepaticarum (ab 1962); Stephani, Species Hepaticarum (1900–1924); Van der Wijk, Index Muscorum (1959–1967); Flechten, Lichenes: Zahlbruckner, Catalogus Lichenum Universalis (1921–1940); Mackenzie Lamb, Index Nominum Lichenum (1932–1960); Algen, Phycobionta: J.B. De Toni, Tylloge Algarum (6 Bde., 1889–1924); Dawson, New Taxa of Benthic Green, Brown and Red Algae published since De-Toni (1962); Rotalgen, Rhodophyta: Kylin, Die Gattungen der Rhodophyceen (1954); Characeae: Wood & Imahori (1964–1965); Diatomeen, Bacillariophyceae: Mills (1933–1935), Van Landingham (seit 1967; Pilze, Mycobionta, Fungi: allgemein: P. A. Saccardo (1882–1925), Sylloge Fungorum, 25 Bde. (führt alle bis 1919 bekannten Pilzarten mit lateinischer Diagnose auf), die Fortsetzung dieser Liste übernahm F. Petrak (1930–44): Verzeichnis der neuen Arten, Varietäten, Formen, Namen und wichtigsten Synonyme, in: Just's Botanischer Jahresbericht; diese Liste (›Petrak's list‹) umfaßt alle zwischen 1920 und 1935 neu beschriebenen Pilz-Taxa und wurde 1950–53 als Teil des ›Index of Fungi‹ nachgedruckt (die Liste von 1936–39 führte PETRAK selbst fort); Index of Fungi (begonnen von S. P. WHITSHIRE, seit 1940 jährlich erscheinend, hrsg. v. Commonwealth Mycological Institute, Slough, England), "A list of names of new genera, species, infraspecific taxa, new combinations and new names of fungi compiled from world literature", seit 1971 sind auch die Flechten mit berücksichtigt. Schleimpilze, Myxomycetes: LISTER (1925).

Für die botanische Systematik stellen ganz allgemein die von der IAPT in der Reihe Regnum Vegetabile veröffentlichten Schriften wertvolle Hilfsmittel dar.

Für die umfangreiche zoologische Systematik ist es ungleich schwieriger, einen entsprechenden Überblick über die systematische Literatur zu erhalten. Während der Index nominum Genericorum das ganze Pflanzenreich abdeckt, gibt es in der Zoologie für viele größere und kleinere Gruppen eigene Referenzwerke, aber keines für das ganze Tierreich. Das wichtigste und umfassendste Publikationsorgan ist hier der von der Zoological Society of London in Zusammenarbeit mit dem British Museum und dem Commonwealth Institute of Entomology herausgegebene ›Zoological Record‹, der seit 1864 regelmäßig in 20 den einzelnen Tiergruppen gewidmeten Sektionen über die neu veröffentlichten wissenschaftlichen Namen mit Literaturverweis und Angabe des Originalfundortes (locus typicus) berichtet (erhältlich über: The Zoological Society of London, Regent's Park, London N. W. 1, England, bzw. Sect. 13, Insects, über das Commonwealth Institute of Entomology, 56 Queens Gate, London, S. W. 7). Ferner ist hier der im Auftrage der Preußischen Akademie der Wissenschaften von F. E. SCHULZE, W. KÜKENTHAL, K. HEIDER, R. HESSE und anderen herausgegebene Nomenclator animalium generum et subgenerum (Berlin seit 1926) zu nennen sowie der 2 Bände umfassende Index Animalium (Ed. C. D. SHERBORN, London, British Museum, 1922) und der von der Zoological Society of London (Eds. S. A. NEAVE, dann M. A. EDWARDS & A. T. HOPWOOD, H. G. VEVERS) herausgegebene zunächst vierbändige, dann mit Supplementbänden fortgesetzte Nomenclator Zoologicus (London, 1939/40, 1936–45, 1946–55, 1956–65).

Man kann bei der systematischen Bearbeitung eines Verwandtschaftskreises von bestimmten, bereits publizierten Vorarbeiten ausgehen oder diese zwar zur Kenntnis nehmen, jedoch unabhängig von den Ergebnissen solcher Arbeiten sich Überblick über das zu bearbeitende Material verschaffen und dann eine vorläufige Aufteilung nach den als gleichartig und ungleichartig angesehenen Individuen vornehmen und für jede dieser Individuengruppen eine Beschreibung geben. Diese sind dann hinsichtlich der Variationsbreite der einzelnen Gruppen zu vervollständigen und zu vergleichen, um Ähnlichkeiten und Unähnlichkeiten herausarbeiten und die vorläufigen Abgrenzungen überprüfen und gegebenenfalls korrigieren zu können.

Es versteht sich von selbst, daß diese Beschreibungen bei den verschiedenen Organismengruppen sehr verschiedene Schwerpunkte setzen und sich dabei völlig verschiedene Merkmale und Merkmalskategorien als wichtig oder unwichtig erweisen. Um jedoch die Vergleichbarkeit von Beschreibungen nicht nur für die untersuchten Sippen, sondern möglichst auch darüber hinaus zu erleichtern, ist die konsequente Handhabung eines festgelegten Beschreibungsschemas mit einer bestimmten Reihenfolge der Daten von großem Vorteil. Dabei folgt man bei der Beschreibung von Algen oder Pilzen und anderen Kryptogamengruppen ebenso wie in der Zoologie am besten der Vorgehensweise in einem anerkannten Standardwerk und der dort benutzten Terminologie. Für die Gefäßpflanzen ist hier seit langem eine Verfahrensweise im Gebrauch, die Leenhouts (1968) fußend auf früheren Darstellungen durch Diels (1921), Pulle (1952), Lawrence (1962) und andere in ausgezeichneter Weise und moderner Form übersichtlich zusammenfassend erläutert hat. Wir können diese Gruppe daher als Beispiel für die Arbeitsweise der Phytographie benutzen.

3.3.2 Phytographie

„Weitaus am günstigsten ist es, die Beschreibung einer Pflanze nach urwüchsigem lebendem Material am Standort entwerfen zu können. Da bieten sich alle die großen Vorzüge, die es gewährt, einen Organismus im lebenden Zustand untersuchen zu können. In der Regel lassen sich die geeignetsten Stadien für die Untersuchung und Beschreibung auswählen. Zugleich hat man die Möglichkeit, zahlreiche Individuen miteinander zu vergleichen, und gewinnt dadurch eine Anschauung von der Variationsbreite im natürlichen Zustande ..." Aber auch Diels (1921, S. 71) muß gegenüber diesem Idealfall feststellen: „Leider ist die Möglichkeit, eine bisher unbekannte Pflanze am Heimatstandort zu beschreiben, nur verhältnismäßig selten verwirklicht. Gewöhnlich werden unbeschriebene Gewächse auf Reisen und unter Umständen getroffen, die eine sofortige Bearbeitung nicht zulassen." Selbst für den geschilderten Idealfall bliebe man schon für den Vergleich mit den als verwandt angesehenen Sippen auf Herbarmaterial angewiesen. Diese Ausgangssituation ist jedoch nicht so schlecht, wie sie dem Außenstehenden oder dem Anfänger zunächst erscheinen mag. Man hat zumindest oft den Vorteil, auf Vorarbeiten anderer zurückgreifen zu können, die auch schon mit diesem Material gearbeitet haben, und die eigenen Befunde mit deren Ergebnissen vergleichen zu können. Überdies bietet das Material oft die Möglichkeit, einzelne, kompliziert gebaute Organe, wie z. B. Blüten, zu entnehmen und durch Aufkochen in Wasser oder stark verdünntem Alkohol (wenn nötig, mit einem Tropfen eines Netz- oder Spülmittels) aufzuweichen und dann eingehender zu untersuchen. Die Autoren dieses Buches haben selbst in vielen Fällen die Ontogenie von Blättern, Blüten oder

Blütenständen bis hin zu sehr jungen Entwicklungsstadien an Hand von aufgeweichtem Herbarmaterial studiert, auch anatomische und selbst phytochemische Untersuchungen sind unter bestimmten Voraussetzungen noch möglich.

Damit man die Übersicht über die oft große Anzahl von Herbarbogen verschiedenster Artzugehörigkeit und über die bisher beschriebenen Taxa nicht verliert, empfiehlt LEENHOUTS (1968, S. 13ff.) neben der üblichen Literaturkartei die Erstellung je eines Kartenindexes für

1. die beschriebenen Taxa, mit vollständigem Namen und genauer bibliographischer Angabe, gegebenenfalls unter Hinweis auf den korrekten Namen bzw. das *Basionym*, d. h. den ursprünglichen (korrekten) Namen, sofern das betr. Taxon früher einem anderen Taxon zugeordnet wurde oder einen anderen Rang hatte, sowie Angabe des Typus; dazu können noch weitere Hinweise nomenklatorischer oder anderer Art (auf der Rückseite) hinzugefügt werden;
2. die Typen, mit Angabe des Sammlers, der Sammelnummer usw. wie bei 3., Hinweise auf frühere systematische Einordnungen in der Literatur;
3. die bearbeiteten Herbarbogen mit Angabe von Sammler, Sammelnummer, Bezeichnung der Institution, in welcher das betr. Herbarstück deponiert ist (Abkürzung gemäß Index Herbariorum); dazu kann man die auf den Etiketten vermerkten Fundortsangaben, Beschreibung des Standortes und andere Notizen übernehmen;
4. die einzelnen Sammler, mit Angaben über Reiserouten, Literaturverweisen usw. (im einzelnen vgl. die ausführlichen Anweisungen bei LEENHOUTS).

Bei der Beschreibung folgt man einem seit langem international gebräuchlichen Katalog von Fachausdrücken (vgl. LINDLEY 1832, PULLE 1952, LAWRENCE 1955, 1962, STEARN 1973), den man in verkürzter Form auch in manchen Florenwerken (z. B. SCHMEIL-FITSCHEN, Flora v. Deutschland) finden kann. Diese Fachausdrücke legen etwa für die Beschreibung eines Laubblattes genau fest, was man unter einem lanzettlichen (lanceolatum) Blatt mit gesägtem (serratus) oder doppelt-gesägtem (duplo-serratus) oder gezähneltem (serrulatus) Rand zu verstehen hat; allein zur Beschreibung der verschiedenen Formen der Blattspitze stehen etwa 20 Termini zur Verfügung.

Gewöhnlich wählt man zur Beschreibung zunächst ein möglichst vollständig und repräsentativ erscheinendes Herbarexemplar aus. Dabei versteht es sich von selbst, daß die geforderte Vollständigkeit für viele Pflanzenarten – z. B. für große Holzgewächse – nicht durch einen einzigen Herbarbogen gegeben sein kann, daß somit die an dem der Beschreibung zugrundegelegten Herbarexemplar erhobenen Befunde durch weitere Untersuchungen vervollständigt werden müssen. Dies gilt aber oft genug auch für krautige Pflanzen, wenn diese entweder nur im blühenden oder im fruchtenden Zustand herbarisiert wurden. Sofern man das Glück hat, die Beschreibung an Hand lebender Exemplare vorzunehmen, müssen diese anschließend herbarisiert und aufbewahrt werden.

Die Beschreibung sollte beginnen mit einer kurzen allgemeinen Charakterisierung der Lebensform und Lebensweise (Baum, Strauch, Liane, Kraut, ein-, zwei- oder mehrjährig, Wasserpflanze – submers oder schwimmend –, Epiphyt, Parasit) und der äußeren Gestalt der Pflanze (stark verzweigt, sparrig usw., immergrün oder sommergrün u. a.). Anschließend werden die einzelnen Organe beschrieben, und zwar beginnend mit den unterirdischen Teilen und aufwärts fortschreitend bis zur Blüte, Frucht, dem Samen, Embryo und Keimling. Dabei geht man am besten nach folgendem Schema vor, das dem von LEENHOUTS (1968, S. 58f.) empfohlenen weitgehend entspricht:

1. Haupt-(Primär-)wurzelsystem (sofern vorhanden);
2. unterirdische Sproßteile:
   a) Grundachse, Zwiebel, Rhizom oder Knollen,
   b) Ausläufer (auch Ausläuferknollen, -zwiebeln usw.) sowie Position, Anzahl und Beschaffenheit der sproßbürtigen Wurzeln;
3. Sproßachse und Verzweigungssystem:
   Ausmaße, vor allem bei Holzgewächsen: Spezialisierung in Lang- und Kurztriebe, Borke, auch innere Struktur, soweit mit der Lupe erkennbar, Milchsaft, Harze usw., Querschnittform, Dicke; Art und Förderungssinn der Verzweigung;
4. (vor allem bei Holzgewächsen) vegetative Knospen, gegebenenfalls Knospenschuppen;
5. Blattorgane der vegetativen Region, Blattfolge:
   Keimblätter,
   Primärblätter,
   (Niederblätter bzw. Knospenschuppen),
   Folgeblätter (Laubblätter: Grundblätter, Stengelblätter),
   bei Seitensprossen auch: Vorblätter;
6. Modifikation vegetativer Organe (Ranken, Drüsen, Dornen);
7. Infloreszenz:
   Verzweigungsweise, Charakterisierung der blütentragenden Verzweigungssysteme nach der allgemein bekannten deskriptiven Terminologie (Traube, Ähre, Dolde usw.) und Kennzeichnung ihrer Stellung im Verzweigungssystem der Pflanze (Aufrißschema), Vorhandensein oder Fehlen einer Terminalblüte, Beblätterung (laubig, brakteos), Form der Tragblätter (bzw. Brakteen), deren Konsistenz, Internodienlängen, gegebenenfalls Achsenverdickungen usw.;
8. Blüten (zwitterig, einhäusig, zweihäusig, Verteilung, Symmetrie):
   a) Vorblätter, 1 oder 2, Stellung,
   b) Außenkelch (sofern vorhanden),
   c) und d) Perigon, oder
   c) Kelch (Anzahl, Stellung, Form der Kelchblätter, Deckung, evtl. Verwachsung),
   d) Krone (wie bei c),
   e) Androeceum (wie bei c),
   f) Gynoeceum (chorikarp – coenokarp (synkarp), Verhältnis zur Blütenachse, Längsschnitt, Querschnitt, Plazentation, sonst wie c u. d),
   g) Struktur der Blütenachse, Beteiligung an der Fruchtbildung, Nektarien,
   h) Frucht, Samen; Lage und Form des Embryos, Nährgewebe.

Für die Beschreibung der einzelnen Organe gilt folgende Reihenfolge:
1. Anzahl der Organe, grobe Differenzierung („Kelchblätter 5, die drei äußeren größer"),
2. Position an der Pflanze (z.B. grundständig),
3. Anheftungsweise (z.B. „breit ansitzend"), Verwachsungserscheinungen (im vegetativen Bereich, vor allem aber in der Blüte),
4. Form:
   a) Symmetrie,
   b) Körpergestalt und Umrißform,
   c) Beschaffenheit, auch Untergliederung (z.B. Blattgrund, Stiel und Spreite, Fiederung),
5. Größe (ausgewachsene Organe! Durchschnittsmaße und Extremwerte),
6. Textur (Konsistenz),
7. Farbe und Glanz, Oberflächenbeschaffenheit (gekräuselt, geflügelt),
8. Behaarung, Drüsen, Warzen, andere Anhangsorgane,
9. evtl. hervorstechende anatomische Eigenschaften.

Bei der Beschreibung der Blattorgane ist zu berücksichtigen:
   a) Spreite: Umriß (circumscriptio), Spitze (apex), Basis, Nervaturverlauf, Randbeschaffenheit, evtl. primäre und sekundäre Randgliederungen, Blattfläche (intervenium), Konsistenz, Färbung (Oberseite, Unterseite), Behaarung (Blattober- und -unterseite, Nerven, am Rand oft abweichend; Bewimperung!);
   b) Stiel: Querschnittsform, Randverlauf, Nervatur;
   c) Blattgrund: Nervatur (oft parallel), Konsistenz und Färbung (oft häutig und bleich), Stipeln (oft spreuartig, hinfällig oder drüsig oder dornig);
   d) Veränderungen dieser Eigenschaften in der Blattfolge.

Beschreibungen wie auch Diagnosen (Definition siehe S. 137, 152) sollten in einem knappen „Telegrammstil" abgefaßt sein, bei dem Artikel und Verben nur dann benutzt werden, wenn dies für das Verständnis notwendig ist. Auf die Präzision des Ausdrucks muß größter Wert gelegt werden. Eine allgemeine Regel ist, daß Merkmale, welche für die der zu beschreibenden Sippe übergeordnete Sippe als charakteristisch genannt sind, zwar registriert werden müssen, jedoch bei der endgültigen Formulierung der Beschreibung weggelassen werden.

Hat man die Beschreibung des ausgewählten Herbarexemplars abgeschlossen, so dürfte es in den meisten Fällen erforderlich sein, die Beschreibung an Hand anderer Exemplare zu vervollständigen. Dabei muß man sich freilich vergewissern, daß diese in den übrigen Eigenschaften mit dem der Beschreibung zugrundegelegten Exemplar übereinstimmen. Abweichungen, vor allem auch solche quantitativer Art, sind zu notieren. Diese Kontrolle wird auf alle Herbarexemplare ausgedehnt, die man derselben Sippe zurechnet. Dabei wird zugleich die Variationsbreite der einzelnen Eigenschaften und an Hand der Daten auf den Herbaretiketten möglichst auch das Verbreitungsgebiet dieser Sippe erfaßt.

Für eine genaue Auswertung der geographischen Angaben auf den Herbaretiketten und für die Umgrenzung des Verbreitungsgebietes benötigt man häufig genaue Karten der betr. Sammelgebiete, zumindest aber große Atlanten, wie z. B. den Times-Atlas. Dabei können die unterschiedlichen Schreibweisen von Landschafts- und Ortsnamen für die Identifikation hinderlich sein. In diesen Fällen sind Angaben über die Reiserouten der Sammler in Herbarjournalen oder nach veröffentlichten Reiseberichten sehr nützlich.

Im allgemeinen empfiehlt es sich, bei der phytographisch-systematischen Bearbeitung eines Verwandtschaftskreises das mehr oder minder umfangreiche Herbarmaterial zunächst unabhängig von bereits vorhandenen Darstellungen in Gruppen – Herbarfaszikel – möglichst gleichförmiger Individuen zu untergliedern und dann von zwei als gut abgrenzbar und deutlich voneinander verschieden erscheinenden Gruppen von Individuen auszugehen. Wenn diese Gruppen sehr umfangreich sind, braucht man zunächst nicht das ganze Material zu berücksichtigen, sondern kann sich vorerst auf die Bearbeitung von 5 bis 10 Individuen beschränken, die zusammen ein gutes Bild der betr. Gruppe vermitteln. Die beiden Individuengruppen werden sorgfältig Organ für Organ nach dem vorgegebenen Schema miteinander verglichen, wobei man die Unterschiede zwischen ihnen nach Art eines synoptischen Schlüssels (vgl. S. 150) einander gegenüberstellen kann (was eine sorgsame Formulierung der durch die Verschiedenheit der Merkmale gegebenen Alternativen erfordert). Darüber hinaus sind auch die Übereinstimmungen zu notieren. Erst dann wird der Vergleich auf das zunächst unberücksichtigt gebliebene Material ausgedehnt (wobei sich erweisen kann, daß das eine oder andere Merkmal an Prägnanz verliert oder unbrauchbar ist). Danach bezieht man nach und nach die weiteren zumindest vorerst als unterscheidbar angesehenen Individuengruppen in die vergleichende Merkmalsanalyse mit ein. Auf diese Weise gewinnt man gegebenenfalls auch aufgrund von Übereinstimmungen in den Merkmalen der einzelnen Taxa eine Beschreibung der nächsthöheren Kategorie und mit der Gegenüberstellung der trennenden Merkmale schließlich einen synoptischen Schlüssel. Aus diesem kann man die Merkmale jedes der resultierenden Taxa in einer Diagnose zusammenfassen. Die auf diese Weise vorgenommene Beschreibung der zunächst mehr intuitiv umgrenzten Individuengruppen zwingt zu einer sorgfältigen Analyse und bietet die Möglichkeit, bisher übersehene Charakteristika und Unterscheidungsmerkmale zu entdecken, die beim Vorgehen an Hand der von früheren Monographen erstellten Beschreibungen oder Diagnosen mit den bereits sattsam bekannten Merkmalen gar nicht zur Kenntnis genommen werden. Erst wenn man in diesem Arbeitsgang weit fortgeschritten ist, sollte man zur Kontrolle die eigenen Ergebnisse mit denen früherer Monographen vergleichen.

Als Beispiel für eine dem auf S. 132/33 vorgegebenen Schema entsprechende Beschreibung möge hier die Wiedergabe der Beschreibung eines Korbblütlers (Compositae), des Steppengreiskrauts, und zwar zunächst der typischen Unterart (nach B. Krach, unveröff.; vgl. auch Krach 1988, Krach & Krach 1989) dienen, der wir den gültigen Namen mit den wichtigsten Synonymen einschließlich *Basionym* (dem Namen, unter welchem die Erstbeschreibung der betr. Sippe veröffentlicht wurde) sowie die Nennung des Typusexemplars voranstellen, wie es in systematischen Abhandlungen üblich ist. Ein Exemplar dieser Unterart ist in Abb. 44 wiedergegeben.

Tephroseris integrifolia (L.) HOLUB, Folia Geobot. Phytotax. 8, 173 (1973). Basionym: *Othonna integrifolia* L., Sp. Pl., 925 (1753). Wichtigste Synonyme: *Cineraria alpina* (var.) γ *integrifolia* (L.) L., Sp. Pl., Ed. 2, II, 1243 (1763) pro parte; *Senecio integrifolia* (L.) CLAIRV., Manuel d'herborisation, 241 (1811). Typus: LINN 1000–18, *C. alpina* (a manu Linné fil.).

Pflanze ausdauernd, *Hauptwurzel* kurz (– 2 cm lang) und dick, gerade, mit bis zu 6,5 cm langen Seitenwurzeln; *Stengel* einzeln, aufrecht, (18) 26–55 (65) cm hoch, einfach, ± deutlich gefurcht, die Kanten oft (dunkel-)rot gestreift, zur Blütezeit durch Flagellentrichome meist leicht filzig, selten finden sich auch die abgefallenen Flagellen als „Knäuel". *Grundblätter* 1–3 (4), zur Blütezeit meist noch erhalten, dem Boden ± anliegend, ± kurz gestielt; Spreite kreisrund bis breit eiförmig, (1,3) 1,8–4 (6) cm lang, (1) 1,2–2,5 (3,7) cm breit, mit ganzem oder leicht gezähntem (seltener leicht gewelltem) Rand, ± deutlich vom (0,6) 0,8–2 (4) cm langen und 0,15–0,5 (0,8) cm breit geflügelten Stiel abgesetzt; Spreite und Stiel auf ihrer Oberseite mit Resten der Flagellen oder bis auf diese Reste kahl, unterseits mit Flagellentrichomen oder den Resten der Flagellen, seltener fast kahl. *Untere Stengelblätter* gestielt, Spreite breit eiförmig bis eiförmig, (2,5) 2,6–5 (8) cm lang, (1) 1,6–3 (4) cm breit, mit ganzem oder fein gezähntem, seltener deutlich gezähntem Rand, meist allmählich in den (1) 1,8–4,5 (6,5) cm langen und 0,2–0,5 (1) cm breit geflügelten Stiel übergehend, manchmal jedoch auch von diesem noch deutlich abgesetzt; oberseits leicht behaart mit wenigen Flagellentrichomen und den Resten der Flagellen, auch mit eingestreuten Haarfüßen, seltener bis auf wenige Flagellenreste kahl, auf der Unterseite wenige Flagellentrichome, oftmals auch mit Resten der Flagellen. *Mittlere Stengelblätter* gestielt, Spreite schmal eiförmig-eilanzettlich, 2–4,5 (7,5) cm lang, (0,6) 0,7–2 (3,1) cm breit, mit ganzem, nur sehr selten auch leicht gezähntem Rand, allmählich in den (1) 1,7–4 (5) cm langen und (0,2) 0,4–1 (1,5) cm breit geflügelten Stiel übergehend; oberseits durch sehr wenige Flagellentrichome, meist mit Flagellenresten, fast kahl wirkend, seltener mit wenigen Flagellenresten und/oder Haarfüßen; unterseits vermehrt Flagellentrichome, oft mit Resten von Flagellen. *Obere Stengelblätter* sitzend, Spreite schmal eiförmig bis linealisch(-lanzettlich), (2) 2,3–5 (7) cm lang, 0,2–0,6 (1) cm breit, ganzrandig, filzig, auf der Unterseite vermehrt durch Reste der Flagellen noch dichter behaart, so daß mitunter sogar der Eindruck einer Zweifarbigkeit der beiden Blattseiten entstehen kann. *Blütenstand* ein meist lockeres Sciadodium (TROLL 1968, S. 94) aus (2) 3–8 (14) einfach gestielten Köpfchen, manchmal, besonders bei 7–9 „Hauptköpfchen" mit 1 oder 2 (3) nur schwach entwickelten Köpfchen am Grunde der die kräftigen Köpfchen tragenden Äste. *Köpfchen* mit Zungenblüten (1,5) 0,5–1,6 (3) cm im Durchmesser, kürzester Köpfchenstiel (0,4) 0,5–1,6 (3) cm, längster (0,5) 1–3,5 (5,5) cm lang. *Involucrum* einreihig, glockig bis fast halbkugelförmig, 1–1,4 (1,7) cm im Durchmesser. *Hüllschuppen* (16) 18–24 (28), lanzettlich (schmal dreieckig), am Rand manchmal leicht gezähnt, im nicht verwachsenen Teil (4) 5–6 (7,5) mm lang, (0,7) 0,8–1 (1,1) mm breit, grün oder gelblich grün, schwach bis stärker filzig oder spinnwebig flockig

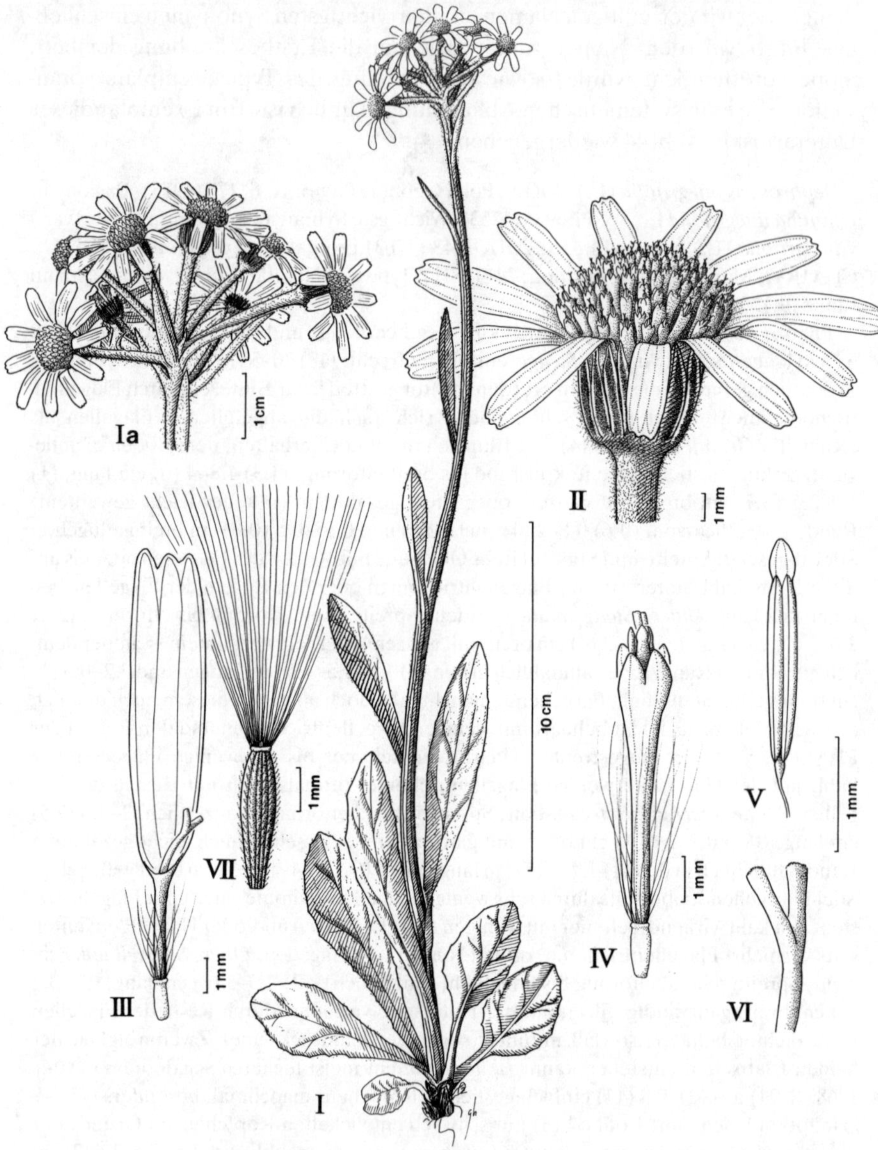

Abb. 44: *Tephroseris integrifolia* (L.) Holub. subsp. *integrifolia*. I Habitus, Ia Blütenstand stärker vergr., II Köpfchen, III Zungenblüte, IV Röhrenblüte, V Anthere, VI Griffeläste, VII Achäne. I, Ia Merxmüller 17891 M, II–VI Fl. Exs. Austro-Hungarica 1975 I GB, VII Schimmitat & Angerer s. n., TE 221/1981, B. Krach (sämtlich Orig. B. Krach, noch unveröff.).

durch Flagellentrichome, selten mit Haarfüßen, an der Spitze meist mit einem reichen Büschel einzelliger, 0,1 mm langer Haare. *Zungenblüten* (10) 11–16 (18), fast stets vorhanden (= 99,2% der untersuchten Pflanzen), hellgelb bis gelb, (7,5) 8–10 (10,5) mm lang, Zunge schmal umgekehrt-eiförmig, (5) 5,5—7 (7,5) mm lang, (1) 1,5–2 (2,5) mm breit, Kronröhre (2) 2,5–3,5 (4) mm lang. *Röhrenblüten* ca. 90 (87), goldgelb, Krone schmal trichterförmig, (4) 4,5–6 (8) mm lang, mit (1,7) 2–3 (5) mm langem verengten unteren Teil. *Antheren* 1,5–2 mm lang. *Griffelschenkel* 0,5–0,7 mm lang. *Achänen* zylindrisch, unreif (1) 1,5–2 (2,5) mm lang, halbreif 2–2,5 mm, reif 3–4 mm, dicht behaart, selten nur an den Rippen. *Pappus* an junger Blüte (3) 3,5–5 (8) mm lang, bei der Anthese bereits (1) 1,25–2 (2,5) mal so lang wie der verengte untere Teil der Kronröhre, weiß. *Chromosomenzahl* 2n = 48 (?). *Blütezeit:* (Mitte bis Ende) Mai.

Verbreitung: In Mitteleuropa häufig (belegt) im Wiener Becken und im anschließenden niederösterreichisch-burgenländischen Grenzgebiet, in Thüringen, Sachsen-Anhalt und an wenigen Stellen in Bayern. Meist auf Kalk, seltener auf jungdiluvialen Schottern, Löß und Diluviallehmen. Pflanzen auf Flugsanden in den Donauauen zeigen ein üppiges Wachstum.

Schon bei der entsprechenden Bearbeitung der nächsten Gruppe gleichartig erscheinender Herbarexemplare zeigt sich gewöhnlich, daß in vielen beschriebenen Eigenschaften Übereinstimmungen, in anderen jedoch Unterschiede bestehen. Auf diese Weise kristallisieren sich mit dem Fortschreiten der Sippenbeschreibungen die wichtigen Merkmale und Merkmalskomplexe heraus, die für die einzelnen Taxa kennzeichnend sind und durch welche sich die verschiedenen Taxa voneinander unterscheiden lassen. Diese zur Charakterisierung eines Taxons wichtigen Merkmale werden in der *Diagnose* zusammengefaßt – im Unterschied zur *Beschreibung*, die alle Eigenschaften des beschriebenen Taxons gleichermaßen berücksichtigt: „Die Diagnose eines Taxons ist die Angabe dessen, wodurch sich das Taxon nach der Meinung ihres Autors von anderen Taxa unterscheidet“ (Art. 32.2. der Internat. Nomenklaturregeln). Wir können dies an Hand der Beschreibung einer von B. Krach (1988) neubeschriebenen Unterart (Abb. 45) und der dazugehörigen Diagnose verdeutlichen:

Tephroseris integrifolia (L.) Holub subsp. *vindelicorum* B. Krach, Mitt. Bot. Staatssammlg. 27, 76 (1988). Synonym: *Senecio integrifolius* (L.) Clairv. var. *aurantiacus* (DC.) Vollmann, Ber. Bayer. Bot. Ges. 11, 202 (1907), nec[3] G. Beck. Fl. v. Nieder-Österreich, 1217 (1893). *Typus:* Lechfeld bei Schwabstadel, 6.1908; F. Vollmann (M)!

Pflanze ausdauernd, *Hauptwurzel* ziemlich kurz, (1,5–2,0 cm lang), mitteldick, meist gerade, mit wesentlich längeren (4,5 cm) Seitenwurzeln; *Stengel* einzeln, aufrecht, (15–) 16–30 (–37,5) cm hoch, einfach, meist ± deutlich gefurcht, durch dunkelrote Kanten oft

[3] „Dem Zitat eines jüngeren Homonyms sollte der Name des Autors des älteren Homonyms folgen, wobei diesem Autorennamen das Wort ‚non‘ vorangestellt und ihm möglichst noch das Publikationsdatum beigefügt wird. In einigen Fällen wird es ratsam sein, auch die Homonyme etwaiger anderer Autoren zu zitieren, wobei diesen das Wort ‚nec‘ vorausgeht“ (Intern. Code Nomencl. Empfehlung 50 C).

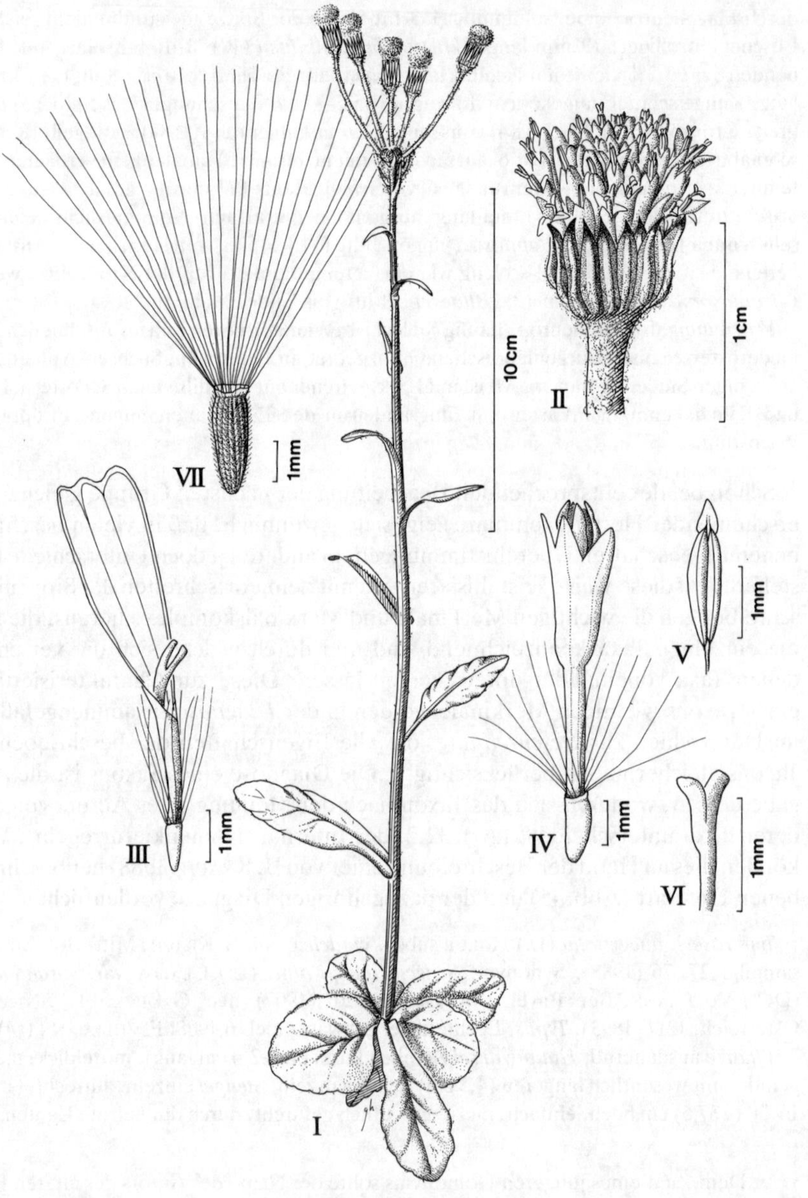

Abb. 45: *Tephroseris integrifolia* (L.) Holub. subsp. *vindelicorum* B. Krach. I Habitus, II einzelnes Köpfchen, III Zungenblüten, IV Röhrenblüte, V Anthere, VI Griffeläste, VII Achäne (Orig. B. Krach I–VI nach lebenden Pflanzen vom Typusstandort, VII Herbar Krach 16000).

gestreift wirkend, zur Blütezeit durch Flagellentrichome und – seltener – abgefallene Flagellen meist filzig, seltener kahl; *Grundblätter* 1–2 (–4), zur Blütezeit meist noch erhalten, dem Boden anliegend, sehr kurz gestielt, Spreite rund bis eirund, (1,4–) 1,6–2,5 (–2,8) cm lang, 1,1–2,0 (–2,3) cm breit, mit ganzem, seltener schwach gewelltem oder gezähntem Rand, ± deutlich vom 0,4–1,0 (–1,3) cm langen und 0,2–0,5 (–1) cm breiten Stiel abgesetzt, Spreite und Stiel auf ihrer Oberseite bis auf Reste der Flagellentrichome kahl, seltener ganz kahl oder mit Haarfüßen, unterseits kurzhaarig durch Reste oder Füße der Flagellentrichome, seltener filzig durch Flagellentrichome; *Untere Stengelblätter* kurz gestielt, Spreite eiförmig, (1,5–) 2,0–3,0 (–4) cm lang, (1–) 1,1–1,8 (–2) cm breit, meist vom (0,5–) 0,8–1,6 (–2,6) cm langen und (0,1–) 0,2–0,4 (–0,7) cm breiten Stiel abgesetzt, seltener auch in diesen übergehend, oberseits bis auf Reste der Flagellentrichome kahl oder auch leicht filzig durch Flagellentrichome (und deren Reste), auf der Unterseite filzig durch wenige oder mehr Flagellentrichome, deren Reste, manchmal auch mit Haarfüßen untermischt; *Mittlere Stengelblätter* gestielt, *Spreite* eilanzettlich, (1,5–) 1,8–3,0 (–3,5) cm lang, (0,5–) 0,6–1,0 (–1,4) cm breit, mit ganzem, nur selten auch schwach gezähntem Rand, allmählich in den (0,7–) 1,0–2,0 (–2,5) cm langen und 0,2–0,5 (–0,6) cm breiten Stiel übergehend, ober- und unterseits filzig durch Flagellentrichome, hin und wieder auch mit Resten der Flagellentrichome untermischt; *Obere Stengelblätter* sitzend, *Spreite* linealisch, 1,2–3,0 (–3,5) cm lang, (0,1–) 0,2–0,4 (–0,5) cm breit, ganzrandig, ober- und unterseits durch Flagellentrichome und, selten (unterseits), auch deren Reste filzig; *Blütenstand* ein ± zusammengedrängtes, armblütiges Sciadodium (nach Troll 1968) mit (1–) 2–5 (–10) einfach gestielten Köpfchen am Grunde des Blütenstandes; Köpfchen mit Zungenblüten 1,3–1,9 cm im Durchmesser, kürzester (0,2–) 0,5–1,5 (–1,8) cm, längster Köpfchenstiel (0,3–) 0,7–2,0 (–2,5) cm lang; *Involucrum* einreihig, breit glockig, (0,7–) 0,8–1,2 (–1,4) cm im Durchmesser; *Hüllschuppen* 16–20 (–24), lanzettlich zugespitzt, ganzrandig, nur selten leicht gezähnt, im nicht verwachsenen Teil 4,0–5,0 (–6) mm lang, (0,6–) 0,8–1,0 (–1,1) mm breit, gelbgrün, das obere Fünftel oft dunkelrot (besonders bei Pflanzen ohne Strahlblüten), an der Spitze mit einem breiten, aber nicht dichten Büschel einzelliger, ca. 0,05–0,1 mm langer Haare, in der oberen Hälfte kahl, in der unteren Hälfte des freien Teils leicht flaumig durch vereinzelte Flagellentrichome und u. U. deren Reste; Zungenblüten 10–13 (–16), nur bei 46 von 81 (= 56,8 Prozent) der untersuchten Pflanzen vorhanden (noch existierende Populationen oft zungenblütenlos), gelb (nach Kornerup & Wanscher (1978) z. B. 3A5/6 yellow), (5–) 6,5–10,0 (–11,5) mm lang; *Ligula* schmal verkehrt eiförmig, 3,0–6,5 (–8,5) mm lang, 1,5–2,5 (–3) mm breit, Kronröhre (1,5–) 2,0–3,0 mm lang; *Röhrenblüten* ca. 70–75, sonnengelb (nach Kornerup & Wanscher [1978] 4A7/(8) buttercup yellow = sunflower yellow); *Krone* schmal, (4–) 5,0–6,5 (–7) mm lang mit (1,8–) 2,5–3,5 mm langem verengtem unterem Teil; *Antheren* 2,5 mm lang; *Griffelschenkel* bis 1,0 mm lang, deren Enden diskusförmig, Verhältnis Länge : Breite ca. 1 : 4–1 : 3; *Achänen* zylindrisch, während der Anthese 1,5 mm, reif 3 mm lang, dicht behaart; *Pappus* an junger Blüte (3–) 3,5–5,0 (–5,54) mm lang, bei der Anthese bereits (1–) 1,25–1,67 (–2) mal so lang wie der verengte untere Teil der Röhrenblüten, weiß; *Chromosomenzahl* 2n = 96. *Blütezeit:* sowohl am natürlichen Standort als auch unter Kulturbedingungen ca. 2 Wochen später als subsp. *integrifolia*, (Anfang bis Mitte) Juni.

Diagnose: Differt a *T. integrifolia* subsp. *integrifolia foliis caulinis inferioribus* minoribus, (1,5) 2,0–3,0 (4) cm longis et (1) 1,1–1,8 (2) cm latis nec (2,5) 2,6–5,0 (8) cm longis et (1) 1,6–3,0 (4) cm latis, petiolis brevioribus, (0,5) 0,8–1,6 (2,6) cm nec (1) 1,8–4,5 (6,5) cm longis, *foliis caulinis mediis* minoribus, (1,5) 1,8–3,0 (3,5) cm longis et (0,5) 0,6–1,0 (1,4) cm latis nec (2) 2,1–4,5 (7,5) cm longis et (0,6) 0,7–2,0 (3,1) cm latis, petiolis brevioribus et angustioribus, (0,7) 1,0–2,0 (2,5) cm longis et 0,2–0,5 (0,6) cm latis, nec (1) 1,7–4,0 (5) cm longis et (0,2) 0,4–1,0 (1,5) cm latis, *stomatiis* majoribus, 62–70 µm nec 36–39 µm longis, *pedunculis longissimis* brevioribus, (0,3) 0,7–2,0 (2,5) cm nec (0,7) 1,5–4,5 (8,5) cm longis, *colore anthodii* in parte superiore saepe rubido nec flavovirenti, *floribus radii* saepe absentibus, colore luteis nec flavis, *ligulis* brevioribus et latioribus, 3,0–6,5 (8,5) mm longis et 1,5–2,5 (3) mm latis nec (5) 5,5–7 (7,5) mm longis et (1) 1,5–2 (2,5) mm latis, *chromosomatum numero* 2n = 96 nec 2n = 48.

Etymologie: Benannt nach den Vindeliziern, einem Stamm der Kelten am Lech, bzw. der späteren Hauptstadt dieses Gebietes Augusta vindelic(or)um, dem heutigen Augsburg.

Verbreitung: Isolierte Vorkommen in Bayern entlang des Lechs auf dem Lechfeld (Lechschotter) zwischen Thierhaupten und Kaufering (481–606 m NN). „Eine Besiedlung der waldfreien Reliktstandorte auf dem Lechfeld bereits vor oder während der Würmeiszeit ist denkbar, da die *T. integrifolia*-Pflanzen diese letzte Eiszeit auf den eisfreien Schotten ... überdauern konnten. Die Reliktstandorte Frankens ... wurden vermutlich in einer anderen Besiedlungswelle, zusammen mit anderen pannonischen Arten ... erreicht“ (Krach 1988, S. 83).

Kurz und übersichtlich lassen sich die beiden beschriebenen Unterarten in folgender Weise unterscheiden:

Pflanze 26–55 cm hoch, untere Stengelblätter 2,6–5 cm lang, 1,6–3 cm breit, Hüllschuppen gelblich grün, Zungenblüten stets vorhanden, 5,5–7,0 mm lang →
T. integrifolia subsp. *integrifolia*.

Pflanze zierlich, 16–30 cm hoch, untere Stengelblätter 2–3 cm lang, 1–1,8 cm breit, alle Blätter kürzer und schmaler, Blattstiele kürzer, Hüllschuppen in ihrem oberen Teil oft rot, Zungenblüten fehlen oft, wenn vorhanden, dann Zunge 3–6,5 mm lang →
T. integrifolia subsp. *vindelicorum*.

Die neue Unterart unterscheidet sich somit von der Typusart im wesentlichen durch geringe Größe, kleinere Laubblätter, kürzere Blatt- und Köpfchenstiele. Weiter zeichnet sie sich durch kürzere und breitere Zungen, längeren Antheren und größere Stomata aus. Im Gegensatz zur diploiden Nominatsippe mit der Chromosomenzahl 2n = 48 sind die Augsburger Pflanzen tetraploid (2n = 96). Außerdem besitzen rund 44% der untersuchten Belege keine Zungenblüten; sind diese vorhanden, so ist ihr Gelbton dunkler als bei der Typusunterart. In der noch überlebenden Population sind alle Pflanzen zungenlos.

„Mit wenig Material läßt sich gut Systematik treiben“ – diese so oder ähnlich formulierte ironische Bemerkung weist darauf hin, daß Sippenabgrenzungen, die bei Betrachtung nur weniger Individuen klar erscheinen, sich nicht selten bei der Analyse einer hinreichend großen Individuenzahl verwischen. Wenn sich bestätigt, daß die vorher als distinkt betrachteten Individuengruppen kontinuierlich durch Übergangsformen verbunden sind, so ist eine Abgrenzung von Sippen sinnlos. Häufig lassen sich bei einer solchen kontinuierlichen Variabilität zwar Merkmalsverschiebungen erkennen, die einer bestimmten geographischen Richtung oder der Änderung bestimmter ökologischer Faktoren folgen (Klinen) oder ein Mosaik teilweise genetisch isolierter unscharf begrenzter Lokalrassen widerspiegeln. Man sollte solche lokalen oder klinalen Abwandlungen jedoch nicht formal als eigene Taxa behandeln, sondern allenfalls durch Namen kennzeichnen, die in Anführungszeichen oder halben Anführungszeichen gesetzt erkennen lassen, daß es sich nicht um Species- oder Subspecies-Namen im Sinne der Nomenklaturregeln (Kap. 3.4) handelt: *Allophylus cobbe* (L.) RAEUSCH. *('timorensis')* (LEENHOUTS 1967) oder *Nardostachys jatamansi* (D. DON) DC. „*linearifolia*-Typ“ (WEBERLING 1978).

Allgemein sollte man bei der taxonomischen Bewertung und dementsprechenden nomenklatorischen Behandlung von durch Übergänge verbundenen Sippen schon aus praktischen Gründen das extreme Aufspalten, das sog. “splitting”, ebenso vermeiden wie das “lumping”, das „Alles-in-einen-Topf-Werfen“.

Oft wird das aufgrund hochgradiger Variabilität unübersichtlich erscheinende Bild jedoch klarer, wenn man sich der Methoden der *Variationsstatistik* bedient und sich dabei zumindest zuverlässige quantitative Unterschiede in der Ausprägung von Merkmalen herausstellen, die zur Sippencharakterisierung ausreichen.

Auch bei den zuvor wiedergegebenen Beschreibungen der beiden Unterarten von *Tephroseris integrifolia* ist eine gewisse Überschneidung in den zur Unterscheidung herangezogenen Proportionen der Laubblätter (bzw. Stengelblätter) nicht zu verkennen. Dabei ist jedoch darauf hinzuweisen, daß die nicht in Klammern gesetzten Zahlen sich jeweils auf mindestens 80% der gemessenen Werte beziehen. Stellt man aber die Meßwerte für die Stiel- und Spreitenlänge der mittleren Stengelblätter in einem sog. *Streudiagramm* (Abb. 46) zusammen, so wird deutlich, daß die Überschneidungen vor allem von den fränkischen Vorkommen herrühren, die ohnedies eine Übergangsstellung einnehmen und sich zwar nicht durch ihren tetraploiden Chromosomensatz, jedoch durch ihre morphologischen Merkmale von den Pflanzen der neuen Subspecies unterscheiden.

Eine graphische Methode, mit der man mehrere Merkmale zusammenfassen und ihre Variationsbreite in verschiedenen Arealteilen vergleichen kann, ist die Darstellung in Form von *Merkmalspolygonen*. Als Beispiel möge der in Abb. 47 wiedergegebene Vergleich der Variationsbreite von 8 quantitativ erfaßbaren Merkmalen bei *Senecio hercynicus* HERBORG var. *hercynicus* dienen. Dabei wurden die Werte für die verschiedenen Merkmale auf den mit 1–8 bezeichneten Radien aufgetragen. Auch hier wurden für jedes Merkmal Mittelwert und Standardabweichung berechnet (vgl. HERBORG 1987).

Bei der Aufarbeitung und Auswertung der (z. B. für die Spreitenlänge der verglichenen *Tephroseris*-Sippen erhaltenen) Meßwerte werden zusätzlich meist

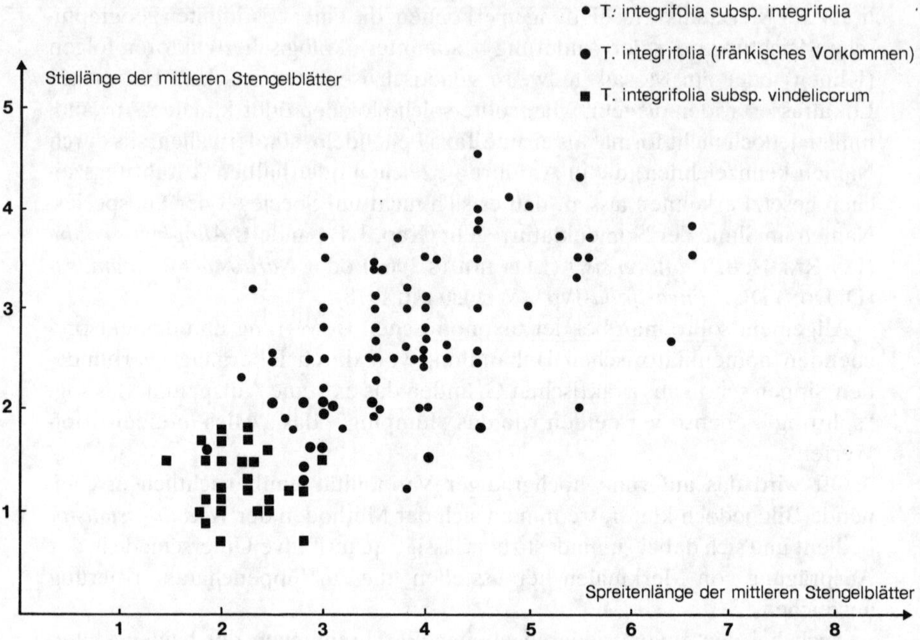

Abb. 46: Streudiagramm zur Veranschaulichung der Variationsbreite von Stiel- und Spreitenlänge der mittleren Stengelblätter von *Tephroseris integrifolia* (L.) Holub subsp. *integrifolia* und subsp. *vindelicorum* (Orig. B. Krach, noch unveröff.).

der dazugehörige Mittelwert $\bar{x}$, die Varianz s^2 und die Standardabweichung s ausgerechnet. Dabei gilt:

$$\bar{x} = \frac{1}{n}\sum_{l=1}^{n} x_l, \quad s = \sqrt{\frac{\sum_{l=1}^{n}(x_l - \bar{x})^2}{n-1}}$$

Bei einer Normalverteilung der Meßwerte gilt:

$$P(\bar{x} - s \leq x \leq \bar{x} + s) = 68\%$$
$$P(\bar{x} - 2s \leq x \leq \bar{x} + 2s) = 95{,}5\%$$
$$P(\bar{x} - 3s \leq x \leq \bar{x} + 3s) = 99{,}7\%$$

So wird oft an Stelle der „80%-Marke" das Intervall $\bar{x} \pm s$, also der Wahrscheinlichkeitsbereich von 68% der Werte gewählt. Werden die manchmal nicht sehr aussagekräftigen Mittelwerte für die Merkmale zweier Sippen für ein bestimmtes morphologisches Merkmal, z. B. für die Blattspreitenlänge, gegenübergestellt, kann man sie – um zu prüfen, ob sie verschiedenen Grundgesamtheiten entstammen – nach dem *t-Test* (Zweistichproben-t-Test [SACHS 1984] für unabhängige Zufallsstichproben aus normal verteilten Grundgesamtwerten) vergleichen. Hat das Merkmal in den beiden Grundgesamtheiten die beiden bekannten, aber unterschiedlichen Standardabweichungen s_1 und s_2 und die unbekannten Erwartungswerte μ_1 und μ_2, so ist die Hypothese $\mu_1 = \mu_2$ (Nullhypothese) gegenüber der Alternativhypothese $\mu_1 \neq \mu_2$ zu testen. Dabei gilt:

$$\hat{t} = \frac{\bar{x}_1 - \bar{x}_2}{\sqrt{\left[\frac{n_1 + n_2}{n_1 \times n_2}\right] \left[\frac{Q_1 + Q_2}{n_1 + n_2 - 2}\right]}}$$

$\bar{x}$ = Mittelwert
n = Stichprobengröße
$Q = (n-1) \times s^2$
s = Standardabweichung

$$\nu = \frac{\left(\frac{s_1^2}{n_1} + \frac{s_2^2}{n_2}\right)^2}{\frac{\left(\frac{s_1^2}{n_1}\right)^2}{n_1 - 1} + \frac{\left(\frac{s_2^2}{n_2}\right)^2}{n_2 - 1}}$$

und ν wird zur ganzen Zahl gerundet. Überschreitet der Prüfquotient $\hat{t}$ die Signifikanzschranke $t_{\nu;\alpha}$, σο γιλτ $\mu_1 \neq \mu_2$. Der Wert von $t_{\nu;\alpha}$ kann in Abhängigkeit von der Irrtumswahrscheinlichkeit α und der Zahl der Freiheitsgrade ν in einem Tafelwerk (z. B. Sachs 1984) nachgeschlagen werden.

Als Beispiel sei hier der Vergleich der Länge der obersten Köpfchenstiele von *T. integrifolia* subsp. *integrifolia* und *T. integrifolia* subsp. *vindelicorum* angegeben. Aufgrund der vorliegenden Werte

T. integrifolia subsp. *vindelicorum*	$\bar{x}_1 = 1{,}33$ cm	$n_1 = 42$	$s_1^2 = 0{,}34$
T. integrifolia subsp. *integrifolia*	$\bar{x}_2 = 2{,}9$ cm	$n_2 = 86$	$s_2^2 = 2{,}03$

ergibt sich für $\hat{t} = 8{,}82$, für die Zahl der Freiheitsgrade $\nu = 123$.

Es gilt $\hat{t} = 8.82 > 1{,}658 = t_{123;0{,}05}$, d. h. die Nullhypothese auf Gleichheit der Erwartungswerte ($\mu_1 = \mu_2$) muß mit einer Irrtumswahrscheinlichkeit von 5% abgelehnt werden, die Grundgesamtheiten, denen die Mittelwerte entstammen, sind somit verschieden (zur Einführung in die Wahrscheinlichkeitsrechnung und Stochastik, sei empfohlen: Mathematisches Unterrichtswerk für die Sekundarstufe II, SIGMA [hrsg. v. H. GLASER et al.], Grundkurs Stochastik [E. Klett Verlag], Stuttgart 1982, vgl. ferner SCHWEIZER 1973).

Bei kritischer Betrachtung dürften wir allerdings nur vermerken, daß das Ergebnis unseres mit Hilfe statistischer Methoden ausgeführten Tests nicht im Widerspruch zu der vorgenommenen Abgrenzung der beiden Taxa steht.

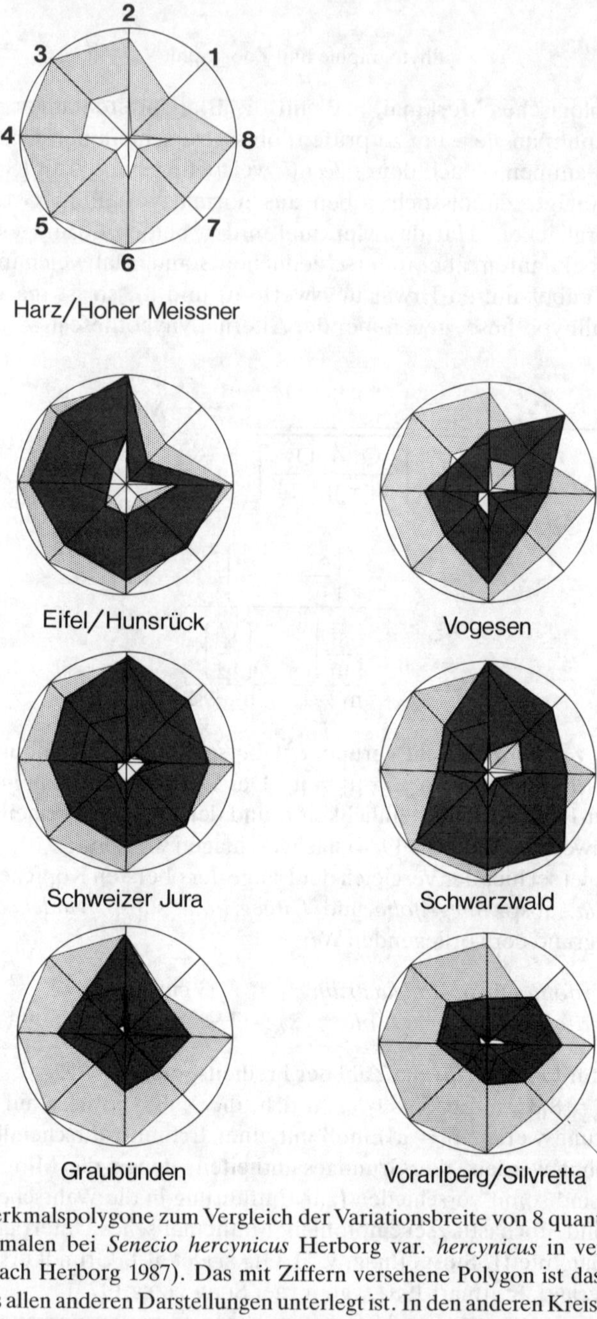

Abb 47: Merkmalspolygone zum Vergleich der Variationsbreite von 8 quantitativ erfaßbaren Merkmalen bei *Senecio hercynicus* Herborg var. *hercynicus* in verschiedenen Gebieten (nach Herborg 1987). Das mit Ziffern versehene Polygon ist das Vergleichspolygon, das allen anderen Darstellungen unterlegt ist. In den anderen Kreisen sind über das Vergleichspolygon dunklere Polygone anderer Sippen gelegt. Die Polygone entstehen, indem man auf den numerierten Strahlen die obere und untere Grenze je eines quantifizierbaren Merkmals aufträgt. Je verschiedener die Gestalt der Polygone ist, um so wahrscheinlicher handelt es sich um genetisch verschiedene Sippen und nicht nur um Standortmodifikationen.

Die eigentliche Problematik in der Anwendung statistischer Methoden in der Systematik liegt nämlich in der Auswahl der Proben. Um den Anforderungen der Statistik zu genügen, muß nicht nur die Anzahl der Proben hinreichend groß sein, es muß sich darüber hinaus um rein *zufällig* entnommene Stichproben handeln. Eine solche allein zufällige und nicht durch andere Faktoren bestimmte Auswahl ist aber bei Herbarmaterial selbst bei einer sehr großen Menge von Belegen kaum garantiert: die herbarisierten Belege sind nämlich in der Regel keine Zufalls-Stichproben, sondern wurden gezielt gesammelt, so etwa in der Absicht, möglichst vollständige Pflanzen im optimalen (blühenden und fruchtenden) Entwicklungszustand zu herbarisieren – ja nicht selten spielt das vorgegebene Herbarformat bei der Auswahl der Herbarexemplare eine entscheidende Rolle. Selbst das gleichzeitige Protokollieren der in der betr. Population auftretenden Maximal- und Minimalgrößen und anderer Daten vermag an dieser Ausgangssituation nichts mehr zu ändern: die Untersuchung erstreckt sich allein auf eine variationsstatistische Analyse des bearbeiteten Herbarmaterials! (Entsprechendes gilt selbstverständlich für Untersuchungen von Material aus zoologischen Museen.) Die Forderungen an eine Statistik-gerechte Probenentnahme sind daher allenfalls durch Ermittlungen der Variabilität lokaler Populationen zu erfüllen, nicht aber bei Untersuchungen von Museumsmaterial. Dies spricht nicht gegen die Anwendung statistischer Auswertungsverfahren bei Herbaruntersuchungen, auf die man in vielen Fällen allein angewiesen bleibt, solange man sich der Begrenztheit der gewonnenen Aussagen bewußt ist.

Biosystematische Untersuchungen

Soweit man Pflanzen der zu bearbeitenden Sippen in Kultur halten kann, besteht die Möglichkeit, Konstanz und Variabilität ihrer einzelnen Merkmale unter gleichen oder verschiedenen Lebensbedingungen zu prüfen, also etwa Pflanzen verschiedener Herkünfte unter gleichartigen Bedingungen zu kultivieren oder Individuen aus derselben Population auf verschiedenen Böden und bei unterschiedlicher Wasserversorgung oder Lichtexposition zu untersuchen (man kann natürlich auch Individuen aus derselben Population an verschiedenen Wildstandorten auspflanzen bzw. aussäen und beobachten). Solche Verpflanzungsversuche wurden bereits von Bonnier (1895/1920) unternommen, aus dessen Ergebnissen wir eingangs schon die divergierende Ausbildung der im Tiefland und im Hochgebirge herangezogenen Hälften einer Löwenzahnpflanze erwähnt hatten (Bonnier deutete diese unterschiedliche Ausbildung freilich im Sinne Lamarcks als umweltbedingte Entstehung neuer Arten oder Unterarten). Ein modernes Lehrbuchbeispiel für biosystematische Kulturversuche ist die Untersuchung der Ausbildung ökologischer Rassen bei *Achillea lanulosa* in der Sierra Nevada Kaliforniens durch Clausen, Keck & Hiesey (1940). Samen, die entlang eines W-E-Transsektes von Pflanzen natürlicher, in verschiedener Meereshöhe gelegener Standorte mit sehr unterschiedlichen Klimabedingungen gesammelt worden waren, wurden unter gleichartigen Bedingungen ausgesät; dabei blieben wichtige, auch die natürlichen Populationen kennzeichnende Merkmale (Stengelhöhe) erhalten.

Bei der Kultur in Versuchsgärten bietet sich zugleich oft die Gelegenheit zu Kreuzungsexperimenten und vor allem bei Bastarden zur Untersuchung des Verhaltens der von verschiedenen Eltern stammenden Chromosomen während der Meiose. Daraus lassen sich wiederum Hinweise auf die genetischen Beziehungen zwischen Arten ableiten, wie sie z. B. bei den schon erwähnten Untersuchungen von *Clarkia*- und *Galeopsis*-Arten (S. 38 u. 40) eine Rolle gespielt haben. Wie bereits früher ausgeführt, kann man zudem bei ausgiebiger Beobachtung von Pflanzen in Versuchsgärten viele Daten über Wachstumsrhythmik und Entwicklungsweise, Blütezeit, Bestäuber, Fruchtbildung und -verbreitung und weitere Eigenschaften gewinnen, zu deren Ermittlung an den natürlichen Standorten oft Zeit und Gelegenheit fehlen.

Benennung der Sippen und Bestimmungsverfahren

Sofern das sorgfältig auf Homogenität geprüfte Material einer abgrenzbaren Sippe Typusexemplare früher beschriebener Taxa umfaßt, so ist gemäß den Nomenklaturregeln (Art. 6, vgl. Kap. 3.4.1) der älteste den Nomenklaturregeln entsprechende Name als korrekter Name der beschriebenen Sippe anzusehen (Prioritätsregel), alle anderen Namen stellen Synonyme (vgl. S. 135) dar. Ist der betr. Sippe kein Typusexemplar zuzuordnen, so dürfte es sich um eine neu zu beschreibende Sippe handeln, deren Beschreibung und Benennung besonderen Regeln unterliegt, die im Zusammenhang mit den Nomenklaturregeln (Kap. 3.3) besprochen werden sollen. Dazu gehört, daß ab 1. 1. 1935 die Neubeschreibung eines Taxons – außer bei Algen und Fossilien – nur gültig ist, wenn zugleich eine lateinische Diagnose oder ein Hinweis auf eine gültig veröffentlichte Diagnose gegeben wird; ab 1. 1. 1958 gilt dies auch für nichtfossile Algen (Art. 36 der Internat. Nomenklaturregeln). Für die Erstellung lateinischer Diagnosen – und weit darüber hinaus – hat sich das Werk von W. T. Stearn (1966, 1973/78) über ›Botanical Latin‹ als kaum zu überschätzende Hilfe (für „Lateiner“ und „Nichtlateiner“) erwiesen.

Es kommt nun darauf an, 1. das Wiedererkennen und die Unterscheidung der beschriebenen und bei aller Variabilität gegeneinander abgrenzbaren Sippen durch möglichst einfache und praktikable Erkennungsmethoden zu ermöglichen, und 2. die verwandtschaftlichen Beziehungen dieser Sippen zueinander und ihre Einordnung in einen größeren Verwandtschaftskreis herauszufinden.

Zur raschen Identifikation von Organismensippen bedient man sich sog. *Bestimmungsschlüssel* (Arten- oder Gattungsschlüssel usw.), in denen die zur (raschen und möglichst fehlerfreien) Bestimmung geeigneten Merkmale (key characters) in übersichtlicher Weise geordnet und einander gegenübergestellt werden. Dafür gibt es zwei erprobte Verfahren, den *analytischen* und den *synoptischen* Schlüssel.

Der *analytische*, gewöhnlich nach dem eingangs (S. 1) schon erwähnten Modus der Dichotomie konstruierte Schlüssel umfaßt in Form einer Tabelle eine Reihenfolge von Fragen, in denen jeweils alternativ nach zwei (seltener mehreren) verschiedenen Merkmalsausprägungen gefragt und der Leser schrittweise über eine Reihe (mit Ziffern versehener) Fragenpaare (vgl. Tab. 4) bis zum Namen der durch die festgestellten Merkmale gekennzeichneten Art oder Gattung geführt wird. Mit jeder Beantwortung einer Frage wird dabei die Anzahl der in Betracht kommenden Taxa weiter aufgeteilt.

Der *synoptische* Schlüssel, der unabhängig schon von FOCKE (1877) und später von OGDEN (1953) und LEENHOUTS (1966a) entwickelt wurde, gibt eine tabellarische Übersicht über alle zur Unterscheidung verwendbaren Merkmale, wobei hinter der Nennung jeder einzelnen Merkmalsausprägung die Namen (oder auch Kennziffern) der Taxa genannt werden, die das genannte Merkmal aufweisen (Tab. 5). Bei der Benutzung eines solchen Schlüssels ist man somit nicht auf die Einhaltung einer bestimmten Reihenfolge der zu untersuchenden Merkmale angewiesen und bis zu einem gewissen Grade unabhängig von der Analyse möglicherweise am vorliegenden Exemplar nicht feststellbarer Eigenschaften. Darüber hinaus ermöglicht ein synoptischer Schlüssel wegen der Erfassung aller Merkmale eine rasche Übersicht über den Merkmalsbestand aller Taxa und erleichtert dadurch das Erkennen übergreifender Gruppierungen. Oft dienen synoptische Schlüssel daher als Vorstufe für systematische Gliederungen größerer Gruppen, im übrigen auch zur Aufstellung analytischer Schlüssel. Diesen gegenüber weisen sie aber den Vorteil auf, daß sie auf stark begrenztem Raum gewissermaßen Diagnosen aller behandelten Taxa bieten (vgl. LEENHOUTS 1966a).

PITT (1974) berichtet, daß die Bestimmung von *Penicillium*-Arten im imperfekten Zustand an Hand eines synoptischen Schlüssels bereits nach 7tägiger Kultur möglich war, während einer Bestimmung mit Hilfe der sonst üblichen, an Hand der Fruchtkörper konstruierten Bestimmungsschlüssel eine 3monatige Kultur vorausgehen mußte.

Häufig besteht eine Aufgabe nicht allein darin, eine unvollständig bekannte Artengruppe hinsichtlich ihres Merkmalsbestandes und ihrer Artabgrenzungen zu revidieren und gegebenenfalls Arten neu zu beschreiben oder bisher unterschiedene Arten zusammenzufassen, sondern diese Tätigkeit vollzieht sich im Rahmen der Bearbeitung eines größeren Verwandtschaftskreises, etwa der Erstellung einer Familienmonographie für ein bestimmtes Florengebiet. Spätestens in diesem Falle erhebt sich die Frage, welchen Umfang die zu veröffentlichenden Beschreibungen der einzelnen Taxa haben dürfen und in welche Beziehung zu den bereits bekannten Daten gesetzt werden sollen. Wollte man in

Tab. 4: Bestimmungsschlüssel über die mitteleuropäischen Arten der Gattung *Valeriana* (aus Weberling, Valerianaceae, in G. Hegi, Illustr. Flora v. Mitteleur, 2. Aufl. VI/2 [Liefg. 2], S. 140/41, 1970)

Bestimmungsschlüssel

1 Alle Laubblätter ungeteilt oder die Stengelblätter teilweise dreischnittig oder dreiteilig 2

1* Wenigstens die oberen Stengelblätter mehrteilig gefiedert 9

2 Blütenkrone gelblich oder gelb oder (und) purpurrot bis braunrot oder bräunlich. Bis 20 (25) cm hohe Alpenpflanzen, deren Erneuerungstriebe aus den Achseln des obersten basalen Blattwirtels entspringen und zur Blütezeit des Muttersprosses eine Laubrosette bilden 3

2* Blütenkrone reinweiß oder rötlich bis lila 4

3 Alle Laubblätter ganzrandig, eiförmig- bis linealisch-spatelig, Blütenstand eine Scheinähre . . . . 2. *V. celtica* L.

3* Stengelblätter (meist) grob bezähnt, sitzend (breit) dreieckig-eiförmig; Blütenstand schlank kegelförmig, rispenartig, die Blüten am Ende der Äste etwas zusammengedrängt; Pflanze der östlichen Kalkalpen . . . . . . 1. *V. elongata* Jacq.

4 Blüten zumindest zur Blütezeit dicht kopfig zusammengedrängt, blaß rötlich oder rotlila; niedrige (bis 15 cm hohe) Pflanzen der Hochalpen mit etwas dicklichen ganzrandigen Laubblättern (bei *V. saliunca* bisweilen in der unteren Spreitenhälfte beiderseits mit einem schmalen Zahn); Grundachse stark verzweigt 5

4* Blütenstand locker, schirmförmig oder rispenartig 6

5 Leere Fruchtfächer an der Frucht als dicke Längswülste hervortretend, obere Stengelblätter schmal spatelig oder lanzettlich bis linealisch (bisweilen mit einem schmalen spitzen Zahn jederseits am unteren Spreitenrande); Pflanze im ganzen kahl, nur die Blätter oft spärlich drüsig bewimpert; westliche und südliche Alpen . . . . 4. *V. saliunca* All.

5* Leere Fruchtfächer (wie bei allen anderen *Valeriana*-Arten) zu dünnen Striemen reduziert, Stengelblätter meist verkehrt eilänglich, seltener lanzettlich (kürzer und breiter als bei *V. saliunca*), Stengel angedrückt kurzhaarig, Blätter mehr oder minder dicht kurz bewimpert; ostalpin . . . . 3. *V. supina* Ard.

6 Blütenstand schirmförmig (Blüten der untersten Blütenstandsäste oft in selbständigen Schirmen), Blütenkrone oft hellila oder blaßrosa, Grundachse mäßig bis stark verzweigt, ohne Ausläufer, Gebirgspflanzen 7

6* Blütenstand ein kegelförmiger, rispenartiger Thyrsus, Grundachse wenig verzweigt 8

7 Mittlere und obere Stengelblätter gewöhnlich dreiteilig oder dreischnittig, Grundachse meist stark verzweigt . . . . 7. *V. tripteris* L.

7* Stengelblätter ungeteilt, eiförmig- bis schmal-lanzettlich, zu 3–4 Paaren (Unterschied zu *V. saxatilis*), Grundachse mäßig verzweigt . . . . 6. *V. montana* L.

8 Grundachse Ausläufer treibend. Grundständige Laubblätter ganzrandig, Stengelblätter oft gezähnt (sehr ähnlich *V. dioica*, jedoch mastiger, auch die obersten Stengelblätter nicht gefiedert). Nur im östlichen Teil des Gebietes auf Sumpfwiesen . . . . 9. *V. simplicifolia* Kabath

8* Grundachse kurz, ohne Ausläufer, grundständige Blätter oft mit einzelnen groben Zähnen, Blütenstengel gewöhnlich nur mit 1 laubigen Stengelblattwirtel, Blütenkrone weiß; Gebirgspflanze . . . . 5. *V. saxatilis* L.
9 Grundständige Laubblätter ungeteilt 10
9* Auch die grundständigen Blätter (bei erwachsenen Pflanzen) fiederschnittig . . . . 11. *V. officinalis* L. s. I.
10 Pflanze ohne Ausläufer, mit Wurzelknollen; Blüten zweigeschlechtig, Frucht mit Haarreihen entlang den Nerven. Nur im äußersten Südosten des Gebietes . . . . 10. *V. tuberosa* L.
10* Pflanze mit Ausläufern, mehr oder minder vollkommen zweihäusig, Frucht kahl . . . . 8. *V. dioica* L.

---

einer monographischen Abhandlung sämtliche Beschreibungen in der aus den Untersuchungen resultierenden Form, also mit sämtlichen Merkmalen aufführen, so würde die Darstellung endlos lang und unübersichtlich werden. Man greift daher auf das eingangs schon genannte Prinzip der „enkaptischen Gradation" (S. 1/2, 18/19) zurück und nennt zuerst die Merkmale der übergreifenden systematischen Einheit, also etwa die Merkmale, welche einer ganzen Familie eigen sind. Dann folgen die einzelnen Unterfamilien oder weiteren Untergliederungen bis hin zur Gattung. Dabei gilt die Regel, daß alle bereits für eine höhere Kategorie genannten Merkmale nicht wiederholt werden. Jedes Taxon ist somit nicht nur durch die in seiner Beschreibung angegebenen Merkmale bezeichnet, sondern durch die Summe aller Merkmale, die sie mit den übergeordneten Taxa gemeinsam hat. Erst diese Vorgehensweise „erhebt die Phytographie von dem Range einer reinen Registration zu einer unentbehrlichen Vorstufe der systematischen Arbeit" (Diels 1921, S. 88).

Für die Erstellung monographischer Arbeiten gibt es hinsichtlich der thematischen Gliederung und der äußeren Form Gepflogenheiten und Empfehlungen, die man beachten sollte. Neben der bereits mehrfach zitierten Darstellung von Leenhouts (1968) seien die ›Guidelines for the Preparation of Botanical Taxonomic Papers‹ (Eichler 1977) empfohlen, für die zoologische Systematik findet man entsprechende Angaben bei Mayr (in der deutschen Übersetzung von Kraus 1975).

3.3.3 Zoographie

Eine gute Beschreibung zu erstellen erfordert nach den Worten Mayrs (1975 in Übersetzung durch Kraus, S. 243) vor allem 1. „eine eingehende Kenntnis der betreffenden Tiergruppe", 2. „das Vertrautsein mit den morphologischen Gegebenheiten und der Terminologie" und 3. u. 4. „die Fähigkeit, Unterschiede und Ähnlichkeiten herauszuarbeiten" und ... „das Wesentliche zu er-

Tab. 5: Ausschnitt aus einem synoptischen Schlüssel für die südostasiatischen Gattungen der Sapindaceae. Die Gattungen sind nach den Nummern in der Familienmonographie von Radlkofer (1931–1934) bezeichnet; (Gattungs-)Nummern, die unter mehreren Merkmalssparten genannt werden, sind unterstrichen, solche (Gattungs-)Nummern, für die über das betr. Merkmal keine eindeutigen Daten vorliegen, sind in Klammern gesetzt (nach Leenhouts)

```
4. Leaflets
   a. entire: 12.13.17.20.21.23.26.27.28.(P).42.43.44.45.46.54.56.57.58.
      59.60.61.62.64.68.88.89.91.92.93.94.95.97.99.100.102.103.104.
      105.106.108.110.111.112.114.122.123.132.137.139.
   b. not entire: 4.12.(P).44.54.56.58.59.62.(64).88.89.90.93.98.101.
      104.108.109.112.123.(137).139.

5. Inflorescences
   a. cauli- or ramiflorous: 27.28.(P).46.(68).88.90.91.106.109.111.
      114.137.
   b. axillary: 4.12.21.23.26.27.28.(P).42.43.46.54.56.58.59.60.61.62.
      64.(68).88.89.90.91.92.93.94.95.97.98.99.100.101.102.103.104.
      105.106.108.111.112.122.123.132.137.
   c. terminal: 13.17.20.21.23.26.27.(P).44.45.54.56.57.58.59.61.62.
      (68).88.91.94.99.110.122.123.(137).139.

6. Calyx
   a. 4-merous: 4.12.28.45.46.57.60.61.62.68.93.(100).105.114.122.
   b. 5-merous: 13.17.20.21.23.26.27.28.P.42.43.44.46.54.56.57.58.59.60.
      61.62.68.88.89.90.91.92.93.94.95.97.98.99.100.101.102.103.104.
      105.106.108.109.110.111.112.114.122.123.132.137.139.
   c. 6-merous: 46.61.62.64(-- 7-m.).(100).105.122(--7-m.).123(--8-m.).
      132(--7-m.).
```

kennen", der Autor muß aber auch „Verständnis für die Belange späterer Bearbeiter" aufbringen.

Auch wenn jede Organismengruppe eine spezifische Methodik der Bearbeitung und eine ihr gemäße Form der Beschreibung verlangt, sollten die Angaben doch „in einer einheitlichen natürlichen Reihung erfolgen, beispielsweise, indem die Körperteile von vorn nach hinten und dabei zuerst dorsal und dann ventral beschrieben werden". Eine solche „standardisierte Reihung der Merkmale trägt mit dazu bei, daß keine wesentliche Besonderheit übersehen wird, und daß die Beschreibungen untereinander vergleichbar sind" (Mayr 1975, S. 243/244). Dabei greift man hinsichtlich des Modus der Beschreibungen und der Terminologie am besten auf anerkannte Standardwerke zurück – bisweilen ist es sogar ratsam, sich eines üblichen Fachjargons zu bedienen. Besonders wichtig ist, daß die Beschreibung auch die Unterschiede zwischen den Geschlechtern berücksichtigt und, wenn nur Tiere eines Geschlechts verfügbar sind, dies ausdrücklich betonen muß.

Abb. 48: I, II *Eosentomon cf. transitorium*; I Gesamtübersicht, K Kopf, Th Thorax, Abd Abdomen; II Vorderkörper, dorsolateral (Orig. Stumpp); III *Eosentomon rusekianum* Stumpp & Szeptycki (1989), Originalabbildung (Länge 680 µm).

Als Beispiel für eine solche Darstellung möge *Eosentomon rusekianum* (Abb. 48), eine von Stumpp & Szeptycki (1989) beschriebene neue Insektenart aus der Ordnung der Protura („Beintastler") dienen, einer noch wenig bekannten Gruppe primär flügel- und antennenloser Insekten, die jedoch als Bodentiere von erheblicher Bedeutung sind:

"Description

Body of typical *Eosentomon*-shape, short, only 700 µm of length. Length of head 94 to 99 µm; foretarsus without claw 70–75 µm. Head setae short, subposterior and posterior of the same length. Anterior additional head setae present, posterior absent. Labral setae absent. Rostral setae alate, thicker than subrostral. Pseudoculus of great size (20 µm) with longitudinal line, PR 4,5–5,0. Lateral sensilla of maxillary palp thicker and slightly shorter than dorsal. Setae on nota short, p 1 equal or shorter than p 1' (the length of p 1' is varying from 10 to 14 μm), p 2' longer than p 3'. Length ratio of p 1:p 1':p 2 on mesonotum as 1.1:1:1.2. Tracheal camerae long and thin. Foretarsal sensilla a long, nearly reaching the base of γ 2; b the same length than c; d long; e equal or a little shorter than g, with spatulate dilatation about half of the sensilla length; f 1 long and not dilated, but always shorter than e, t 1 in the middle of line α 3 and α 3'; a' and b 2' long, twice as long as c'; c' not dilated. BS 0.9–1.0, TR 5.0–5.6, EU about 0.8 Basal seta of leg III long, of normal shape. Urotergites (T) IV-VII with 10, 10, 10, 6 anterior setae; T VII with a 1 and a 3 lacking. p 1′ of T VII exceptionally long, surpassing by far the hind margin of tergite (apex of p 1' slightly split). p 1″ on T VIII very short with basal dilatation. Laterostigma II-IV large. Lateral sclerotization of urosternite VIII distinct, with hind margin connected with antecosta. Female squama genitalis short, head distinct and sickle-like."

Es folgen Angaben über den *Fundort*, von dem das Typusmaterial der neubeschriebenen Art stammt, den „Locus typicus“:

"The specimens had been found in soil samples of an alluvial forest (Fraxino-Ulmetum) near Ulm (Wiblingen, Federal Republic of Germany), taken on 11. 4. 1988; pH-value at sampling time: 7.4 (KCI-method).

Material

Nine males, five females and three mature juniores. – Holotype Au 11. 4. 88 69 1, 10; seven paratypes Au 11. 4. 88, 1 = S 2, 5, 2 = 36 2, 7, 3 = 36 2, 10, 4 = 36 2, 14, 5 = 69 2, 13, 6 = 912 2, 1 7 = 912 2, 2. Holotype and six paratypes in the collection of the Museum 'Landessammlungen für Naturkunde' in Karlsruhe."

Auch hier werden zur Unterscheidung dieser neu beschriebenen von den bereits bekannten Arten die wichtigsten Merkmale in einer Diagnose zusammengefaßt

"Diagnosis

By the sickle-like head of the female squama genitalis the new species is similar to *Eosentomon chischaensis* YIN, 1965, *E. romanum* NOSEK, 1969, *E. nivoculum* YIN, 1981, *E. jinhongense* YIN, 1982, and *E. mirabile* SZEPTYCKI, 1984. It is most similar to *E. mirabile* in the presence of six setae on urosternite IX and X, and in the shape and position of p 1′ on urotergite (T) VII as well as in the shape and position of p 1″ on T VII. Both species differ in the head chaetotaxy, the dimension of pseudoculus and in the shape of foretarsal sensilla f 1."

3.3.4 Description Language for Taxonomy (DELTA)

Beschreibungen wie die oben gegebenen sind mitunter nicht direkt mit den Beschreibungen anderer, nahe verwandter Organismen vergleichbar. Bereits eine abweichende Wortwahl setzt voraus, daß der Leser sicher beurteilen kann, ob zwei Beschreibungen tatsächlich übereinstimmen oder nicht. Eine automatisierte Auswertung von Beschreibungen mit Computern ist in der Regel völlig unmöglich oder wenigstens mit so großen Schwierigkeiten behaftet, daß noch niemand ernsthafte Versuche unternommen hat, die Auswertung solcher Beschreibungen zu automatisieren. Ein entscheidender Schritt hin zu automatisierten Auswertungsmethoden ist in den letzten Jahren durch die Entwicklung einer Methode für standardisierte Beschreibungen erfolgt. Wichtigster und erster Arbeitsschritt bei der Benutzung dieser Technik ist die Erstellung einer Merkmalsliste. Eine solche Merkmalsliste sieht etwa wie folgt aus:

1. Blätter < Stellung>/
1. wechselständig/
2. gegenständig/
3. kreuzgegenständig/
4. wirtelig/

2. Blätter < Rand >/
1. ungeteilt/
2. gefiedert/
3. gefingert/

3. Blüten < Farbe >/
1. rot/
2. blau/
3. gelb/

4. Blüten < Zähligkeit >/zählig/

5. Fruchtknoten < Stellung >
1. oberständig/
2. halbunterständig/
3. unterständig/

6. Synonyme und nomenklatorische Anmerkungen/

Während man vielfach beschreibende Phrasen wie „Blüten rot“, „Blätter ganzrandig“ als Merkmale bezeichnet, wird hier „Blütenfarbe“ oder „Blattrand“ als *Merkmal* bezeichnet. Ein Merkmal muß folglich in mehreren *Ausprägungen (Merkmalszuständen)* vorkommen können. Trotz der nicht einheitlichen Handhabung in der älteren Literatur ist dies das klassische Konzept, das sowohl Pflanzenbeschreibungen als auch Bestimmungsschlüsseln zugrunde liegt. Abweichende Definitionen („Merkmal = Apomorphie = abgeleiteter Merkmalszustand“, HENNIG 1966) schränken die Anwendbarkeit des Begriffes Merkmal unnötigerweise auf bestimmte Analyseverfahren (hier Kladistik) ein und sind daher zu verwerfen. In der Praxis spielen derartige unterschiedliche Definitionen keine Rolle. Bei theoretischen Erörterungen oder graphischen Stammbaum-Darstellungen können Unterschiede in diesen Definitionen allerdings für einige Verwirrung sorgen.

Wie das obige Beispiel zeigt, kann man dabei verschiedene Typen von Merkmalen unterscheiden. Können die Zustände eines Merkmales in einer logischen Reihe (Merkmalsphylogenie) angeordnet werden, so spricht man von „geordneten Merkmalen mit mehreren Zuständen“ (*ordered multistate*, Abk. OM). Das Merkmal 5, Fruchtknotenstellung ist ein solches OM Merkmal. Läßt sich keine solche Ordnung vorgeben, handelt es sich um „ungeordnete Merkmale mit mehreren Zuständen" (*unordered multistate*, Abk. UM). Ein gutes Beispiel dafür ist das Merkmal „Blütenfarbe". Merkmale, die nicht durch Beschreibung von Zuständen, sondern durch Angabe einer Zahl angegeben werden, werden als RN *(real numeric)* oder IN *(integer numeric)* bezeichnet, je nachdem ob reelle Zahlen (Brüche) angegeben werden dürfen, wie z. B. bei der Blattlänge, oder nur ganze Zahlen wie z. B. bei der Anzahl der Blütenblätter. Außerdem gibt es im DELTA Format noch Text„merkmale", welche die Angabe von solchen Informationen zulassen, die sich nicht in das Schema Merkmal – Merkmalszustand pressen lassen und die vor allem für ergänzende Kommentare gedacht sind. Die Kombination Merkmal + Merkmalszustand (also das was vielfach sonst als Merkmal bezeichnet wird) wird hier als *„Attribut"* bezeichnet. Eine derartige Unterscheidung von Merkmalstypen ist dann von Bedeutung, wenn man Merkmale standardisiert zur automatischen Auswertung mittels EDV erfassen will.

Basierend auf der oben gezeigten Merkmalsliste wird als zweiter Schritt eine standardisierte Beschreibung der Pflanze erstellt, die nicht die Merkmale und Merkmalszustände, sondern nur deren Code-Nummern enthält. Eine solche Beschreibung sieht etwa wie folgt aus:

1. Planta mirabilis/
1,1 2,3–5 3,V 5,2 6, Gartenformen können stark abweichen und sind dann nicht bestimmbar

Solche Merkmalslisten und Beschreibungslisten können für verschiedene Zwecke verwendet werden. Die wichtigsten Anwendungen sind die Erstellung von gedruckten Schlüsseln, die Verwendung zur Online-Bestimmung als sogenannter *Multi-Access-Schlüssel* (in gewisser Hinsicht vergleichbar dem synoptischen Schlüssel, S. 150) oder die Erstellung von einheitlich strukturierten Beschreibungen für eine größere Pflanzengruppe.

Die Beschreibung wird aus der Zahlenkolonne des obigen Beispiels zusammengesetzt, indem man einem Programm vorgibt, welche Merkmale zu einem Satz zusammengefaßt werden sollen und an welchen Stellen ein neuer Absatz gemacht werden soll. Bekommt das Programm die Anweisung, die Merkmale 1 und 2 zu einem Satz zusammenzufassen, so lautet das Ergebnis „Blüten rot, 3–5zählig". Der Satz wird also direkt aus Merkmal und Zustand zusammengebaut; wenn mehrere Merkmale und Zustände zu einem Satz zusammengefaßt werden, wird das Merkmal nur beim ersten Mal genannt. Dies erklärt auch die zunächst seltsame Formulierung „Blüten < Farbe >". Der außerhalb der spitzen Klammern stehende Teil ist nur zusammen mit einem Merkmalszustand wirklich verständlich. Der Text in den spitzen Klammern wird in der Beschreibung weggelassen, anderenfalls käme die nicht sehr befriedigende Formulierung „Blütenfarbe blau, Zähligkeit 3–5zählig" zustande.

Mit DELTA konstruierte Bestimmungsschlüssel haben den großen Vorteil, daß sie in sich auf jeden Fall widerspruchsfrei sind. Es kann hier nicht passieren, daß ein Blatt, das man gerade noch als tief gelappt und nicht als gefiedert bezeichnen mußte, wenige Schlüsselfragen später dann doch gefiedert sein muß. Den wohl wichtigsten Vorteil bietet aber die Möglichkeit des interaktiven Bestimmens. Während man im klassischen Schlüssel an eine vorgegebene Abfolge der Merkmale gebunden ist und daher beim Fehlen einzelner Merkmale (keine Früchte oder nur Früchte und keine Blüten mehr usw.) in große Schwierigkeiten gerät, obwohl die vorhandenen Merkmale für eine eindeutige Bestimmung ausreichen, tritt dieses Problem bei der interaktiven Bestimmung nicht auf. Das Bestimmungsprogramm kann an jeder Stelle des Bestimmungsganges errechnen, welches Merkmal für eine rasche Bestimmung am günstigsten ist und entsprechende Vorschläge unterbreiten. Aus der Sicht der Mathematik und damit für das Programm ist dasjenige Merkmal am günstigsten, um mit der Bestimmung fortzufahren, das die (noch) in Frage kommenden Taxa in zwei möglichst gleich große Gruppen unterteilt. Man kann dann aber frei auswählen und ein besonders gut analysierbares Merkmal dem theoretisch besten vorziehen, z.B. ein makroskopisches Merkmal einem nur mikroskopisch erfaßbaren. Hat man eine Pflanze mit einem besonders auffallenden (d.h. meist seltenen) Attribut, z.B. epiphytische Lebensweise bei Gefäßpflanzen in der Flora von Deutschland, dann ist es sinnvoll, gleich mit diesem Merkmal zu beginnen. Umgekehrt nützt es wenig, mit einem Merkmal zu beginnen, bei dem der häufige Zustand ausgeprägt ist. Bei einer terrestrischen Pflanze aus Deutschland würde die Frage nach epiphytischer oder terrestrischer Lebensweise nur den Tüpfelfarn ausschließen.

Das DELTA Format wurde von Dallwitz und Paine (1986) im Entomologischen Institut des CSIRO (Canberra, Australien) entwickelt. Das Format und mehrere darauf basierende Programme sind in verschiedenen Publikationen ausführlich beschrieben und dokumentiert. Eine übersichtliche Einführung in die Theorie der Bestimmung und in die Programmlogik von Bestimmungsprogrammen gibt Pankhurst (1978). Die Ausarbeitung klarer und theoretisch fundierter Grundsätze für die Beschreibung von Organismen hat DELTA inzwischen zu einem international verbreiteten Standard für Zoographie und Phytographie werden lassen.

3.4 Nomenklatur

3.4.1 Die wichtigsten Regeln des Internationalen Codes der Botanischen Nomenklatur

Wir haben bereits zu Anfang erwähnt, daß es notwendig ist, die voneinander zu unterscheidenden und ihrer Kategorie nach bestimmten Pflanzensippen (Taxa) eindeutig zu bezeichnen. Dafür stünde an sich auch in unserer Sprache eine Fülle von Volksnamen, und zwar sowohl für Arten als auch für Gattungen oder Familien zur Verfügung. Sie sollen sicherlich nicht in Vergessenheit geraten, haben für den wissenschaftlichen Gebrauch jedoch den Nachteil, von einem Landesteil zum anderen sehr verschieden und häufig vieldeutig zu sein. Man bedenke nur, wie viele Blütenpflanzen allein den Namen „Butterblume“ tragen, oder, daß eine so häufige und als Gemüse gegessene Pflanze wie *Valerianella locusta* in der einen Gegend „Feldsalat“, in anderen hingegen „Nüßchen“, „Vogerlsalat“, „Rapunzel“ usw. genannt wird. Zudem gibt es für zahlreiche ausländische Pflanzen keine Volksnamen, zumindest kennen wir diese nicht.

Zur eindeutigen und international einheitlichen Kennzeichnung werden die Pflanzen daher mit wissenschaftlichen (lateinischen und latinisierten) Namen benannt, deren Aufstellung und Gebrauch durch den International Code of Botanical Nomenclature (1988) festgelegt ist. Die Regeln dieses Codes gliedern sich in 76 streng einzuhaltende „Artikel“, zu deren Anwendung meist noch eine Anzahl von „Empfehlungen“ gegeben wird. Den Artikeln mit den dazugehörigen Empfehlungen sind „Grundsätze“ (I–VI) vorangestellt, welche „die Grundlage des Systems der botanischen Nomenklatur“ bilden. Den ersten dieser Grundsätze, „Die botanische Nomenklatur ist von der zoologischen Nomenklatur unabhängig“, haben wir zuvor schon erwähnt.

Die wichtigsten Vorschriften des Codes sind:

1. Jeder Name einer Art ist an einen „nomenklatorischen Typus“, ein Typusexemplar (meist eine herbarisierte Pflanze) gebunden (Grundsatz II), das der Beschreibung zugrunde gelegen hat und entsprechend bezeichnet wurde (Art. 7–10, 37); für die Gattung gilt jeweils eine bestimmte Art, für die Familie eine bestimmte Gattung als Typus (die bei der Erstbeschreibung anzugeben sind); Entsprechendes gilt für alle Kategorien bis hin zur Ordnung (Art. 10).

Das einzelne Exemplar, welches der Autor eines Taxons benutzt oder als nomenklatorischen Typus bezeichnet hat, ist der *Holotypus*. „Solange ein Holotypus vorhanden ist, ist durch ihn die Anwendung des betreffenden Namens automatisch festgelegt“ (Art. 7.3). „Der nomenklatorische Typus braucht nicht der typischste oder repräsentativste Bestandteil eines Taxons zu sein“ (Art. 7.2). Oft sind nach der Veröffentlichung einer Originalbeschreibung vollständigere oder repräsentativere Exemplare des betr. Taxons gesammelt worden, jedoch: „Eine Bezeichnung des Typus durch den ursprünglichen Autor ist endgültig, wenn sie zum Zeitpunkt der Originalveröffentlichung des Taxons bestimmt zum Ausdruck gekommen ist. Schloß er nur ein Element ein, so muß dieses als Holotypus angenommen werden“ (Art. 7.4). Dubletten des Holotypus (mit derselben Sammlernummer) sind *Isotypen* (Art. 7.6); ein *Syntypus* „ist jedes von zwei oder mehr von einem Autor, der keinen Holotypus bezeichnet, aufgeführten oder von ihm gleichzeitig als Typen bezeichneten Exemplare“ (Art. 7.7). „Wenn vom Autor eines Namens kein Holotypus angegeben worden ist, wenn der Holotypus verlorengegangen oder vernichtet worden ist", ... „so kann als Ersatz für diesen" ein *Lectotypus* „oder, sofern zulässig" (Art. 7.9), „ein Neotypus bezeichnet werden" (Art. 7.4).

„Seit dem 1. Jan. 1958 ist der Name eines neuen Taxons auf der Rangstufe der Gattung oder darunter nur dann gültig veröffentlicht, wenn der Holotypus des Namens angegeben wird" (Art. 37.1). – Über die Verpflichtung zur Abfassung einer lateinischen Diagnose (Art. 36) vgl. S. 146.

„Ein *Paratypus* ist ein Exemplar oder eine Abbildung, welche(s) im Protolog zitiert wird, aber weder der Holotypus noch ein Isotypus noch ... einer der Syntypen ist" (Art. 7.8). Der *Neotypus* „ist ein Exemplar oder eine Abbildung, welche(s) als nomenklatorischer Typus gewählt wird, solange das gesamte Material, auf das der Name des Taxons gegründet ist, nicht auffindbar ist" (Art. 7.9).

Bei der Zerlegung einer Gattung in zwei oder mehr Gattungen wird der alte Gattungsname für diejenige Gattung beibehalten, welche den Typus der alten Gattung umfaßt (Art. 52). Entsprechend verfährt man bei der Aufteilung einer Art (Art. 53). Auch hier bleibt der Name eines Taxons fest mit dem entsprechenden Typusexemplar verknüpft.

2. Der jeweils älteste den Nomenklaturregeln entsprechende Name ist der korrekte (Art. 6), sofern er nicht mit dem Namen einer anderen früher beschriebenen Sippe gleichlautet (älteres Homonym, Art. 64); das gilt auch bei der Vereinigung von Taxa (Art. 51).

3. Jeder Artname stellt eine binäre Kombination (Art. 23) eines Gattungsnamens (z. B. *Bellis*) mit einem die betreffende Art kennzeichnenden Epitheton (z. B. *perennis*) dar; dazu kommt nötigenfalls – meist in Abkürzung – noch der Autor, der die betreffende Art zuerst unter dem genannten Namen beschrieben hat (Art. 46), also *Bellis perennis* L. (für LINNÉ). Bei späteren Überführungen einer Art in eine andere Gattung wird vor dem Autor, der die Umstellung vorgenommen hat, auch der Name des ersten Autors (in Klammern) genannt (Art. 49). Nach der Überführung der von LINNÉ als *Valeriana rubra* beschriebenen Spornblume zur Gattung *Centranthus* durch A. P. DE CANDOLLE (= DC.) lautet deren vollständiger Name somit *Centranthus ruber* (L.) DC.; stellt man *Anemone vernalis* L. zur Gattung *Pulsatilla*, so heißt der vollständige Name *Pulsatilla vernalis* (L.) MILL. Das Epitheton *'vernalis'* bleibt also erhalten (Art. 55), es sei denn, die sich ergebende Kombination würde ein jüngeres Homonym (vgl. Art. 64) eines schon früher gültig veröffentlichten Namens darstellen.

Die Benennung von Unterarten oder Varietäten erfolgt durch weitere lateinische Bezeichnungen, z. B. *Valeriana celtica* L. subsp. *norica* VIERH. Wenn eine Art weiter unterteilt wird, muß es mindestens zwei Untereinheiten geben, nämlich diejenige, zu welcher der Typus der Art gehört, und diejenige, zu welcher der Typus der abweichenden Untereinheit gehört. Die typische Untereinheit erhält als Namen ein sogenanntes *Autonym*. Durch die Beschreibung von *Valeriana celtica* L. subsp. *norica* VIERH. entsteht automatisch eine zweite Unterart

Valeriana celtica L. subsp. *celtica*, die durch den Typus von *V. celtica* L. typisiert ist. Dem automatisch gebildeten Epitethon subsp. *celtica* folgt keine Autorenangabe.

C. v. LINNÉ wandte 1753 in den ›Species plantarum‹ die binäre Nomenklatur konsequent an; bei der Nomenklatur vieler Gruppen gilt dieses Jahr als Ausgangspunkt für die gültige Veröffentlichung von Namen. Die unter 2. erläuterte sog. Prioritätsregel ist also – durch Art. 13 – insofern eingeschränkt, als man bei der Feststellung der ältesten Namen für Samenpflanzen und Farne (Spermatophyta und Pteridophyta) nicht weiter als bis zum Jahre 1753 (1. Mai), dem Erscheinungsjahr der 1. Auflage von LINNÉS ›Species plantarum‹, zurückgeht, bei vielen Gruppen noch weniger weit (z. B. Laubmoose, Musci, bis zum 1. Januar 1801, dem Erscheinungsdatum von HEDWIGS ›Species Muscorum‹). Der Grund für diese Maßnahme liegt darin, daß die uneingeschränkte Befolgung der Prioritätsregel in der Praxis nicht die angestrebte Stabilität der Nomenklatur erreichte, sondern immer wieder infolge des Auffindens älterer gültig veröffentlichter Nomina zu Änderungen von Namen führte, die bereits über lange Zeit im Gebrauch waren. Es besteht daher in zunehmendem Maße die Tendenz, allgemein im Gebrauch befindliche Nomina – vor allem Gattungsnamen, in Zukunft aber auch wohl Artnamen –, die aufgrund der Prioritätsregel geändert werden müßten, zu konservieren. Schon jetzt umfaßt der Nomenklaturcode eine Liste der Nomina generica conservanda.

Weitere wichtige Regelungen beziehen sich auf die *wirksame* (Art. 29–31) und *gültige* (Art. 32–45, Art. 75) Veröffentlichung eines Namens und dessen regelmäßige Form (Art. 23); die Kleinschreibung aller Epitheta – z. B. auch solcher, die von Personennamen abgeleitet sind (z. B. *willkommii*) – entspricht übrigens nur einer Empfehlung (73 f.). Eine *wirksame* Veröffentlichung ist nur gegeben „durch Verteilung von Druckschriften (durch Verkauf, Tausch oder Schenkung) an die Öffentlichkeit oder zumindest an botanische Institutionen mit Bibliotheken, die Botanikern allgemein zugänglich sind“ (Art. 29). „Das Datum der wirksamen Veröffentlichung ist dasjenige, an dem die Druckschrift im Sinne von Artikel 29 zugänglich wird“ (Art. 30).

Wird der Name eines Taxons mit einer Beschreibung oder Diagnose oder entsprechenden Hinweisen von einem Autor in der Publikation eines anderen Autors veröffentlicht, so werden die beiden Autorennamen durch das Wort *'in'* miteinander verbunden, also z. B. *Viburnum ternatum* REHDER in SARGENT, Trees and Shrubs 2, 37 (1907) oder *Viburnum ternatum* REHDER (Art. 46.2). – Wenn dagegen ein Autor, der einen Namen veröffentlicht, ihn einer anderen Person zuschreibt, z. B. einem Autor, der nicht alle Bedingungen für die gültige Veröffentlichung eines Namens erfüllt, so ist das korrekte Autorzitat der Name des Autors, der die gültige Veröffentlichung vorgenommen hat; man kann aber – sofern erwünscht – den Namen der anderen Person gefolgt vom Wort *'ex'* vor dem Namen des gültig veröffentlichenden Autors einfügen, also

z. B. *Gossypium tomentosum* Seemann oder *G. tomentosum* Nutt. ex Seemann (Art. 46.3).

Die Bestimmungen des (von Greuter & Hiepko 1989 auch ins Deutsche übertragenen) International Code of Botanical Nomenclature können nur von einer Vollversammlung eines (alle 5 Jahre stattfindenden) Internationalen Botanischen Kongresses aufgrund einer von der Nomenklatur-Sektion dieses Kongresses eingebrachten Entschließung verändert werden. Für die Behandlung von Nomenklaturfragen sind zudem ständige Nomenklatur-Ausschüsse eingerichtet, die für die einzelnen großen Pflanzengruppen zuständig sind.

Die Regeln und Empfehlungen des Nomenklaturcodes erstrecken sich auf „das gesamte rezente und fossile Pflanzenreich". Für die Bakterien gibt es allerdings einen eigenen ›Internationalen Code der Nomenklatur der Bakterien‹ (Internat. Journ. Syst. Bact. 16 [1966] 459–490), ebenso für die Nomenklatur der Kulturpflanzen (International Code of Nomenclature of Cultivated Plants. Reg. Veget. 64 [1969]). Besondere Bestimmungen für die Namen von Bastarden werden im Anhang I des Internationalen Nomenklaturcodes gegeben.

3.4.2 Die wichtigsten Regeln des Internationalen Codes der Zoologischen Nomenklatur

Die Regeln des International Code of Zoological Nomenclature (3rd Ed., 1982 in dieser Fassung angenommen durch die Generalversammlung der Internat. Union of Biological Sciences; 1985) beruhen in ähnlicher Weise wie die Regeln der botanischen Nomenklatur auf der Tätigkeit einer ständigen Nomenklaturkommission (International Commission on Zoological Nomenclature) und den Beschlüssen internationaler Kongresse. Sie gliedern sich in eine Präambel, 88 Artikel (deren Regelungen verbindlich sind) sowie Empfehlungen (die nicht verpflichtend sind), dazu verschiedene Anhänge und ein Glossar, in dem die wichtigsten Begriffe des Codes definiert und erläutert werden. Die Bestimmungen des Codes gelten für alle lebenden und fossilen Tiere, regeln aber nur die Abfassung, Festlegung und Anwendung der wissenschaftlichen Namen der Taxa vom Rang der Species aufwärts bis zur Familie und abwärts bis zur Subspecies (Art. 1). Auch hier gilt 1. die Bindung der wissenschaftlichen Namen an nomenklatorische Typen, 2. das Prinzip der Priorität und 3. die Festlegung auf eine binäre Nomenklatur.

1. Durch Art. 61 a ist festgelegt, daß jeder Name eines Taxons an einen Typus gebunden ist. Der Typus einer Familie ist eine Gattung, der Typus einer Gattung eine Art und der Typus einer Art ein Typusexemplar, das als Holotypus, Lectotypus, Neotypus oder Syntypus bezeichnet ist. Obgleich es jedoch in Art. 45 c heißt: "The application of each speciesgroup name is determined by reference to the name-bearing type" und seit dem 1. 1. 1931 die ausdrückliche

Festlegung einer Typusart sogar Voraussetzung für die gültige Veröffentlichung („Verfügbarkeit") eines Gattungsnamens ist (Art. 13b), wird für die Bezeichnung eines Holotypus bei der Beschreibung einer neuen Art nur eine Empfehlung (73 A), aber keine zwingende Regelung ausgesprochen.

Ein *Holotypus* ist nach Art. 73a ein einzelnes Exemplar, das der Beschreibung einer neuen Art in der Originalveröffentlichung zugrunde gelegt wird. Soweit kein Exemplar als Holotypus bezeichnet wurde, gelten alle Exemplare, auf welche in der Beschreibung Bezug genommen wird, als *Syntypen* (Art. 73b), von denen ein Exemplar als *Lectotypus* (Art. 74) ausgewählt werden sollte. Der Fundort des als Lectotypus bezeichneten Exemplars gilt dann als *locus classicus* (Fundort des der Artbeschreibung zugrundeliegenden Typus). Wenn Holotypus, Lectotypus oder Syntypen verlorengegangen sind, kann, sofern dies notwendig erscheint, im Zuge einer Revision ein *Neotypus* bestimmt werden, wobei besondere Voraussetzungen zu beachten sind (Art. 75). Die Exemplare, welche neben einem ausdrücklich bezeichneten Holotypus der Beschreibung zugrunde gelegt wurden, werden als *Paratypen* bezeichnet (Art. 72a [iii], Empf. 73D). "Holotypes, syntypes, lectotypes, and neotypes are the bearers of the scientific names of all animal taxa. They are the international standards of reference that provide objectivity in zoological nomenclature. They are held in trust for science by all zoologists and by persons responsible for their safe keeping" (Art. 72g). Die feste Bindung eines wissenschaftlichen Namens an den Typus bzw. das Typusexemplar kommt besonders in folgenden Regelungen zum Ausdruck: Bei einer *Zerlegung* eines Taxons in zwei oder mehrere Taxa wird auch in der zoologischen Systematik der alte Name für dasjenige Taxon beibehalten, welches den Typus des alten Taxons umfaßt. Diese Regelung gilt in gleicher Weise für die Namen von Arten (Art. 47), Gattungen (Art. 44) und Familien (Art. 37a). Ein Taxon, das durch *Vereinigung* zweier oder mehrerer Taxa gleichen Ranges entsteht, erhält den ältesten den Nomenklaturregeln entsprechenden („verfügbaren") Namen unter den Namen der einbezogenen Komponenten (Art. 23d); auch dies gilt gleichermaßen für Arten, Gattungen und Familien.

Um *„verfügbar" (available)*, d.h. wirksam veröffentlicht zu sein, muß ein Name den Vorschriften des Nomenklaturcodes, insbesondere den Art. 8–20 genügen; dazu gehört ab 1931, daß er mit einer Beschreibung oder zumindest einem Hinweis auf eine solche verknüpft sein muß (Art. 12) und in einer Differentialdiagnose die unterscheidenden Merkmale gegenüber den benachbarten Taxa genannt werden (Art. 13a).

2. Die in Art. 23 (a) gefaßte Prioritätsregel besagt, daß der jeweils *älteste* den Nomenklaturregeln entsprechende (available) Name der *gültige (valid)* ist; die Priorität bleibt von Rangänderungen des betr. Taxons unberührt.

Bei der späteren Überführung einer Art in eine andere Gattung (Art. 48) bleibt der zweite Bestandteil des alten Namens erhalten, es sei denn, der durch die Kombination mit dem neuen Gattungsnamen gebildete Name wäre gleichlautend mit einem schon vorher vorhandenen Namen und stellt somit ein *jüngeres Homonym* dar. Ein solches darf nach Art. 52a nicht als gültiger Name gebraucht werden, was einer konsequenten Anwendung des Prioritätsprinzips entspricht (jüngere Homonyme sind auch bei Familiennamen [Art. 55] und Gattungsnamen [Art. 56] ungültig). Unter den „verfügbaren" (also den Nomenklaturregeln entsprechenden), aber als jüngere Namen für dasselbe Taxon bisher nicht gültigen Namen (Synonymen) ist dann der älteste als gültig anzusehen (Art. 60b). Wenn kein anderer verfügbarer Name vorhanden ist, muß der Gattungsname mit einem neu zu bildenden Artnamen kombiniert werden *(nomen novum)* mit eigenem Autor und Datum (Art. 60c), als Typus gilt dabei nach wie vor das Typusexemplar für die alte Namenskombination. – Zum Verständnis der näheren Bestimmungen der Art. 52–60 über die Gültigkeit von Homonymen und die Einsetzung von Ersatznamen sowie Ausnahmeregelungen ist die Unterscheidung von primären und sekundären Homonymen wichtig: Homonyme Artnamen, die ursprünglich für dieselbe Gattung veröffentlicht wurden, werden als *primäre Homonyme* bezeichnet, solche, die erst durch Überstellungen in eine andere Gattung entstehen, als *sekundäre Homonymen* (die nomenklatorische Behandlung der letzteren ist selbstverständlich abhängig von der taxonomischen Einordnung des betr. Taxons). Nach dem ›Code of Ethics‹ in Anhang A sollte kein Zoologe einen Ersatznamen für ein jüngeres Homonym zu Lebzeiten von dessen Autor veröffentlichen, ohne diesen Autor über die Feststellung der Homonymie informiert und ihm zumindest die Frist von 1 Jahr eingeräumt zu haben, selbst einen Ersatznamen zu veröffentlichen.

Die Prioritätsregel erfährt auch in der zoologischen Nomenklatur eine *Einschränkung*, und zwar dadurch, daß man (nach Art. 3) bei der Feststellung des jeweils ältesten Namens nur bis zum Veröffentlichungsdatum der 10. Auflage von LINNÉS ›Systema Naturae‹ (Stockholm 1959!) zurückgeht, das als *1. 1. 1758* angegeben wird; für die Gruppe der Spinnen (Araneae) gilt sogar ein prae-linnésches Werk als Bezugspunkt, nämlich C. CLERCKS ›Araneae suecici‹ (Stockholm 1757!) mit dem gleichfalls auf den 1. 1. 1758 festgesetzten Datum.

Um nachteilige Wirkungen der Prioritätsregel auf die Stabilität der wissenschaftlichen Namen zu vermeiden, kann die Nomenklaturkommission auf Antrag einen unbenutzten Namen, der nach der Prioritätsregel als älteres Synonym (Homonym) einen im allgemeinen Gebrauch befindlichen Namen ersetzen müßte, suspendieren. Voraussetzung ist, daß für die der Wiederauffindung des älteren Synonyms unmittelbar vorausgehenden 50 Jahre keine Verwendung dieses Synonyms bekannt ist und daß der Name, den es verdrängen würde, während desselben Zeitraums von mindestens 5 Autoren und in mindestens 10 Veröffentlichungen als gültiger Name des betreffenden Taxons angesehen wurde. Stichtag für diese Regelung ist der 1. 1. 1973. Ein zwischen dem 6. 11. 1961 und dem 1. 1. 1973 mit ausdrücklicher Begründung verworfenes

Synonym darf nicht ohne ausdrückliche Genehmigung der Nomenklaturkommission verwendet werden. Durch diese im Art. 79 formulierten Regelungen (weitere Verfahrensregelungen in Art. 80) soll also dasselbe Ziel erreicht werden wie in der botanischen Nomenklatur durch die Liste der Nomina conservanda. (Weitere, weniger wichtige Ausnahmen für die Anwendung der Prioritätsregel werden in Art. 20 und 23 g behandelt. Im übrigen fordert der bereits erwähnte ›Code of Ethics‹: "A zoologist should not himself establish a new taxon if he has reason to believe that another zoologist has already recognized the same taxon and is on the point of establishing it" ... "He should communicate with the other zoologist ...")

3. Die Namen von Arten werden auch in der Zoologie nach dem Prinzip der *binären Nomenklatur* aus zwei Bestandteilen gebildet, dem (mit großem Anfangsbuchstaben geschriebenen) Gattungsnamen und einem zweiten, stets mit kleinem Anfangsbuchstaben zu schreibendem Wort, dem Spezies-Namen (Art. 5). Anders als in der botanischen Nomenklatur werden aber die Namen von Unterarten durch einfaches Anhängen eines dritten Bestandteils, des Subspezies-Namens, an den Artnamen gebildet, und zwar ohne Einschiebung der Bezeichnung subsp. gebildet. Sie stellen somit *Trinomina* dar; auch der Subspezies-Name ist mit kleinen Anfangsbuchstaben zu schreiben (Art. 5 b). Im übrigen ist die konsequente Anwendung der binären Nomenklatur in einer Publikation Voraussetzung für die „Verfügbarkeit" (availability), d. h. die Legitimität, der darin veröffentlichten Namen, deren Bestandteile lateinische oder latinisierte Wörter sein müssen (Art. 11, dort auch Regelungen über Ausnahmen in der Literatur vor 1931). Die „Verfügbarkeit" eines Namens hängt ferner von der Einhaltung zahlreicher Bestimmungen über die Bildung und Schreibweise der wissenschaftlichen Namen (Art. 25–34) und die Form ihrer Veröffentlichung (Art. 7–9, 10) ab. Anders als in den botanischen Nomenklaturregeln (Art. 23, 55, 1) dürfen die Bestandteile eines Namens gleich lauten, also ein (gegebenenfalls sogar doppeltes) *Tautonym* sein. Die Kombination *Querquedula querquedula querquedula* (natürlich der Name einer Ente!) wäre somit zulässig.

Eine Besonderheit des zoologischen Nomenklaturcodes gegenüber der botanischen Nomenklatur stellt die Regelung über sog. „interpolierte Namen" in Art. 6 dar; sie bezieht sich auf die Möglichkeit, durch einen zwischen Gattungs- und Artnamen in Klammern eingefügten Namen die Untergattung oder die Artengruppe (Aggregat) zu bezeichnen, z. B. *Ornithoptera (priamus) lydius* FELDER.

Art. 50 und 51 regeln die Festlegung und das Zitieren der Autorennamen. Bei der späteren Überführung einer Art in eine andere Gattung wird der Name des ursprünglichen Autors der neuen Kombination in Klammern beigefügt. Wenn also *Taenia diminuta* RUDOLPHI in die Gattung *Hymenolepis* überführt wird, lautet der volle Name: *Hymenolepis diminuta* (RUDOLPHI). Es wird allerdings empfohlen (51c), dem in Klammern gesetzten Autorennamen (möglichst mit Jahresangabe der Veröffentlichung des ursprünglichen Namens) den Namen des Autors (ebenfalls mit Jahresangabe) folgen zu lassen, der die Umstellung veranlaßt hat, also z.B.: *Methiolepis geniculata* (STAL 1878) REHN 1957, auch die Form *Cancer pagurus* LINNAEUS sensu LATREILLE oder *Cancer pagurus* LINNAEUS: LATREILLE ist zulässig.

4. LITERATUR

4.1 Systematisieren als Voraussetzung wissenschaftlicher Erkenntnis

4.2 Grundlagen und Ziele der biologischen Systematik (*Zoologie)

Ax, P. (1984): Das phylogenetische System. Systematisierung der lebenden Natur aufgrund ihrer Phylogenese. Stuttgart, New York: G. Fischer.

– (1985): Die stammesgeschichtliche Ordnung in der Natur. Abh. Akad. Wiss. Lit. Mainz, math.-naturw. Kl. Jg. 1985, Nr. 4.

– (1988): Systematik in der Biologie. UTB 1502. Stuttgart: G. Fischer.

Bachmann, K., K. L. Chambers, J. Grau & H. J. Price (1985): Genetic Variation in *Microseris pygmaea* (Asteraceae-Lactuceae). – Beitr. Biol. Pflanzen 60, 51–88.

Bachmann, K. (1983): Genetic Analysis of Evolution Associated with Dispersal in Plants. Sonderb. naturwiss. Ver. Hamburg 7, 65–86.

Baer, K. E. v. (1828): Über die Entwicklungsgeschichte der Thiere. 1. Theil. Königsberg (Gebr. Bornträger).

Bailey, L. H. (1896): The Philosophy of Species Making. Botanical Gazette 22, 454–462.

Bessey, C. E. (1908): The Taxonomic Aspect of the Species Question. – Amer. Naturalist 42, 218–224, Lancester.

Bloch, K. (1956): Zur Theorie der naturwissenschaftlichen Systematik. Acta Biotheoretica Suppl. 1: 138 S.

Bogart, J. P. (1980): In: W. H. Lewis, Polyploidy, Biological Relevance, p. 341–378: Evolutionary Implications of Polyploidy in Amphibians and Reptiles. New York & London: Plenum Press.

Bonnier, G. (1985): Recherches expérimentales sur l'adaptation des plantes au climat alpin. Am. Sc. nat. (Botanique) 20, 217–360, pl. IV–XXI.

– (1920): Nouvelles observations sur les cultures expérimentales à diverses altitudes et cultures par semis. Revue gen. Bot 32, 305–326.

Bridges, C. B. (1922): The origin of variations in sexual and sex-limited characters. Amer. Naturalist 56, 51–63, Lancaster.

Briggs, D. und M. Walters (1969): Die Abstammung der Pflanzen, Evolution und Variation bei Blütenpflanzen. Kindlers Univ. Bibliothek. World Univ. Library.

Briggs, D. & M. Walters (1984/90): Plant variation and evolution. 2nd ed. 1984, korrigierter Nachdruck 1986, 1988, 1990.

Buffon, G.-L., L. De Comte (1753): Histoire naturelle des animaux. Vol. 4.

Buttler, K. P. (1969): *Draba dolomitica* Buttler, eine übersehene Art der Dolomiten und der Brenneralpen. Mitt. Bot. München 8, 539–566.

Buxbaum, F. (1951): Grundlagen und Methoden einer Erneuerung der Systematik der höheren Pflanzen. Wien 1951.

Camp, W. H. & C. L. Gilly (1943): The Structure and Origin of Species. – Brittonia 4. (New York Botanical Garden) New York.

Candolle, A. P. De (1813): Théorie élémentaire de la botanique. Chez Deterville, Paris.

Chambers, K. L. (1963): Amphitropical species pairs in *Microseris* and *Agoseris* (Compositae: Chichorieae). Quart. Rev. Biol. 38, 124–140.

Clarke, G. C. S. & J. G. Duckett (Eds.) (1979): Bryophyte Systematics. London, New York etc.: Academic Press.

Clausen, J., D. D. Keck & W. M. Hisey (1945): Experimental studies on the nature of species. II. Plant evolution through amphiploidy and autoploidy, with examples from the Madiinae. Carnegie Inst. Washington Publ. 564.

Clausen, J. D. (1951): Stages in the evolution of plant species. London, Ithaka, New York 1951.

Cuvier, G. (1812): Sur un nouveau rapprochement à établir entre les classes qui composent le règne animal. Ann. du Musée d'hist. nat. 19.

Czihak, G., H. Langer & H. Ziegler (1978): Biologie. Heidelberg: Springer.

Darwin, Ch. (1859): On the origin of species by means of natural selection, or the preservation of favoured races in the struggle for life. London.

Diels, L. (1921): Methoden der Photographie und Systematik. In: A. Abderhalden, Handbuch der biologischen Arbeitsmethoden, Abt. XI/1. Berlin 1921.

Dobzhansky, Th. (1935): A critique of the species concept in biology. Philosophy of Science 2, 344–355.

– (1939): Genetische Grundlagen der Artbildung. Jena.

– (1951): Genetics and the Origin of Species. 3rd ed. New York.

Dürken, B. (1949): Die Hauptprobleme der Biologie. München: F. Ehrenwirth.

Endress, P. K. (1974): Unbekannte Blütenpflanzen – Probleme der Großsystematik. Vierteljahrsschrift d. Naturforsch. Gesellschaft in Zürich Jg. 119, 1–21.

Erben, H. K. (1988): Die Entwicklung der Lebewesen, Spielregeln der Evolution. 2. Aufl. München, Zürich: Piper.

Ettl, H. (1980): Grundriß der allgemeinen Algologie. Stuttgart: Fischer Verlag.

Fott, B. (1971): Algenkunde, 2. Aufl. Jena: VEB Fischer.

Fox, W. (1951): Relationships among the Gartnersnakes of the *Thamnophis elegans* Rassenkreis. Univ. Calif. Publ. Zool. 50, 485–530.

Garcke, A. (1903): Illustrierte Flora von Deutschland. 19. Aufl. Berlin: Parey.

Gegenbaur, C. (1859): Grundzüge der Vergleichenden Anatomie. Leipzig: Engelmann.

– (1870): Grundzüge einer vergleichenden Anatomie. Leipzig: Engelmann.

– (1898): Vergleichende Anatomie der Wirbeltiere mit Berücksichtigung der Wirbellosen. I. Leipzig: Engelmann.

Gerstel, D. U. (1954): A new lethal combination in interspecific cotton hybrids. Genètics 39, 628–639.

Goebel, K. v. (1884): Vergleichende Entwicklungsgeschichte der Pflanzenorgane. In: A. Schenk (Hrsg.), Handbuch der Botanik (Encyklopaedie der Naturwissenschaften 1. Abt. 1. Teil). Breslau: Verlag E. Trewendt.

Goethe, J. W. v. (1790): Versuch die Metamorphose der Pflanzen zu erklären. Gotha: C. W. Ettinger.

Grant, V. (1959): Natural History of the Phlox Family. Vol. 1. Systematic Botany. Den Haag: M. Nyhoff.

– (1966): Selection for vigor and fertility in the progeny of a highly sterile species hybrid in *Gilia*. Genetics 53, 757–775.
– (1971): The Origin of Adaptations. New York & London: Columbia Univ. Press.
– (1976): Artbildung bei Pflanzen. Übersetzung der 1971 Originalausgabe Plant Speciation (New York u. London: Columbia Univ. Press 1971.) Berlin u. Hamburg: P. Parey.
Grell, K. G. (1973): Protozoologie. Berlin: Springer-Verlag.
Hennig, W. (1982): Phylogenetische Systematik. Pareys Studientexte 34. Berlin, Hamburg: Parey.
– (1984/86): Taschenbuch der Speziellen Zoologie. Wirbellose I. 5. Aufl. u. II. 4. Aufl. Thun, Frankfurt a. M.: Verlag Harri Deutsch.
Heslop-Harrisson (1963): Species Concepts: Theoretical and Practical Aspects. In: T. Swain (Ed.), Chemical Plant Taxonomy. New York: Academic Press.
Hesse, R. (1924): Tiergeographie auf ökologischer Grundlage. Jena: [*] Fischer Verlag.
Heywood, V. H. & D. M. Moore (Eds.) (1984): Current Concepts in Plant Taxonomy (The Systematics Association Special Vol. 25) London etc.: Academic Press.
Huxlex, J. (1940): Introductory: Towards the New Systematics. In: Huxley (Ed.), The New Systematics, London, p. 1–46.
Johannsen, W. (1903): Erblichkeit in Populationen und reinen Linien. Jena: Fischer.
Jordan, A. (1873): Remarques sur le fait de L'existence en société à l'état sauvage des espèces végétales affines. Bull. Ass. fr. Avanc. Sci., 2, Session. Lyon.
Kaestner, A. (1969): Lehrbuch der Speziellen Zoologie. Bd. I. Wirbellose Tiere. 1. Teil. 3. Aufl. Stuttgart: G. Fischer.
– (1980 u. 1982) (Hrsg. H. E. Gruner): Lehrbuch der Speziellen Zoologie. Bd. I. Wirbellose Tiere. 1. u. 3. Teil. 4. Aufl. Stuttgart: G. Fischer.
Kämpfe, L. (1980): Evolution und Stammesgeschichte der Organismen. Jena/Stuttgart: Fischer.
Kaudewitz, F. (1983): Genetik. UTB 1015. Stuttgart: Ulmer.
Keck, D. D. & W. R. Hiesey (1947): Heridity of geographically and ecologically isolated races. Amer. Nat. 81, 114–133.
Keck, D. D. & W. R. Hiesey (1940–1958): Experimental studies on the nature of species I. V. Carnegie Inst. Wash. Publ. 520, 1940; 564, 1945; 581, 1948; 615, 1958 (Clausen & Hiesey). Vgl. besonders: II. Plant evolution through amphidiploidy and autoploidy, with examples from the Mediinae 564, 1945.
Keck, D. D. and W. M. Hiesey (1939): The concept of species based on experiment. Amer. J. Bot. 26, 103–106.
Keck, D. D. & W. M. Hiesey (1941): Experimental taxonomy. Carnegie Inst. Washington, Yearbook 40, 160–170.
Kerner von Marilaun, A. (1869): Die Abhängigkeit der Pflanzengestalt von Klima und Boden. Innsbruck: Wagner.
Klebs, G. (1905): Über die Variation der Blüten. Jb. wiss. Botanik 42, 155–320.
Kleinschmidt, O. (1926): Die Formenkreislehre und das Werden des Lebens. Halle: Gehbauer-Schwetschke.
Kraus, O., u. K. Kubitzki (1982): Biologische Systematik. Denkschrift im Auftrag der Deutschen Forschungsgemeinschaft. Weinheim 1982: Verlag Chemie.
Kühn, A. (1939): Grundriß der Vererbungslehre. Leipzig: Quelle u. Meyer.

Lamprecht, H. (1959): Der Artbegriff, seine Entwicklung und experimentelle Klarlegung. Agri Hortique Genetica 17, 1–264.
Lems, K. (1960): Botanical notes on the Canary Islands. II. The evolution of plant forms in the islands: Aeonium. Ecology 41, 1–17.
Lewis, H. & M.E. Lewis (1955): the Genus *Clarkia*. Univ. Calif. Publ. Botany 20, 241–392.
Lewis, H. & M.R. Roberts (1956): The origin of *Clarkia lingulata*. Evolution 10, 126–138.
Lewis, H. (1962): Catastrophic selection as a factor in speciation. Evolution 16, 257–271.
– (1966): Speciation in Flowering Plants. Science 152, 167–172.
– (1967): The taxonomic significance of autoploidy. Taxon 16, 267–271.
– (Ed.) (1980): Polyploidy. Biological Relevance. New York & London: Plenum Press.
Lindley, J. (1832): Introduction to Botany. London.
Lokki, J. & A. Saura (1980): In: W.H. Lewis (Ed.), Polyploidy, Biological Relevance, p. 277–312: Polyploidy in Insect Evolution. New York & London: Plenum Press.
Mägdefrau, K. (1973): Geschichte der Botanik. Stuttgart: G. Fischer.
Mayr, E. & P.D. Ashlock (1991): Principles of Systematic Zoology. 2nd Ed. New York etc.: Mc Graw-Hill, Inc.
Mayr, E. (1967): Artbegriff und Evolution. Dt. Übersetzung von Heberer und Stein. Hamburg – Berlin 1967.
– (1975): Grundlagen der zoologischen Systematik. Aus dem Englischen übertragen und bearbeitet von O. Kraus. Hamburg: Parey. Engl. Ausgabe 1969. New York etc.: Mc Graw-Hill, Inc.
– (1982): Speciation and Macroevolution. Evolution 36, 1119–1132.
Merxmüller, H. (1949): Fragen des Artbegriffes in der Botanik, Naturw. Rundschau 2, 68–73.
– (1966): Systematische Botanik – damals und heute. Ber. bayer. Botan. Ges. XXXIX. München.
– (1968): Moderne Probleme der Pflanzensystematik. Arb.-gem. Forsch. Nordrhein-Westf. 183, 1968.
– (1972): Systematic botany – an unachieved synthesis. Biol. Linn. Soc. 4, 311–321.
Meusel, H. (1951): Die Bedeutung der Wuchsform für die Entwicklung des natürlichen Systems der Pflanzen. Repert. spec. nov. Fedde 54, 137–172.
Moore, D.M. & H. Lewis (1966): Variation and Evolution in South American *Clarkia*. – Heridity 21, 37–56.
Müntzing, A. (1930): Über Chromosomenvermehrung in *Galeopsis*-Kreuzungen und ihre phylogenetische Bedeutung. Hereditas 14, 153–172.
– (1932): Cyto-genetic investigations on synthetic *Galeopsis tetrahit*. Hereditas 16, 105–154.
Nägeli, C. von (1884): Mechanisch-physiologische Theorie der Abstammungslehre. München u. Leipzig.
Newton, M.E. (1983): Cytology of the Hepaticae and Anthocerotae. In: R.M. Schuster (Ed.), New Manual of Bryology 117–148. Nichinan, Japan: Hattori Botanical Laboratory.
Osche, G. (1966): Grundzüge der allgemeinen Phylogenetik. In: Handbuch der Biologie. Bd. III/2. Frankfurt a.M.: Athenaion Akad. Verlagsges., 817–906.

– (1974): Evolution, Grundlagen-Erkenntnisse, Entwicklungen der Abstammungslehre. Freiburg i. Br., Basel, Wien: Herder.
Owen, R. (1848): On the archetype and homologies of the vertebrate skeleton. London: R. and J. E. Taylor.
Peters, D. St. (1970): Über den Zusammenhang von biologischem Artbegriff und phylogenetischer Systematik. Aufsätze u. Reden d. Senckenberg. Naturforsch. Ges. Frankfurt a. M.
Peters, G. und B. Klausnitzer (1976): Phylogenetische Systematik als Methode zur Erforschung der Stammesgeschichte der Tiere. Biol. Rdsch.
Plate, L. (1901): Anatomie und Phylogenie der Chitonen, Zool. Jahrb., Supp. 5.
– (1907): Die Variabilität und die Artbildung nach dem Prinzip geographischer Rassenketten bei den *Cerion*-Landschnecken der Bahama-Inseln. Arch. Rassenbiol. 4, 433–470, 481–614, 5 Taf.
– (1914): Prinzipien der Systematik mit besonderer Berücksichtigung des Systems der Tiere. Kultur der Gegenwart, 3. Teil, Abt. IV, Bd. 4, 92–164.
Portmann, A. (1948): Einführung in die Vergleichende Morphologie der Wirbeltiere. Basel: B. Schwabe & Co.
Remane, A., V. Storch & U. Welsch (1985): Kurzes Lehrbuch der Zoologie. Stuttgart: Fischer.
Remane, A. (1956): Die Grundlagen des Natürlichen Systems, der Vergleichenden Anatomie und Phylogenetik. 2. Aufl. Leipzig 1956.
Rensch, B. (1929): Das Prinzip geographischer Rassenkreise und das Problem der Artbildung. Berlin: Gebr. Borntraeger.
– (1954): Neuere Probleme der Abstammungslehre. Stuttgart: Enke.
– (1972): Neuere Probleme der Abstammungslehre. Die transspezifische Evolution. Stuttgart: Enke.
Robinet, J. B. R. (1768): Considérations philosophiques de la gradation naturelle de l'être. Paris.
Rothmaler, W. (1955): Allgemeine Taxonomie und Chorologie der Pflanzen. 2. Aufl. Jena 1955.
Schultz, R. J. (1980): In: W. H. Lewis (Ed.), Polyploidy, Biological Relevance, p. 313–340; Role of Polyploidy in the Evolution of Fishes. New York & London: Plenum Press.
Schwanitz, F. (1971): Die Entstehung der Kulturpflanzen als Modell für die Evolution der gesamten Pflanzenwelt. In: G. Heberer (Hrsg.): Die Evolution der Organismen. Bd. II/2. Stuttgart 1971.
Schweiger, H. (1969): Gebirgssysteme als Zentren der Artbildung. Dtsch. Ent. Z. N. F. 16, 159–174.
Si, G. S. (1961): Principles of Animal Taxonomy. New York: Columbia Univ. Press.
Siewing, R. (1976): Probleme und neuere Erkenntnisse in der Großsystematik der Wirbellosen. Verh. Dtsch. Zool. Ges. Hamburg, 59–83.
– (Hrsg.) (1982): Evolution. UTB 748. 2. Aufl. Stuttgart. [*].
Simpson, G. G. (1965): The Geography of Evolution. Philadelphia: Chilton Co.
Stebbins, G. L., jr. (1950): Variation and Evolution in Plants. New York: Columbia Univ. Press.
– (1959): The Role of Hybridization in Evolution. Proc. Amer. Phil. Soc. 103, 1959.
– (1980): Evolutionsprozesse. 2. Aufl. Stuttgart 1980.

Steenis, C. G. G. J. van (1957): Specific and infraspecific delimination. In: Flora Malesiana, ser. I, vol. 5/3. Leiden.
Storch, V., & U. Welsch (1991): Systematische Zoologie. 4. Aufl. Stuttgart, New York: G. Fischer.
Strasburger, E. (1978): Lehrbuch der Botanik für Hochschulen. 31. Aufl. (bearb. von D. v. Denffer, H. Ziegler, F. Ehrendorfer & K. Mägdefrau). Stuttgart: Fischer.
Stresemann, E., & N. W. Timoféeff-Ressovsky (1943): Ökologische Sippen-, Rassen- und Artunterschiede bei Vögeln. J. f. Ornith. 91, 305–324.
Stresemann, E., & N. W. Timoféeff-Ressovsky (1947): Artentstehung in geographischen Formenkreisen. Biol. Zentralblatt 66.
Stützel, T. (1982): Zur Funktion und Evolution köpfchenförmiger Blütenstände. Beitr. Biol. Pflanzen 56, 439–468.
Takhtajan, A. (1991): Evolutionary Trends in Flowering Plants. Irvington NY.
Wagenitz, G. (1967): Betrachtungen über die Artenzahlen der Pflanzen und Tiere. Sitz.-Ber. Ges. Naturf. Freunde Berlin N.F. 7, 79–93.
Wagner, M. (1868): Die Darwinsche Theorie und das Migrationsgesetz der Organismen. Leipzig.
– (1870): Über den Einfluß der geographischen Isolierung und Colonienbildung auf die morphologischen Veränderungen der Organismen. Sitz.-Ber. königl. bayer. Akad. Wiss. München 187, II, 154–174.
Weberling, F., & H. O. Schwantes (1987): Pflanzensystematik. 5. Aufl. UTB 62. Stuttgart: Ulmer.
Wettstein, R. v. (1924): Handbuch der Systematischen Botanik. Leipzig und Wien: Fr. Deuticke.
White, M. J. D. (1978): Modes of Speciation. San Francisco: Freeman.

4.3 Arbeitsmethoden der Phytographie und Zoographie und der Systematik

Diels, L. (1921): Methoden der Photographie und Systematik. In: A. Abderhalden, Handbuch der biologischen Arbeitsmethoden. Abt. XI/1. Berlin 1921.
Engler, A. (1926): Angiospermae. Kurze Erläuterung der Blüten- und Fortpflanzungsverhältnisse. In: A. Engler und K. Prantl (Hrsg.): Die natürlichen Pflanzenfamilien. Bd. 14 a. 2. Aufl. Leipzig 1926.
Lawrence, G. H. M. (1955): An Introduction to Plant Taxonomy. New York: Mac Millan & Co. 1955.
– (1962): Taxonomy of Vascular Plants. 6th Printing. New York 1962.

4.3.1 Das Untersuchungsmaterial (*Zoologie)

Ainsworth, G. E., & G. R. Bisby (1961): A Dictionary of the Fungi. Ed. 5. Commonwealth Mycological Institute, Kew.
Anderson, R. M. (1965): Methods of collecting and preserving vertebrate animals. 4th ed. Bull. nat. Mus. Canada., Dept. Mines 69 (Biol. Ser. 18). Ottawa. [*].

Anthony, H. E. (1945): The capture and preservation of small animals for study. Amer. Mus. natur. Hist. sci. Guide 61, 1–54. New York. [*].
Baumann, P. (1937): Baumanns neue Farbtonkarte System Prase. Aue: Baumann.
– (1948): Baumanns Farbtonkarte Atlas II. Aue: Baumann.
Bianco, S. L. (1899): The methods employed at the Naples zoological station for the preservation of marine animals (aus dem Italienischen übers. v. E. O. Hovey). U. S. nat. Mus. Bull., 39 (part M), 3–42. Washington. [*].
Biesalski, E. (1957): Pflanzenfarbenatlas für Gartenbau, Landwirtschaft und Forstwesen mit Farbzeichen nach DIN 6164. Göttingen: Musterschmidt.
Blake, S. F., & A. C. Atwood (1961/63): Geographical Guide to Floras of the World, Part I Africa, Australia, North America, South America, and Islands of the Atlantic, Pacific, and Indian Oceans (Originally publ. 1942), Reprint 1963 New York & London: Hafner Publ. Co.; Part II Western Europe (1961). U. S. Department of Agriculture Miscellaneous Publications 797, Washington D. C.
Bonner, C. E. B. (1962–1992): Index Hepaticarum. Weinheim: J. Cramer.
Christensen, C. (1906–1965): Index Filicum. 1 Band mit 4 Supplementen.
Committee of European science research councils (1977): Taxonomy in Europe. Interim report of a study by an ESRC ad hoc group. ESRC Review 13. Strasbourg. [*].
Copeland, E. B. (1947): Genera Filicum. Chronica Botanica Co. Waltham, Mass.
Corliss, J. O. (1963): Establishment of an international type-slide collection for the ciliate protozoa. J. Protozool. 10, 247–249. Lawrence, Kans. [*].
Dawson, E. Y. (1962): New Taxa of Benthic Green, Brown and Red Algae published since DeToni. Beaudette Foundation for Biological Research. Santa Ynez, California.
Eichler, H. J. (1977): Guidelines for the Preparation of Botanical Taxonomic Papers. Commonwealth Scientific and Industrial Research Organization, Australia (CSIRO). Canberra.
Farr, E. R., J. A. Leussink & F. A. Stafleu (1979): Index Nominum Genericorum (Plantarum). Regnum Vegetabile 100, 101, 102 sowie 113 (Supplement, Farr, Leussink & G. Zijlstra, 1986). Utrecht: Bohn, Scheltema & Holkema u. Den Haag: Junk.
Forman, L., & D. Bridson (Eds.) (1989): The Herbarium Handbook. Royal Botanic Gardens, Kew.
Francon, M. (1961): Progress in microscopy. New York. [*].
Frodin, D. G. (1984): Guide to the Standard Floras of the World. Cambridge: Cambridge Univ. Press.
Hamann, U., & G. Wagenitz (1977): Bibliographie zur Flora von Mitteleuropa. 2. Aufl. Berlin, Hamburg.
Heywood, V. H., & R. B. Clark (Eds.) (1982): Taxonomy in Europe. Final Report of the European Science Research Council's Ad Hoc Group on Biological Recordings, Systematics and Taxonomy. Amsterdam, New York, Oxford: North – Holland Publishing Co.
Index Kewensis plantarum phanerogamum. 2 Bde. Oxonii 1893–95. Dazu bisher 18 Supplementbde. ab 1901 (teils nachgedruckt seit 1941), seit 1987 als Kew Index for 1986 usw. jährlich. Oxford: Clarendon.
Index Londinensis to Illustrations of Flowering Plants, Ferns and Fern Allies. 6 vols., 2 supp. Oxford 1929–41.
Index of Fungi, A list of new names of new genera, species, infraspecific taxa, new combi-

nations and new names compiled from the world literature (Ed. Commonwealth Mycological Institute, Slough, England, begonnen von S. P. Whitshire) seit 1940.

International Association for Plant Taxonomy. Catalogue of publications 1971. Regn. Veget.; Taxon; Index Nominum Genericorum. – International Bureau for Plant Taxonomy and Nomenclature. Tweede Transitorium, Uithof, Utrecht, Netherlands.

International Bureau for Plant Taxonomy and Nomenclature der IAPT, 1954–1983: Index Herbariorum Part II: Collectors. Regn. Veget. 2 (1954, A–D), 9 (1957, E–H), 86 (1972, I–L), 93 (1976, M), 109 (1983, N–R). Utrecht, Netherlands.

International Bureau for Plant Taxonomy and Nomenclature der IAPT, 1990: Index Herbariorum I: The Herbaria of the world, 8. ed. (P. Holmgren, N. H. Holmgren & L. C. Barnett [Eds.]) Regn. Veget. 120. Utrecht, Netherlands.

International Bureau for Plant Taxonomy and Nomenclature der IAPT, 1990: International directory of botanical gardens V, 5. ed. (C. A. Heywood, V. H. Heywood & P. W. Jackson, Compilers) Regn. Veget. XXXX 63. Utrecht, Netherlands.

Keuken, W. (1971): Directory of plant systematics 1970, members of IAPT. Regn. Veget. 72. Utrecht.

Kiger, R. W., T. D. Jacobsen & R. A. Lilly (1981): International Register of Specialists and Current Research in Plant Systematics. Pittsburgh.

Kirby, H. (1950): Materials and methods in the study of Protozoa. Berkeley, Calif. [*].

Knudsen, J. W. (1966): Biological techniques. Collecting, preserving, and illustrating plants and animals. New York. [*].

Kylin, H. (1954): Die Gattungen der Rhodophyceen. Lund: Gleerup.

Leenhouts, P. W. (1968): A Guide to the Practice of Herbarium Taxonomy. Regn. Veg. 58. Utrecht.

Lincoln, R. J., & J. G. Sheals (1979): Invertebrate Animals. Collection and Preservation. British Museum (Natural History). Cambridge: Univ. Press [*].

Lister, A., & G. Lister (1925): A Monograph of the Mycetozoa. A descriptive catalogue of the species in the herbarium of the British Museum. 3. Ed., 2 Bde. British Museum (Natural History).

MacFaden, A. (1955): A comparison of the methods for extracting soil arthropods. Soil Zool. 1955, 315–332. London. [*].

MacKenzie, I.: Index nominum lichenum inter annos 1932 et 1960 divulgatorum. New York: Ronald Press.

Merxmüller, H. (1968): Moderne Probleme der Pflanzensystematik. Arb. Gemeinschaft Forsch. Nordrhein-Westf. 183.

Mills, F. W. (1933–1935): An Index to the Genera and Species of the Diatomaceae and their Synonyms. 21 Teile. London: Wheldon & Wesley.

Natho, G., & I. Natho (1963): Herbartechnik. 3. Aufl. Lutherstadt: Wittenberg.

Oldroyd, H. (1958): Collecting, preserving and studying insects. New York. [*].

Peterson, A. (1934, 1937): A manual of entomological equipment and methods. Vol. 1 Ann. Arbor, Mich.; Vol. 2 St. Louis, Mo. [*].

Petrak, F. (1930–44): Verzeichnis der neuen Arten, Varietäten, Formen, Namen und wichtigsten Synonyme. In: Just's Botanischer Jahresbericht.

Piechocki, R. (1961, 1966): Makroskopische Präparationstechnik. Leitfaden für das Sammeln, Präparieren und Konservieren. Bd. 1: Wirbeltiere, XIV; Bd. 2: Wirbellose, XII. Leipzig. [*].

Rabenhorst, I. (1884–1966): Kryptogamenflora von Deutschland, Österreich und der Schweiz, 2. Aufl. 14 Bde. (1966). Leipzig: Akademische Verlagsgesellschaft Geest & Portig.

Regnum vegetabile. A series of publications for the use of plant taxonomists published under the auspices of the International Association for Plant Taxonomy. 1990, Königstein: Koeltz.

Russel, H. (1963): Notes on methods for the narcotisation, killing, fixation and preservation of marine organisms. Woods Hole, Mass.[*].

Saccardo, P. A. (1982–1925): Sylloge Fungorum omnium hucusque cognitorum. 25 Bde.

Schlösser, U. G. (1982): Sammlung von Algenkulturen. Ber. Deutsch. Bot. Ges. 95, 181–276.

Stafleu, F. (1967): Taxonomic literature. Regn. Veget. 52. Utrecht.

Stehli, G., & G. Brünner (1984): Pflanzensammeln – aber richtig. 11. Aufl. Stuttgart: Franckh.

Stephani, F. (1900–1924): Species Hepaticarum. 5 Bde. 1 Supplement.

Steudel, E. (1824): Nomenclator botanicus enumerans ordine alphabetico nomina atque synonyma tum generica tum specifica et a Linnaeo et recentioribus de re botanica scriptoribus, 2.

Tucker, A. O., M. J. Maciarello & S. S. Tucker (1991): A survey of color charts for biological descriptions. Taxon 40, 201–214.

Ulbrich, E. (1924): Präparations-, Konservierungs- und Frischhaltemethoden für pflanzliche Organismen und Anleitung für die Aufbewahrung von Sammlungen konservierter Pflanzen. In: A. Aberhalden (Hrsg.), Handbuch der biologischen Arbeitsmethoden. Abt. XI/1. Berlin – Wien.

Van Tyne, J. (1952): Principles and practices in collecting and taxonomic work. Auk, 69, 27–33. Cambridge, Mass. [*].

Vanlandingham, S. L. (1967–1979): Catalogue of the Fossil and Recent Genera and Species of Diatoms and their Synonyms. Lehre: Cramer.

Vogel, E. F. de (1987): Manual of Herbarium Taxonomy. Theory and Practice. UNESCO, Regional Office for Science and Technology for South East Asia. Jakarta.

Wagstaffe, R., & H. Fiedler (1955): The preservation of natural history specimens 1: Invertebrates. London. [*].

Willis, J. C. (1973): Dictionary of the Flowering Plants and Ferns. 8th ed. (rev. H. K. Airy-Shaw). Cambridge.

Womersley, J. S. (1981): Plant collecting and herbarium development. FAO Plant Production and Protection Paper. Food and Agriculture Organization of the United Nations (FAO). Rom.

Wood, R. D., & K. Imahori (1964–1965): A Revision of the Characeae. 2 Bde. Weinheim: J. Cramer.

Wyk, R. van der (Hrsg.) (1959–1969): Index Muscorum. Regnum vegetabile 17 (1959), 26 (1962), 33 (1964), 48 (1967), 65 (1969).

Zahlbruckner, A. (1921–1940): Catalogus Lichenum Universalis. 10 Bde. Berlin: Borntraeger.

Zander, R. (1984): Handbuch der Pflanzennamen. 13. Aufl. von F. Encke, G. Buchhelm und S. Seybold. Stuttgart.

4.3.2.1 Morphologie und Anatomie (*Zoologie)

Ax, P., R. B. Clark, R. Elofsson, C. O. Hermans, N. P. Kristensen, R. M. Rieger & M. H. Wake (Eds.) (1991): Zoomorphology. Berlin, Heidelberg: Springer-Verlag. [*]

Carlquist, S. (1988): Comparative Wood Anatomy: Berlin, Heidelberg: Springer-Verlag.

Cotthem, W. R. J. van (1970): A classification of stomatal types. Botanical Journ. of the Linnean Soc. 63, 235–246.

– (1971): Vergleichende morphologische Studien über Stomata und eine neue Klassifikation ihrer Typen. Ber. Deutsch. Bot. Ges. 84, 141–168.

Czaja, A. T. (1978): Stärke und Stärkespeicherung bei Gefäßpflanzen. Stuttgart, New York: Fischer.

– (1978): Structure of starch grains and the classification of vascular plant families. Taxon 27, 463–470.

Endress, P. K. (1974): Unbekannte Blütenpflanzen – Probleme der Großsystematik. Mitteilungen aus dem Botanischen Museum der Universität Zürich Nr. 269. Vierteljahrsschrift d. Naturforschenden Ges. in Zürich, Jg. 119 (1), 1–21.

Engler, A. (1926): Angiospermae. Kurze Erläuterung der Blüten- und Fortpflanzungsverhältnisse. In: A. Engler und K. Prantl. (Hrsg.), Die natürlichen Pflanzenfamilien. Bd. 14 a. 2. Aufl. Leipzig 1926.

Esau, K. (1969): Pflanzenanatomie. Ins Deutsche übertragen von B. und W. Eschrich. Stuttgart: G. Fischer.

Fahn, A. (1990): Plant Anatomy. 4th ed. Oxford, New York, Frankfurt a. M. etc.: Pergamon Press.

Gray, P (1958): Handbook of basic microtechnique. New York. [*].

Hummel, K. (1962): Die Verbreitung der Haartypen in den natürlichen Verwandtschaftsgruppen. In: K. Linsbauer (Hrsg.), Handbuch der Pflanzenanatomie IV. Teil 5, 207–292.

Kaussmann, B., & U. Schiewer (1989): Funktionelle Morphologie und Anatomie der Pflanzen. Stuttgart, New York: G. Fischer.

Kolb, G. (1991): Vergleichende Histologie. Cytologie und Mikroanatomie der Tiere. Berlin, Heidelberg: Springer-Verlag. [*]

Leins, P., S. C. Tucker & P. K. Endress (1988): Aspect of Floral Development. Berlin – Stuttgart: J. Cramer in Gebr. Borntraeger.

Linsbauer, K. G. (Hrsg.) u. a. (ab 1922): Handbuch der Pflanzenanatomie (2 mehrbändige Teile!), einzelne Bände in 2. Aufl. erschienen. Berlin, Stuttgart.

Merxmüller, H., & P. Leins (1966): Zum Blütenbau der Brassicaceae. Ber. Deutsch. Bot. Ges. 79, 250–252.

Merxmüller, H., & P. Leins (1967): Die Verwandtschaftsbeziehungen der Kreuzblütler und Mohngewächse. Bot. Jahrb. Syst. 86, 1–4, 113–129.

Metcalfe, C. R. (Ed.) (seit 1960): Anatomy of the Monocotyledons. Bisher 7 Bde.: I. Gramineae (Metcalfe 1960); II. Palmae (Tomlinson 1961); III. Commelinales – Zingiberales (Tomlinson 1969); IV. Juncales (Cutler 1969); V. Cyperaceae (Metcalfe 1971); VI. Dioscoreales (Ayensu 1972); VII. Helobiae (P. B. Tomlinson 1982).

Metcalfe, C. R., and L. Chalk (1979/83): Anatomy of the Dicotyledons. 2 vols. 2. ed. Oxford.

Multilingual Glossary of Terms used in Wood Anatomy. Committee on Nomenclature, In-

ternational Association of Wood Anatomists. Winterthur: Verlagsanstalt u. Buchdrukkerei Konkordia 1964.
Piperno, D.R. (1989): The occurence of phytoliths in the reproductive structures of selected tropical Angiosperms and their significance in tropical paleoecology, paleoethnology and systematics. Rev. Palaeobot. Palynol. 61, 147–173.
Portmann, A. (1948): Einführung in die Vergleichende Morphologie der Wirbeltiere. Basel: B. Schwabe & Co. [*].
Radford, A.E., W.C. Dickinson, J.R. Massey & R.C. Bell & Coll. (1974): Vascular Plant Systematics. New York, Evanston, San Francisco, London: Harper & Row, Publ.
Schmidt-Kittler, N., & K. Vogel (Eds.) (1991): Constructional Morphology and Evolution. Berlin, Heidelberg: Springer-Verlag.
Sinnott, E.W., & I.W. Bailey (1914): Investigations on the Phylogeny of Angiosperms. 3. Nodal Anatomy and the Morphology of Stipules. Amer. Journ. Bot. 1, 441–453.
Storch, V., & U. Welsch (1973): Einführung in die Cytologie und Histologie der Tiere. Stuttgart, New York: G. Fischer.
Troll, W., & H. Weber (1955): Morphologie einschließlich Anatomie, IV. Infloreszenzen. Fortschr. Bot. 17, 36–40.
Troll, W., & F. Weberling (1966): Die Infloreszenzen der Caprifoliaceen und ihre systematische Bedeutung. Abh. Akad. Wiss. Lit. Mainz, math.-nat. Kl. Nr. 5.
Troll, W., & F. Weberling (1981): Infloreszenzstudien an Aizoaceen, Mesembryanthemaceen und Tetragoniaceen. Akad. Wiss. Lit. Mainz, Reihe Trop. u. subtrop. Pflanzenwelt 35.
Troll, W., & F. Weberling (1989): Infloreszenzstudien an monotelen Familien. Stuttgart, New York: G. Fischer.
Troll, W. (1937–43): Vergleichende Morphologie der höheren Pflanzen (1 Band in 3 Teilen erschienen). Nachdruck mit Register (A. Siegert). Königstein/Ts.: Koeltz 1967/1971.
– (1964/69): Die Infloreszenzen, Typologie und Stellung im Aufbau des Vegetationskörpers. Bd. I u. II/1.
– (1968): Bericht der Kommission f. biolog. Forschg. Jb. Akad. Wiss. Lit. Mainz für das Jahr 1967, S. 89–103.
– (1985): Die Nachfahren der Gondwana-Flora. Abh. Akad. Wiss. Lit. Mainz Jg. 1985, Nr. 6.
Weberling, F. (1956 a): Morphologische und entwicklungsgeschichtliche Untersuchungen über die Ausbildung des Unterblattes bei dikotylen Gewächsen. Beitr. Biol. Pflanzen 32, 27–105.
– (1956 b): Untersuchungen über rudimentäre Stipeln bei den Myrtales. Flora 143, 201–218.
– (1958): Die Bedeutung blattmorphologischer Untersuchungen für die Systematik. Bot. Jahrb. Syst. 77, 458–468.
– (1961): Die Infloreszenzen der Valerianaceen und ihre systematische Bedeutung. Abh. Akad. Wiss. Lit. Mainz, math.-nat. Kl. Nr. 5.
– (1967): Nebenblattbildungen als systematisches Merkmal. Naturwiss. Rundschau 20, 518–525.
– (1978): Monographie der Gattung *Nardostachys* DC. Bot. Jahrb. Syst. 99, 188–221.
– (1981/89): Morphologie der Blüten und der Blütenstände. Stuttgart: Ulmer. 1989 in

engl. Übersetzg. (mit Korrekturen u. Zusätzen): Morphology of flowers and inflorescences. Cambridge Univ. Press.
Weberling, F. (1983a): Fundamental features of modern inflorescence morphology. Bothalia 14, 917–922.
– (1983b): Evolutionstendenzen bei Blütenständen. Abh. Akad. Wiss. Lit. Mainz, math.-nat. Kl. Nr. 1.

4.3.2.2 Arealkunde, historische Pflanzen- und Tiergeographie (*Zoologie)

Andrewartha, H. G., & L. C. Birch (1954): The Distribution and Abundance of Animals. Chicago: Univ. Chicago Press. [*].
Bezzel, E., & R. Prinzinger (1990): Ornithologie. UTB – Große Reihe. Stuttgart: Ulmer.
Briggs, J. C. (1974): Marine Zoogeography. New York: Mc Graw-Hill Co. [*].
Darlington, Ph. (1957): Zoogeography, New York. [*].
Franz, H. (1975): Die Bodenfauna der Erde in biozönotischer Betrachtung. Wiesbaden: Steiner Verlag. [*].
Frey, W. (1990): Genoelemente präangiospermen Ursprungs bei Bryophyten. Bot. Jahrb. Syst. 111, 433–456.
Good, R. (1964): The Geography of the Flowering Plants. 3rd ed. London: Longmans.
Haeupler, H., & P. Schönfelder (Hrsg.) (1988): Atlas der Farn- und Blütenpflanzen der Bundesrepublik Deutschland. Stuttgart: Ulmer.
Hayek, A. (1926): Allgemeine Pflanzengeographie. Berlin: Borntraeger.
Hennig, W. (1960): Die Dipteren-Fauna von Neuseeland als systematisches und tiergeographisches Problem. Beitr. Ent. 10, 221–329.
Herzog, Th. (1926): Geographie der Moose. Jena: Fischer.
Hesse, R. (1924): Tiergeographie auf ökologischer Grundlage. Jena: Fischer-Verlag. [*].
Jäger, E. J., & Ch. Müller-Uri (1981–82): Wuchsformen und Lebensgeschichte der Gefäßpflanzen Zentraleuropas. Bibliographie, Teil 1. Quellenverzeichnis, Teil 2. Artenverzeichnis (4 Hefte: A–D, E–M, N–S, T–Z). Terrestrische Ökologie. Sonderheft 1. Halle/S.: Univ. u. Landesbibliothek Sachsen-Anhalt.
Kubitzki, K. (Ed.) (1983): Dispersal and Distribution. An International Symposium. Hamburg, Berlin: Parey.
Lattin, G. de (1959): Postglaziale Disjunktionen und Rassenbildung bei europäischen Lepidopteren. Verh. Deutsch. Zool. Ges. Frankfurt a. M. [*].
– (1967): Grundriß der Zoogeographie. Jena: Fischer. [*].
MacArthur, R. H., & E. O. Wilson (1967): The theory of island biogeography. Princeton, N. J.: Princeton Univ. Press.
MacArthur, R. H., & E. O. Wilson (1971): Biogeographie der Inseln. München: Goldmann.
Mayr, E. (1943): The zoogeographic position of the Hawaiian Islands. The Condor 45, 45–48. Washington D. C.
Meusel, H. (1964): Die Evolution der Pflanzen in pflanzengeographisch-ökologischer Sicht. In: H. Böhme, R. Hagemann, R. Löther (Hrsg.), Beiträge zur Genetik und Abstammungslehre, Berlin.

Meusel, H., E. Jäger, St. Rauschert & E. Weinert (1965–78): Vergleichende Chorologie der zentraleuropäischen Flora. 2 Bde. Jena: Fischer.
Müller, P. (1977): Tiergeographie: Struktur, Funktion, Geschichte und Indikatorbedeutung von Arealen. Stuttgart: Teubner. [*].
– (1980): Biogeographie. UTB 731. Stuttgart: Ulmer.
– (1981): Arealsysteme und Biogeographie. Stuttgart: Ulmer.
Müller-Schneider, P. (1983): Verbreitungsbiologie (Diasporologie) der Blütenpflanzen. Veröff. Geobotan. Inst. Rübel 61. Zürich.
Nichols, D. (Ed.) (1962): Taxonomy and Geography. Syst. Assoc. Publ. 4, 1–158. London. [*].
Nowak, E. (1975): Die Ausbreitung der Tiere. Die neue Brehm-Bücherei. Wittenberg: Ziemsen Verlag. [*].
Pijl, L. van der (1982): Principles of Dispersal in Higher Plants. 3rd Ed. Berlin, Heidelberg, New York: Springer.
Piperno, D. R. (1989): The occurence of phytoliths in the reproductive structures of selected tropical Angiosperms and their significance in tropical paleoecology, paleoethnology and systematics. Rev. Palaebot. Palynol. 61, 147–173.
Ridley, H. N. (1930): The Dispersal of Plants Throughout the World. Botanical Books. Königstein: Koeltz Scientific Books 1990.
Scharfetter, R. (1953): Biographien von Pflanzensippen. Wien: Springer Verlag.
Schwarz, O. (1936): Über die geographisch-morphologische Methode in der systematischen Botanik. – Mitt. Dt. Dendrol. Ges. 48, 1–7.
Schweiger, H. (1969): Gebirgssysteme als Zentren der Artbildung. Dtsch. Ent. Z. N.F. 16, 159–174.
Sernander, R. (1927): Zur Morphologie und Biologie der Diasporen. Nova Acta Regiae Societatis Scientiarum Upsaliensis. Sonderband 1927.
Simpson, G. G. (1965): The Geography of Evolution. Philadelphia: Chilton Co. [*].
Straka, H. (1970): Arealkunde. Floristisch-historische Geobotanik. In: H. Walter, Einführung in die Phytologie. III/2. 2. Aufl. Stuttgart: Ulmer.
Thenius, E. (1972): Grundzüge der Verbreitungsgeschichte der Säugetiere. Jena: Fischer [*].
Ulbrich, E. (1928): Biologie der Früchte und Samen (Karpobiologie). Berlin: Springer.
Verhoeff, K. W. (1917): Zur Kenntnis der Zoogeographie Deutschlands (85.–88. Diplopoden-Aufsatz). Nova Acta. Bd. CIII, Nr. 1 Halle.
Vuilleumer, F. (1975): Zoogeography. In: D. S. Farner, J. R. King & K. C. Parkes, Avian Biology 5, 421–496. New York, San Francisco, London: Academic Press.
Weberling, F. (1968a): Zum Florenaustausch zwischen Nord- und Südamerika. Bot. Jahrb. Syst. 88, 366–381.
– (1968b): Die Madro-Tertiärflora, Befunde, Deutung und Kritik. Ber. oberhess. Ges. Nat. Heilk. Gießen. N. F., naturw. Abt. 36, 31–46.
– (1985): Die Nachfahren der Gondwana-Flora. Abh. Akad. Wiss. Lit. Mainz, math.-naturw. Kl. Nr. 6.
Wettstein, R. v. (1898): Grundzüge der geographisch-morphologischen Methode der Pflanzensystematik. Jena.
Wulff, E. V. (1943): An Introduction to Historical Plant Geography. Waltham, Mass.: Chronica Botanica Co.

4.3.2.3 Ökologische Aspekte (*Zoologie)

Andrewarthaa, H. G. & L. C. Birch (1984): The Zoological Web. Chicago: Univ. Chicago Press. [*].

Begon, M., J. L. Harper & C. R. Townsend (1986): Ecology, Individuals, Populations and Communities. Oxford: Blackwell Scientific Publ. [*].

Diamond, J., & T. J. Case (Eds.) (1986): Community Ecology. New York: Harper & Row. [*].

Dobat, K. (1985): Blüten und Fledermäuse. Frankfurt a. M.: Kramer.

Ellenberg, H., R. Myer & J. Schauermann (1986): Ökosystemforschung. Stuttgart: Ulmer.

Grime, J. P. (1979): Plants, Strategies and Vegetation Processes. Chichester, NY: Wiley & Sons.

Hagemann, I. (1989): Wuchsformen einiger *Hypericum*-Arten, ein Beitrag zum morphologischen und ökologischen Anliegen der Wuchsformen-Forschung. Flora 183, 225–309.

Harborne, J. B. (Ed.) (1978): Biochemical Aspects of Plant and Animal Coevolution. London etc.: Academic Press.

Hess, D. (1983): Die Blüte. Eine Einführung in Struktur und Funktion, Ökologie und Evolution der Blüten, mit Anleitungen zu einfachen Versuchen. Stuttgart: Ulmer.

Jäger, E. J., & Ch. Müller-Uri (1981–82): Wuchsformen und Lebensgeschichte der Gefäßpflanzen Zentraleuropas. Bibliographie, Teil 1. Quellenverzeichnis, Teil 2. Artenverzeichnis (4 Hefte: A–D, E–M, N–S, T–Z). Terrestrische Ökologie. Sonderheft 1. Halle/S.: Univ.- u. Landesbibliothek Sachsen-Anhalt.

Kästner, A. (1978): Beiträge zur Wuchsformanalyse und systematischen Gliederung von *Teucrium* L. I. Die Infloreszenzen und Blüten. Flora 167, 431–467.

– (1979): Beiträge zur Wuchsformanalyse und systematischen Gliederung von *Teucrium* L. II. Anatomie der Sprosse und Blätter. Flora 168, 431–467.

– (1981): Beiträge zur Wuchsformanalyse und systematischen Gliederung von *Teucrium* L. III. Wuchsformen und Verbreitung von Arten der Sektionen *Teucropsis* und *Teucrium*. Flora 171, 466–519.

– (1985): Beiträge zur Wuchsformdifferenzierung und systematischen Gliederung von *Teucrium* L. IV. Wuchsformen und Verbreitung von Arten der Sektion *Isotriodon*. Flora 176, 73–93.

– (1989): Übersicht zur systematischen Gliederung der Gattung *Teucrium* L. Biocosme Mésogéen. Nice 6, 63–77.

Kinzel, H. (1963): Zellsaft-Analysen zum pflanzlichen Calcium- und Säurestoffwechsel und zum Problem der Kalk- und Silikatpflanzen. Protoplasma 57, 522–555.

– (1968): Kalkliebende und kalkmeidende Pflanzen in stoffwechselphysiologischer Sicht. Naturwiss. Rundschau 21, 12–16.

– (1969): Ansätze zu einer vergleichenden Physiologie des Mineralstoffwechsels und ihrer ökologischen Konsequenzen. Ber. deutsch. Bot. Ges. 82, 143–158.

– (1970): Möglichkeiten und Ziele einer vergleichenden Physiologie der Pflanzen. Umschau in Wiss. u. Technik 7, 206–209.

– (1972): Biochemische Pflanzenökologie. Schriften d. Ver. z. Verbr. naturwiss. Kenntn. in Wien 112, 77–98.

– (1982): Pflanzenökologie und Mineralstoffwechsel. Stuttgart: Ulmer.

– (1984): Beitrag zur Charakterisierung eines taxonspezifischen (physiotypischen) Mineralstoffwechsels. Flora 176, 25–36.
Krebs, Ch. J. (1985): Ecology. The Experimental Analysis of Distribution and Abundance. 3rd ed. New York: Harper & Row. [*].
Kubitzki, K. (Ed.) (1983): Dispersal and Distribution. An International Symposium. Hamburg, Berlin: Parey.
Kugler, H. (1970): Blütenökologie. 2. Aufl. Stuttgart: Fischer.
Kuntze, H., J. Niemann, G. Roeschmann & G. Schwerdtfeger (1981): Bodenkunde. 2. Aufl. UTB 1106. Stuttgart: Ulmer.
Larcher, W. (1973): Ökologie der Pflanzen. UTB 232. Stuttgart: Ulmer.
Meusel, H. (1951): Die Bedeutung der Wuchsform für die Entwicklung des natürlichen Systems der Pflanzen. Repert. Spec. Nov. (Hrsg. H. Fedde) 54, 137–172.
Meusel, H., & G. Möhrchen (1985): Ökogeographische und morphologische Studien an zwei kaukasischen *Scrophularia*-Arten. Bot. Jahrb. Syst. 107, 229–250.
Meusel, H., & A. Kästner (1990): Lebensgeschichte der Gold- und Silberdisteln. Monographie der mediterran-mitteleuropäischen Compositen-Gattung Carlina. Bd. I. Denkschr. Österr. Akad. Wiss., mathem.-naturw. Kl. Bd. 127. Wien: Springer.
Müller, H. J. (1991): Ökologie. 2. Aufl. Jena: Fischer.
Müller-Schneider, P. (1977): Verbreitungsbiologie (Diasporologie) der Blütenpflanzen. Veröff. Geobotan. Inst. Rübel 61. Zürich.
Newton, M. E. (1983): Cytology of the Hepaticae and Anthocerotae. In: R. M. Schuster (Ed.), New Manual of Bryology 117–148. Nichinan, Japan: Hattori Botanical Laboratory.
Odum, E. P. (1977): Grundlagen der Ökologie. Stuttgart: Thieme. [*].
Ortlieb, Udda, S. Winkler (1977): Ökologische Differenzierungsmuster in der Evolution der Angiospermen. Bot. Jahrb. Syst. 97 (4), 586–827.
Osche, G. (1983): Optische Signale in der Coevolution bei Pflanze und Tier. Ber. Deutsch. Bot. Ges. 96, 1–27.
Pijl, L. Van der (1982): Principles of Dispersal in Higher Plants. 3rd ed. Berlin, Heidelberg, New York: Springer.
Remmert, H. (1984): Ökologie. Ein Lehrbuch. Berlin: Springer. [*].
Roth, I. (1977): Fruits of Angiosperms. Stuttgart.
Schubert, R. (1991): Lehrbuch der Ökologie. 3 Aufl. Jena: Fischer.
Schwertfeger, R. (1963–75): Ökologie der Tiere. 3 Teile: 1. Autökologie (1963); 2. Demökologie (1968); 3. Synökologie (1975). Hamburg, Berlin: Parey. [*].
Sernander, R. (1927): Zur Morphologie und Biologie der Diasporen. Nova Acta Regiae Societatis Scientiarum Upsaliensis. Sonderband 1927.
Stebbins, G. L. (1970): Adaptive Radiation of Reproductive Characteristics in Angiosperms. I: Pollination Mechanisms. Ann. Rev. Ecol. Syst. 1, 307–326.
Steubing, L., & H. O. Schwantes (1981): Ökologische Botanik. UTB 888. Heidelberg: Quelle & Meyer.
Stott, P. (1981): Historical plant geography. London: George Allen & Unwin.
Stugren, B. (1986): Grundlagen der allgemeinen Ökologie. 4. Aufl. Jena: Fischer.
Tischler, W. (1980): Einführung in die Ökologie. Jena, Stuttgart: Fischer. [*].
Topp, W. (1981): Biologie der Bodenorganismen. Heidelberg: Quelle & Meyer. [*].
Ulbrich, E. (1928): Biologie der Früchte und Samen (Karpobiologie). Berlin: Springer.

Walter, H., & S.-W. Breckle (1986–1991): Ökologie der Erde. Bd. 1: Ökologische Grundlagen in globaler Sicht, 2. Aufl. (1991), Bd. 2: Spezielle Ökologie der Tropischen und Subtropischen Zonen (1991); Bd. 3: Spezielle Ökologie der Gemäßigten und Arktischen Zonen Euro-Nordasiens (1986), Bd. 4: Spezielle Ökologie der Gemäßigten und Arktischen Zonen außerhalb Euro-Nordasiens (1991). Stuttgart: Fischer.

Walter, H. (1970/73): Vegetationszonen und Klima. 2. Aufl. UTB 14. Stuttgart: Ulmer.

– (1973): Allgemeine Geobotanik. UTB 284. Stuttgart: Ulmer.

Weberling, F. (1981): Morphologie der Blüten und der Blütenstände. Stuttgart: Ulmer.

Werth, E. (1956): Bau und Leben der Blumen. Stuttgart: Enke.

Whittacker, R. H. (1975): Communities and Ecosystems. 2nd ed. New York: MacMillan.

Wilson, E., & W. H. Bossert (1973): Einführung in die Populationsbiologie. Berlin, Heidelberg, New York: Springer. [*].

Winkler, S. (1980): Einführung in die Pflanzenökologie. 2. Aufl. UTB 169. Stuttgart: Fischer.

Wyatt, R. (1982): Inflorescence architecture: how flower number, arrangement and phylogeny affect fruit set. Amer. Journ. Bot. 69, 585–594.

4.3.2.4 Paläontologie (*Zoologie)

Andrews, H. M. (1961): Studies in Palaeobotany. New York, London.

Beck, C. B. (Ed.) (1976): Origin and Early Evolution of the Angiosperms. London, New York, Columbia Univ.

Colbert, E. H. (1965): Die Evolution der Wirbeltiere. Eine Geschichte der Wirbeltiere durch die Zeiten. Stuttgart: Fischer. [*].

Florin, R. (1945): Evolution in Cordaites and Conifers. Acta Horti Berg. 15/11.

Gothan, W., & H. Weyland (1964): Lehrbuch der Paläobotanik. 2. Aufl. (H. Weyland). Berlin.

Hirmer, M. (1927): Handbuch der Paläobotanik. München, Berlin.

Huene, F. von (1956): Paläontologie und Phylogenie der niederen Tetapoden. Jena: Fischer. [*].

Kräusel, R., & H. Weyland (1930): Die Flora des deutschen Unterdevons. Abh. d. preuß. geol. L.-Anstalt, N. F. 131.

Kräusel, R. (1950): Versunkene Floren. Eine Einführung in die Paläobotanik. Frankfurt a. M.: Kramer.

Mägdefrau, K. (1968): Paläobiologie der Pflanzen. 4. Aufl. Jena: Fischer.

Remy, W., & R. Remy (1980): *Lyonophyton rhyniensis* nov. gen. et nov. sp., ein Gametophyt aus dem Chert von Rhynie (Unterdevon, Schottland). Argumenta Paleobotanica 6, 37–72.

Römer, A. S. (1966): Vertebrate Paleontology. 3. ed. Chicago: Univ. Press. [*].

Schindewolf, O. H. (1950): Grundfragen der Paläontologie. Stuttgart: Schweizerbart. [*].

Sitte, P., H. Ziegler, F. Ehrendorfer, A. Bresinsky (1991): Lehrbuch der Botanik für Hochschulen. Stuttgart, Jena, New York: G. Fischer.

Starck, D. (1978): Vergleichende Anatomie der Wirbeltiere auf evolutionsbiologischer Grundlage. Bd. 1: Theoretische Grundlagen. Stammesgeschichte und Systematik

unter Berücksichtigung der niederen Chordata. Berlin, Heidelberg, New York: Springer. [*].
Thenius, E., & H. Hofer (1960): Stammesgeschichte der Säugetiere. Berlin, Göttingen, Heidelberg: Springer. [*].
Thenius, E. (1976): Allgemeine Paläontologie. Wien – Eisenstadt: Prugg/Hollinek. [*].
Walton, J. (1940): An Introduction to the Study of Fossil Plants. London: Adam & Charles Black.
Zimmermann, W. (1959): Phylogenie der Pflanzen. 2. Aufl. Stuttgart.

4.3.2.5 Palynologie

Beug, H. J. (1961): Leitfaden der Pollenbestimmung. Lieferung 1. Stuttgart: G. Fischer.
Böhnke-Gütlein, E., & F. Weberling (1981): Palynologische Untersuchungen an Caprifoliaceae. I. Sambuceae, Viburneae und Diervilleae. Akad. Wiss. Lit. Mainz, Tropische u. subtrop. Pflanzenwelt 34, 63 S.
Böhnke-Gütlein, E. (1984): Palynologische Untersuchungen an Caprifoliaceae. Diss. Fak. f. Naturw. u. Math. d. Univ. Ulm.
Campo, M. van (1978): La face interne de l'exine. Rev. Palaeob. Palynol. 26, 301–311.
Erdtman, G. (1952/66): Pollen Morphology and Plant Taxonomy. Angiosperms. 1952, Reprint with an addendum 1966. New York: Hafner.
Erdtmann, G. (1969): Handbook of Palynology. Copenhagen: Munksgaard.
Hesse, M., & F. Ehrendorfer (1990): Morphology, development and systematic relevance of pollen and spores. Wien: Springer.
Hesse, M., P. Burns-Balogh & M. Wolff (1989): Pollen morphology of the "primitive" epidendroid orchids. Grana 28, 261–278.
Leins, P. (1968): Eine einfache Methode zur Herstellung von Schnitten durch acetolysierte Pollenkörner. Grana Palyn. 8, 252–254.
Straka, H. (1958): In G. Hegi, Illustrierte Flora von Mitteleuropa XX. Aufl. Bd. 4/1, 525–526. Bemerkungen zur Pollenkunde dieses Bandes. 1. Erklärung der wichtigsten pollenmorphologischen Fachausdrücke. München: Verlag Hanser.
– (1965): Die Pollenmorphologie der Didiereaceen. Sitzungsber. Heidelberger Akad. Wiss., math.-naturw. Kl., Jg. 1965, 3. Abh.
– (1975): Pollen- und Sporenkunde. Stuttgart: Fischer.
– (1986): Der Pollen. Eine Kompaßnadel für die Systematik? Naturw. Rundschau 39, Jahrgang (10), 432–437.

4.3.2.6 Embryologie (*Zoologie)

Anderson, D. T. (1973): Embryology and Phylogeny in Annelids and Arthropods. Oxford, New York, Toronto, Sydney, Braunschweig: Pergamon Press. [*].
Attawi, F. A. J. (1977): Morphologisch-anatomische Untersuchungen über den Parasitismus, die Entwicklungsweise und die Struktur der Haustorialorgane von Orobanche-Arten sowie über Samenstrukturen bei Orobanchaceae. Diss. Fachbereich „Angewandte Biologie u. Umweltschutz" Univ. Gießen.

Barthlott, W., & G. Voit (1979): Mikromorphologie der Samenschalen und Taxonomie der Cactaceae: ein raster-elektronenmikroskopischer Überblick. Plant Syst. Evol. 132, 205–229.

Barthlott, W., & B. Ziegler (1981): Mikromorphologie der Samenschalen als systematisches Merkmal bei Orchideen. Ber. Deutsch. Bot. Ges. 94, 267–273.

Barthlott, W. (1981): Epidermal and seed surface characters of plants: systematic applicability and some evolutionary aspects. Nordic Journ. of Bot. 1, 345–355.

– (1984): Microstructural Features of Seed Surfaces. In: V. H. Heywood & D. M. Moore, Current Concepts in Plant Taxonomy. London etc.: Academic Press, 95–105.

Barton, L. V. (1967): Bibliography of seeds. New York: Columbia University Press.

Bouman, F., & J. I. M. Calis (1977): Integumentary shifting – a third way to unitegmy. Ber. Deutsch. Bot. Ges. 90, 15–28.

Bouman, F. (1971): The application of tegumentary studies to taxonomic and phylogenetic problems. Ber. Deutsch. Bot. Ges. 84, 169–177.

– (1974): Developmental studies of the ovule, integuments and seed in some angiosperms. Thesis, Univ. of Amsterdam. Los, Narden.

– (1979): Ovule initiatons, ovule development and seed coat structure in angiosperms. In: T. M. Varghese (Ed.), Vistas in Plant Sciences 5, 1–73.

Brouwer, W., & A. Stählin (1975): Handbuch der Samenkunde für Landwirtschaft, Gartenbau und Forstwirtschaft. Frankfurt a. M.

Chowdhury, C. R. (1962): The Embryo of Conifers: A Review. Phytomorphology 12, 312–338.

Corner, E. J. H. (1976): The Seeds of Dicotyledons. 2 Vols. Cambridge: Cambridge Univ. Press.

Davis, G. L. (1966): Systematic Embryology of the Angiosperms. New York: J. Wiley & Sons.

Emden, F. I. van (1957): The taxonomic significance of the character of immature insects. Annual Rev. Entomol. 2, 91–106. [*].

Evans, H. E. (1964): The classification and evolution of digger wasps as suggested by larval characters (Hymenoptera: Sphecoidea). Ent. News 75, 225–237. Philadelphia. [*].

Fiorini, P. (1987): Allgemeine und vergleichende Embryologie der Tiere. Berlin: Springer.

Grau, J. (1980): Die Testa der Mutisieae und ihre systematische Bedeutung. Mitt. Bot. Staatssammlg. München 16, 269–332.

Guignard, J. L. (1974): Embryogénie et classification embryogenique. Bull. Soc. Bot. Fr. 122, 281–294.

Harrison, R. G. (1937): Embryology and its relations. Science 85. [*].

Hartl, D. (1959): Das alveolierte Endosperm der Scrophulariaceen, seine Entstehung, Anatomie und taxonomische Bedeutung. Beitr. Biol. Pflanzen 35, 95–110.

– (1965): Scrophulariaceae. In: G. Hegi, Illustrierte Flora von Mitteleuropa. 2. Aufl. Bd. VI/1 (Hrsg. G. Wagenitz). München: Hanser-Verlag.

Hertel, V. (1991): Beiträge zur Anlegung und Entwicklung von Wurzeln. 10. Symposium Morphologie, Anatomie und Systematik. Göttingen 1991. Zusammenfassung der Vorträge und Poster. Göttingen.

Inger, R. F. (1967): The development of a Phylogeny of frogs. Evolution 21, 369–384. Lawrence, Kans. [*].

Johansen, D. A. (1950): Plant Embryology – Embryology of the Spermatophyta. Chronica Botanica. Waltham.

Johri, B. M. (Ed.) (1984): Embryology of Angiosperms. Berlin, Heidelberg, New York, Tokyo: Springer-Verlag.

Kapil, R. N., J. Bor & F. Bouman (1980): Seed appendages in angiosperms. I. Introduction. Bot. Jahrb. Syst. 101, 555–573.

Korschelt, E., & K. Heider (1903–1910): Lehrbuch der vergleichenden Entwicklungsgeschichte der wirbellosen Tiere. Jena: Gustav Fischer. [*].

Korschelt, E., & K. Heider (1936): Vergleichende Entwicklungsgeschichte der Tiere. 2 Bde. Neubearbeitet von Korschelt. Jena: Fischer-Verlag. [*].

Lévi, C. (1956): Étude des Halisarca de Roscoff, Embryologie et systematique des Dèsmosponges. Arch. Zool. expér. Gener. 93, 1–181. Paris. [*].

Maheshwari, P. (1950): An Introduction to the Embryology of Angiosperms. New York.

Netolitzky, F. (1926): Anatomie der Angiospermen-Samen. In: K. Linsbauer (Hrsg.), Handbuch der Pflanzenanatomie II/2, 10, 1–364.

Orton, G. L. (1957): The bearing of larval evolution on some problems in frog classification. Syst. Zool. 6, 79–86. Lawrence, Kans.

Palser, B. F. (1975/76): Embryology. In: The Bases of Angiosperm Phylogeny. Ann. Missouri Bot. Garden 62, 621–646.

Pflugfelder, O. (1962): Lehrbuch der Entwicklungsgeschichte und Entwicklungsphysiologie der Tiere. Jena. [*].

Philipson, W. R. (1977): Ovular Morphology and the classification of Dicotyledons. Pl. Syst. Evol. 1, 123–140.

Raghavan, V. (1986): Embryogenesis in Angiosperms. Cambridge: Cambridge Univ. Press.

Schnarf, K. (1929): Embryologie der Angiospermen. In: K. Linsbauer (Hrsg.), Handbuch der Pflanzenanatomie. II. Abt., 2. Teil, Bd. X/2.

– (1931): Vergleichende Embryologie der Angiospermen. Berlin: Gebr. Borntraeger.

– (1933): Embryologie der Gymnospermen. In: K. Linsbauer (Hrsg.), Handbuch der Pflanzenanatomie. II. Abt., 2. Teil, Bd. X/2. Berlin: Gebr. Borntraeger.

Schneckenburger, S. (1989): Studien zur Embryogenese und Keimung verschiedener Gymnospermen unter besonderer Berücksichtigung der Suspensorbildung und Keimwurzelgenese. Palmarum Hortus Francofortensis (PHF), Wissenschaftliche Berichte 1. Frankfurt a. M.

Siegert, A. (1989): Zur Phylogenie der Wurzel – ein morphologischer Versuch. Teil 1. Die Radikula. Königstein: Koeltz.

Siewing, R. (1969): Lehrbuch der Vergleichenden Entwicklungsgeschichte der Tiere. Hamburg, Berlin: Parey. [*].

Starck, D. (1975): Embryologie. Ein Lehrbuch auf allgemein biologischer Grundlage. Stuttgart: Thieme. [*].

Weberling, F., & M. Hildenbrand (1982): Zur Tapetumentwicklung bei *Triosteum* L., *Leycesteria* Wall. und *Kolkwitzia* Graebn. (Caprifoliaceae). Beitr. Biol. Pflanzen 57, 481–486.

Weberling, F. (1986): Weitere Untersuchungen zur Tapetumentwicklung der Caprifoliaceae. Beitr. Biol. Pflanzen 61, 3–20.

Yamashita, T. (1991): Ist die Primärwurzel bei Samenpflanzen exogen oder endogen? Beitr. Biol. Pflanzen (im Druck).
Yamazaki, T. (1974): A system of Gamopetalae based on embryology. J. Fac. Sci. Univ. Tokyo Sect. III, Bot. II, 263–281.
Ziegler, H. E. (1902): Lehrbuch der vergleichenden Entwicklungsgeschichte der niederen Wirbeltiere. Jena. [*].

4.3.2.7 Mikromorphologie/Cytologie

Balows, A., H. G. Trüper, M. Dworkin, W. Harder & K.-H. Schleifer (Eds.) (1991): The Prokaryotes. Berlin, Heidelberg: Springer-Verlag.
Barthlott, W. (1990): Scanning Electron Microscopy of the epidermal surface in plants. In: D. Claugher (Ed.), Scanning Electron Microscopy in Taxonomy and Functional Morphology. Oxford: Clarendon Press, p. 69–94.
– (1991): Epicuticulare Wachse der Tracheophyten: Systematische mikromorphologische und ökologische Aspekte. 10. Symposium Morphologie, Anatomie und Systematik. Zusammenfassung der Vorträge und Poster Göttingen, S. 2.
Behnke, D., & W. Barthlott (1983): New evidence from the ultrastructural and micromorphological fields in angiosperm classification. Nordic Journal of Botany, 3, 43–66.
Behnke, D., & R. Dahlgren (1976): The distribution of characters within an angiosperm system. 2. Sieve-element plastids. Bot. Notiser 129, 287–295.
Behnke, D. (1975): Mikromorphologische Merkmale der Siebelement-Plastiden als ein Beitrag der Transmissionselektronenmikroskopie zur Systematik der Samenpflanzen. Ber. Deutsch. Bot. Ges. 88, 361–368.
– (1976a): A Tabulated Survey of Some Characters of Systematic Importance in Centrospermous Families. Plant Syst. Evol. 126, 95–98.
– (1976b): Ultrastructure of Sieve-Element Plastids in Caryophyllales (Centrospermae), Evidence for the Delimitation and Classification of the Order. Plant Syst. Evol. 126, 31–54.
– (1976c): Die Siebelement-Plastiden der Caryophyllaceae, eine weitere spezifische Form der P-Typ Plastiden bei Centrospermen. Bot. Jahrb. Syst. 95, 327–333.
– (1977): Dilatierte ER-Zisternen, ein mikromorphologisches Merkmal der Capparales? Ber. Deutsch. Bot. Ges. 90, 241–251.
– (1991): Distribution and Evolution of Forms and Types of Sieve-Element Plastids in the Dicotyledons. Aliso 13, 167–182.
Raven, P. (1975): The Bases of Angiosperm Phylogeny: Cytology. Ann. Missouri Bot. Gard. 62, 724–764.
Storch, V., & U. Welsch (1973): Einführung in die Cytologie und Histologie der Tiere. Stuttgart, New York: G. Fischer.
Weberling, F., & O. Schwantes (1992): Pflanzensystematik. UTB.
White, M. J. D. (1973): Animal Cytology and Evolution. 3rd Ed. Cambridge Univ. Press.

4.3.2.8 Karyologie (*Zoologie)

Almeida, C. G., T. U. Grafe, M. Guttenbach & M. Schmid (1990): Karyotype and chromosome banding in the reed frog *Hyperolius viridiflorus ommatostictus* (Amphibia, Anura, Hyperoliidae). Experientia 46, 509–511.

Bogart, J. P. (1980): In: W. H. Lewis, Polyploidy, Biological Relevance, p. 341–378: Evolutionary Implications of Polyploidy in Amphibians and Reptiles. New York & London: Plenum Press.

Borgaonkar, D. S. (1949): Les Chromosmes des Chiroptères et des insectivores. R. Suisse Zool. 56, 371–460.

– (1965a): A List of chromosome numbers in the order Insectivora. Journ. of Heredity 56, 266 and 291.

– (1965b): Primate chromosome bibliography. M. C. V. 17, 135–137; 18, 184–185.

– (1966a): Addendum – chromosome numbers in the order Insectivora. Journ. of Heredity 57, 28.

– (1966b): A list of chromosome numbers in Primates. Journ. of Heredity 57, 60–64.

Bridges, C. B. (1922): The origin of variations in sexual and sex-limited characters. Amer. Nat. 56, 51–63.

Cohen, M. M., & C. Gans (1970): The chromosomes of the order Crocodilia. Cytogenetics 9, 81–105.

Crozier, R. H. (1968): An acetic acid dissociation, air-drying technique for insect chromosomes, with acetolactic orcein staining. Stain Technol. 43, 171–173.

Darlington, D. C., (1953): Polyploidy in animals. Nature 171, 191–194.

Darlington, D. C. & L. F. La Cour (1963): Methoden der Chromosomenuntersuchung. Stuttgart (Übersetzung der englischen Ausgabe: The handling of chromosomes, London 1962).

Ehrendorfer, F. (1964): Cytologie, Taxonomie und Evolution bei Samenpflanzen. In: W. B. Turrill (Ed.), Vistas in Bot. 4, 99–186. Pergamon Press.

Fritsch, R. (1982): Index to Plant Chromosome Numbers – Bryophyta. Regnum veg. 108. Utrecht: Bohn, Scheltema und Holkema, Antwerpen: W. Junk; Den Haag, Boston.

Frohne, D., & U. Jensen (1973/85): Systematik des Pflanzenreichs unter besonderer Berücksichtigung chemischer Merkmale und pflanzlicher Drogen. 1. Aufl. 1973, 3. Aufl. 1985. Stuttgart, New York: G. Fischer.

Geitler, L. (1960): Schnellmethoden der Kern- und Chromosomenuntersuchung. 3. Aufl. Wien.

Gerlach, D. (1984): Botanische Mikrotechnik. Eine Einführung. 3. Aufl. Stuttgart: Thieme.

Godward, M. B. E. (Ed.) (1966): The Chromosomes of the Algae. London: E. Arnold.

Göltenboth, F. (Hrsg.) (1978): Chromosomenpraktikum. Stuttgart: G. Thieme.

Gregory, W. C. (1941): Phylogenetic and cytological studies in the Ranunculaceae. Juss Trans. Amer. Philos. Soc. N. S 31 (V), 443–521.

Greilhuber, J., & F. Ehrendorfer (1988): Karyological Approaches to Plant Taxonomy. ISI Atlas of Science: Animal and Plant Sciences Vol. 1.

Greilhuber, J. (1984): Cromosomal Evidence in Botany. In: V. H. Heywood & D. M. Moore (Eds.), Current Concepts in Plant Taxonomy. The Systematics Association, Special Volume 25, 157–180. London etc.: Academic Press.

HSU, T C., & K. Benirschke (1967 ff.): Mammalian chromosomes. Vol. 1 (1967) – Vol. 10 (1977). Heidelberg, New York: Springer.

Imai, H. T. (1966): The chromosome observation techniques of ants and the chromosomes of Formicinae and Myrmicinae. Acta Hymenopterol. 2, 119–131.

International Bureau for Plant Taxonomy and Nomenclature der IAPT (1965–1974): Index to plant chromosome numbers. Regn. Veget. 50 (1965); 55 (1966); 59 (1967); 68 (1968); 84 (1970); 91 (1972); 96 (1973/74). Utrecht, Netherlands.

Jensen, U. (1967 a): Die Verwandtschaftsverhältnisse innerhalb der Ranunculaceae aus serologischer Sicht. Ber. Deutsch. Bot. Ges. 79, 407–412.

– (1967 b): Serologische Beiträge zur Frage der Verwandtschaft zwischen Ranunculaceen und Papaveraceen. Ber. Deutsch. Bot. Ges. 80, 621–624.

Johannsen, W. (1903): Erblichkeit in Populationen und reinen Linien. Jena: Fischer.

Lewis, H. (1967): The taxonomic significance of autoploidy. Taxon 16, 267–271.

– (Ed.) (1980): Polyploidy. Biological Relevance. New York & London: Plenum Press.

Linnert, G. (1977): Cytogenetisches Praktikum. Stuttgart, New York: G. Fischer.

Lokki, J., & A. Saura (1980): In: W. H. Lewis (Ed.), Polyploidy, Biological Relevance, p. 277–312: Polyploidy in Insect Evolution. New York & London: Plenum Press.

Löve, A., D. Löve & R. E. G. Pichi-Sermolli (1977): Cytotaxonomical Atlas of the Pteridophytes. Königstein: Cramer.

MacGregor, H., & J. M. Varley (Eds.) (1988): Working with animal Chromosomes. 2nd ed. John Wiley & Sons. Chichester/New York. [*].

Makino, S. (1951): An Atlas of the Chromosome Numbers in Animals. 2nd ed. Ames, Iowa: Iowa State College Press.

Meredith, R. (1969): A simple method for preparing meiotic chromosomes from mammalian testis. Chromosoma 26, 254–258.

Moorhead, P. S., P. C. Nowell, W. J. Mellman, D. M. Battips & D. A. Hungerford (1960): Chromosome preparations of leukocytes cultured from human peripheral blood. Exp. Cell Res. 20, 613–616.

Morawetz, W. (1986): Remarks on Karyological Differentiation Patterns in Tropical Woody Plants. Pl. Syst. Evol. 152, 49–100.

Nagl, W. (1972): Chromosomen, München: Goldmann.

Newton, M. E. (1983): Cytology of the Hepaticae and Anthocerotae. In: R. M. Schuster (Ed.), New Manual of Bryology. Nichinan, Japan: Hattori Botanical Laboratory, 117–148.

– (1984): The cytogenetics of bryophytes. In: A. F. Dyer & J. G. Duckett (Eds.), The Experimental Biology of Bryophytes. London: Academic Press.

Nultsch, W. (1991): Allgemeine Botanik. 9. Aufl. Stuttgart, New York: Thieme.

Ruthmann, A., & M. Hauser (1979): Praktikum der Cytologie. Stuttgart: B. G. Teubner.

Schmid, M. (1980): Chromosome evolution in Amphibia. In: H. Müller (Ed.), Cytogenetics of vertebrates. Stuttgart, Basel, Boston: Birkhäuser, p. 4–27.

Schultz, R. J. (1980): In: W. H. Lewis (Ed.), Polyploidy, Biological Relevance, p. 313–340: Role of Polyploidy in the Evolution of Fishes. New York & London: Plenum Press.

Schultz-Schaeffer, J. (1980): Cytogenetics. Plants – Animals – Humans. Heidelberg, Berlin, New York: Springer.

Stace, C. A. (1989): Plant Taxonomy and Biosystematics. 2nd ed. London, New York, Melbourne, Auckland: E. Arnold.
Traub, H. P. (1953): Rapid chromosome methods for the taxonomist. Taxon 2, 28–29.
White, M. J. D. (1957): Cytogenetics and Systematic Entomology. Ann. Rev. Entomol. 2, 71–90. Stanford.
– (1973): Animal Cytology and Evolution. 3rd Ed. Cambridge Univ. Press.
– (1978): Modes of Speciation. San Francisco: Freeman.

4.3.2.9 Biochemie, Chemotaxonomie

Bate-Smith, E. C. (1984): Age and distribution of galloylesters (ellagitannins), iridoids and certain other repellents in plants. Phytochemistry 23, 945–950.
Bendz, G., & J. Santesson (1973): Chemistry in Botanical Classification. Nobel Symposia. Medicine and Natural Sciences. New York, London: Academic Press.
Berti, G. & F. Bottari (1968): Constituents of Ferns. In: L. Reinhold & Y. Liwschitz (Eds.), Progress in Phytochemistry. Vol. 1, 589–685. London: Interscience Publ.
Birch, A. J. (1973): Biosynthetic Pathways in Chemical Phylogeny. In: G. Bendz & J. Santesson (Eds.), Chemistry in Botanical Classification. Nobel Symposium 25, 261–270.
Bisby, F. A., J. G. Vaughan & C. A. Wright (1980): Chemosystematics: Principles and Practice. London, New York, Toronto, Sydney, San Francisco: Academic Press.
Boulter, D. (1973): The use of amino acid sequence data in the classification of higher plants. In: G. Bendz & J. Santesson, Chemistry in Botanical Classification. Nobel Symposium 25, 211–216. New York & London: Academic Press.
– (1979): Present status of the use of amino acid sequence data in plant phylogenetic studies. In: H. Matsubara & T. Yamanaka (Eds.), Evolution of Protein Molecules. Tokyo: Japan Scientific Soc. Press.
Briggs, D., & M. Walters (1969): Die Abstammung der Pflanzen, Evolution und Variation bei Blütenpflanzen. München (Übersetzung der engl. Originalausgabe ›Plant variation and evolution‹).
Buxbaum, F. (1948): Zur Klärung der phylogenetischen Stellung der Aizoaceae und Cactaceae im Pflanzenreich. Sukkulentenkunde (Jahrb. Schweiz. Kakt. Ges.) 2, 3–16.
Cooper-Driver, G. A., & C. Haufler (1983): The changing role of chemistry in fern classification. Fern Gaz. 12, 283–294.
Crawford, D. J. (1978): Flavonoid chemistry and angiosperm evolution. Bot. Rev. 44, 431–456.
Cronquist, A. (1973): Chemical Plant Taxonomy: A Generalist's View of a Promising Speciality. In: G. Bendz & J. Santesson (Eds.), Chemistry in Botanical Classification. Nobel Symposium 25, 29–39. New York & London: Academic Press.
– (1976): The Taxonomic Significance of the structure of Plant Proteins: a Classical Taxonomist's View. Brittonia 28, 1–27.
– (1977): On The Taxonomic Significance of Secondary Metabolites in Angiosperms. Plant Syst. Evol. 1, 179–189.
– (1980): Chemistry in Plant Taxonomy: an Assessment of Where We Stand. In: F. A. Bisby, J. G. Vaughan & C. A. Wright (Eds.), Chemosystematics: Principles and Practice. London etc.: Academic Press.

Czaja, A.T. (1978): Structure of starch grains and the classification of vascular plant families. Taxon 27, 463–470.

Ehrlich, P.R., & P.H. Raven (1965): Butterflies and Plants: a Study in Co-Evolution. Evolution (Lancaster, Pa.) 18, 586–608.

Ettl, H. (1980): Grundriß der allgemeinen Algologie. Stuttgart: Fischer Verlag.

Fairbrothers, D.E., T.J.Mabry, R.L. Scogin & B.L. Turner (1975): The Bases of Angiosperm Phylogeny: Chemotaxonomy. Ann. Missouri Bot. Garden 62, 765–800.

Fairbrothers, D.E. (1977): Perspectives in Plant Serotaxonomy. Ann. Missouri Bot. Garden 64, 147–160.

– (1983): Evidence from Nucleic Acid and Protein Chemistry, in Particular Serology, in Angiosperm Classification. Nordic J. Bot. 3, 35–41.

Fischer, N.H., E.J. Oliver & H.D. Fischer (1980): The biogenesis and chemistry of sesquiterpene lactones. Progr. Chem. Org. Nat. Prod. 38, 47–390.

Fraenkel, G.S. (1959): The raison d'être of Secondary Plant Substances. Science, N.Y. 129, 1466–1470.

Frohne, D., & U. Jensen (1973/85): Systematik des Pflanzenreichs unter besonderer Berücksichtigung chemischer Merkmale und pflanzlicher Drogen. 1. Aufl. 1973, 3. Aufl. 1985. Stuttgart, New York: G. Fischer.

Frohne, D. (1962): Das Verhältnis von vergleichender Serobotanik zu vergleichender Phytochemie, dargestellt an serologischen Untersuchungen im Bereich der „Rhoeadales". Planta medica 10, 283–297.

Gibbs, R.D. (1974): Chemotaxonomy of Flowering Plants. Montreal: McGill-Queen's Univ. Press.

Ginassi, D.E (1978a): Systematic aspects of flavonoid biosynthesis and evolution. Bot. Rev. 44, 399–429.

– (1978b): Generic relationships in the Ulmaceae based on flavonoid chemistry. Taxon 27, 331–344.

Gomes, C.M.R., & O.R. Gottlieb (1980): Alkaloid Evolution and Angiosperm Systematics. Biochem. Syst. Ecol. 8, 81–87.

Gornall, R.J., B.A. Bohm & R. Dahlgren (1979): The distribution of flavonoids in the angiosperms. Bot. Notiser 132, 1–30.

Gottlieb, O.R., M.A.C. Kaplan, D.T.H. Zocher & K. Kubitzki (1990): A Chemosystematic Overview of Pteridophytes and Gymnosperms. In: K.U. Kramer & P.S. Green, Pteridophytes and Gymnosperms, 2–10 (K. Kubitzki [Ed.], The Families and Genera of Vascular Plants. Vol. I). Berlin, Heidelberg, New York etc.: Springer-Verlag.

Harborne, J.B., T.J. Mabry & H. Mabry (1975): The Flavonoids. London: Chapman & Hall.

Harborne, J.B., T.J. Mabry (Eds.). (1982): The Flavonoids: Advances in Research. Andover: Chapman & Hall.

Harborne, J.B., & B.L. Turner (1984): Plant Chemosystematics. London: Academic Press.

Harborne, J.B. (Ed.) (1964): Biochemistry of Phenolic Compounds. London & New York: Academic Press.

– (1967): Comparative Biochemistry of the Flavonoids. London & New York: Academic Press.

– (Ed.) (1970): Phytochemical Phylogeny. London & New York: Academic Press.

– (1973): Flavonoids as Systematic Markers in the Angiosperms. In: G. Bendz & J. Santesson (Eds.), Chemistry in Botanical Classification. Nobel Symposium 25, 103–115. New York, London: Academic Press.
– (Ed.) (1978): Biochemical Aspects of Plant and Animal Coevolution. London: Academic Press.
– (1980): New Experimental Approaches to Plant Chemosystematics. In: F. A. Bisby, J. G. Vaughan & C. A. Wright (Eds.), Chemosystematics: Principles and Practice. London, New York, Toronto, Sydney, San Francisco: Academic Press.
– (1984a): Chemical Datas in Practical Taxonomy. In: V. H. Heywood & D. M. Moore (Eds.), Current Concepts in Plant Taxonomy, 237–261. London: Academic Press.
– (1984b): Phytochemical Methods: a Guide to Modern Techniques of Plant Analysis. 2nd ed. London: Chapman & Hall.
Haslam, E. (1982): The metabolism of gallic acid and hexahydroxydiphenic acid in higher plants. Progr. Chem. Org. Nayt. Prod. 41, 1–46.
Hawksworth, D. L. (1976): Lichen chemotaxonomy. In: D. H. Brown, D. L. Hawksworth & R. H. Bailey (Eds.), Lichenology: Progress and Problems. London, New York: Academic Press, 139–184.
Hegnauer, R. (1962–73): Chemotaxonomie der Pflanzen. 7 Bde. Basel, Stuttgart.
Howse, P. E., & W. S. Bradshaw (1980): Chemical Systematics of Social Insects with particular reference to Ants and Termites. In: F. A. Bisby, J. G. Vaughan & C. A. Wright (Eds.) (1980): Chemosystematics: Principles and Practice, 71–90. London, New York, Toronto, Sydney, San Francisco: Academic Press, 71–90.
Howse, P. E. (1975): Chemical defense of ants, termites and other insects: Some outstanding questions. In: Pheromones and Defensive Secretions in Social Insects. Dijon: IUSSI, 23–38.
Jensen, S. R., B. J. Nielsen & R. Dahlgren (1975): Iridoid Compounds, Their Occurrence and Systematic Importance in the Angiosperms. Bot Notiser 128, 148–180.
Jensen, U., & D. E. Fairbrothers (Eds.) (1983): Proteins and Nucleic Acids in Plant Systematics. Heidelberg: Springer.
Jensen, U. (1967a): Die Verwandtschaftsverhältnisse innerhalb der Ranunculaceae aus serologischer Sicht. Ber. Deutsch. Bot. Ges. 79, 407–412.
– (1967b): Serologische Beiträge zur Frage der Verwandtschaft zwischen Ranunculaceen und Papaveraceen. Ber. Deutsch. Bot. Ges. 80, 621–624.
– (1974): The Interpretation of Comparative Serological results. In: G. Bendz & J. Santesson, Chemistry in Botanical Classification. Nobel Symposium 25, 217–227. New York, London: Academic Press.
Kaplan, M. A. C., & O. R. Gottlieb (1982): Iridoids as Systematic Markers in Dicotyledons. Biochem. Syst. Ecol. 10, 329–347.
Karlson, P. (1988): Kurzes Lehrbuch der Biochemie für Mediziner und Naturwissenschaftler. 13. Aufl. Stuttgart, New York: Thieme Verlag.
Knippers, R. (1985): Molekulare Genetik. 4. Aufl. Stuttgart, New York: Thieme Verlag.
Kramer, K. U., & P. S. Green (1990): Pteridophytes and Gymnosperms, 2–10 (K. Kubitzki [Ed.], The Families and Genera of Vascular Plants. Vol. I). Berlin, Heidelberg, New York etc.: Springer-Verlag.
Leone, C. A. (Ed.) (1964): Taxonomic Biochemistry and Serology. New York: Ronald Press.

Mabry, T. J. (1977): The order Centrospermae. Ann. Missouri Bot. Garden 64, 210–220.
Martin, P. G., D. Boulter & D. Penny (1985): Angiosperm phylogeny studied using sequences of five macromolecules. Taxon 34, 393–400.
Merxmüller, H., & P. Leins (1966): Zum Blütenbau der Brassicaceae. Ber. Deutsch. Bot. Ges. 79, 250–252.
Merxmüller, H., & P. Leins (1967): Die Verwandtschaftsbeziehungen der Kreuzblütler und Mohngewächse. Bot. Jahrb. Syst. 86, 1–4, 113–129.
Merxmüller, H. (1967): Chemotaxonomie? Ber. Deutsch. Bot. Ges. 80, 608–620.
Natori, S., A. Yokoyama & K. Aoshima (1973): Distribution of Tetracyclic Triterpenoids of Lanostane Group in Pore Fungi (Basidiomycetes). In: G. Bendz & J. Santesson (Eds.), Chemistry in Botanical Classification. Nobel Symposium 25, 173–179. New York, London: Academic Press.
Phillipson, J. D. (1982): Chemical investigations of herbarium material for alkaloids. Phytochemistry 21, 2441–2456.
Pokorny, M. (1974): D-Methionin metabolic pathways in Bryophyta: a chemotaxonomic evaluation. Phytochemistry 13, 965–972.
Rauh, W., & H. Reznik (1961): Zur Frage der systematischen Stellung der Didiereaceen. Bot. Jahrb. Syst. 81, 94–105.
Reznik, H. (1955): Die Pigmente der Centrospermen als systematisches Element. Z. Bot. 43, 499–530.
Ribereau-Gayon, P. (1972): Plant Phenolics. Edinburgh & London: Oliver & Boyd.
Schraudolf, H. (1965): Zur Verbreitung von Glucobrassicin und Neoglucobrassicin in höheren Pflanzen. Experientia 21, 520.
Schraudolf, H. (1967): Untersuchungen zur Verbreitung von Indolglucosinolaten in höheren Pflanzen: *Moringa oleifera* Lam. Experientia 23, 103.
Schraudolf, H., B. Schmidt & F. Weberling (1971): Das Vorkommen von „Myrosinase" als Hinweis auf die systematische Stellung der Batidaceae. Experientia 27, 1090.
Schütte, H. R. (1976): Monoterpenes. Progr. Bot. 38, 129–147.
Seaman, F. C. (1982): Sesquiterpene lactones as taxonomic characters in the Asteraceae. Bot. Rev. 48. Public Office New York Bot. Gard.
Shellard, E. J. (Ed.) (1968): Quantitative Paper and Thin Layer Chromatography. London, New York: Academic Press.
Smith, P. M. (1976): The Chemotaxonomy of Plants. London: Edward Arnold.
Soeder, R. W. (1985): Fern constituents: including occurence, chemotaxonomy and physiological activity. Bot. Res. 51, 442–536.
Stace, C. A. (1980): Plant Taxonomy and Biosystematics. London: E. Arnold.
Suire, C., & Y. Asakawa (1979): Chemotaxonomy of Bryophytes: a Survey. In: G. C. S. Clarke & J. G. Duckett (Eds.), Bryophyte Systematics. London: Academic Press, 447–477.
Swaint, T. (Ed.) (1963): Chemical Plant Taxonomy. London & New York: Academic Press.
– (1966): Comparative Phytochemistry. London & New York: Academic Press.
– (1980a): Flavonoids as chemotaxonomic markers in plants. In: F.-C. Czygan (Ed.), Pigments in Plants. Stuttgart, New York: Fischer-Verlag.
– (1980b): Role of flavonoids and related compounds in fern systematics. Bull. Torr. Bot. Cl. 107, 116–127.

Swain, T., & G. Cooper-Driver (1973): Biochemical systematics in the Filicopsida. Bot. J. Linn. Soc. Suppl. 67, 111–134.

Weberling, F. (1956a): Morphologische und entwicklungsgeschichtliche Untersuchungen über die Ausbildung des Unterblattes bei dikotylen Gewächsen. Beitr. Biol. Pflanze 32, 27–105.

Wright, C. A. (Ed.) (1974): Biochemical and Immunological Taxonomy of Animals. London & New York: Academic Press.

– (1966): Experimental Taxonomy: a review of some techniques and their applications. Int. Rev. gen. exp. Zool. 2, 1–42.

– (1980): Chemosystematics: Perspective, Problems and Prospects for the Zoologist. In: F. A. Bisby, J. G. Vaughan & C. A. Wright (Eds.): Chemosystematics: Principles and Practice. London, New York, Toronto, Sydney, San Francisco: Academic Press.

Young, D. A., & D. S. Seigler (Eds.) (1981): Phytochemistry and Angiosperm Phylogeny. New York: Praeger.

Zinsmeister, H. D., & R. Mues (1990): Bryophytes. Their Chemistry and Chemical Taxonomy. Proc. Phytochemical Soc. Europe 29, 470 pp. Oxford: Clarendon Press.

4.3.3 Phytographie und Zoographie

Bonnier, G. (1890): Cultures expérimentales dans les Alpes et les Pyrénées. Revue gen. Bot. 2, 513–546.

– (1920): Nouvelles observations sur les cultures expérimentales à diverses altitudes et cultures par semis. Revue gen. Bot. 32, 305–326.

Buttler, K. P. (1969): *Draba Dolomitica* Buttler, eine übersehene Art der Dolomiten und der Brenneralpen (Merkmale – Verbreitung – Verwandtschaft). Mitt. Bot. München VIII, 539–566.

Clausen, J., D. D. Keck & W. M. Hisey (1945): Experimental studies on the nature of species. II. Plant evolution through amphiploidy and autoploidy, with examples from the Madiinae. Carnegie Inst. Washington Publ. 564.

Dallwitz, M. J., & T. A. Paine (1986): Users Guide to the DELTA system. 3. Aufl. Division of Entomology Report No. 13 CSIRO, Australia.

Diels, L. (1921): Methoden der Photographie und Systematik. In: A. Abderhalden, Handbuch der biologischen Arbeitsmethoden. Abt. X/1. Berlin 1921.

Eichler, H. J. (1977): Guidelines for the Preparation of Botanical Taxonomic Papers. Commonwealth Scientific and Industrial Research Organization, Australia (CSIRO). Canberra.

Focke, W. O. (1877): Synopsis Ruborum Germaniae. Bremen: E. Müller.

Herborg, J. (1987): Die Variabilität und Sippenabgrenzung in der Senecio nemorensis-Gruppe (Compositae) im europäischen Teilareal. Dis. Bot. 107.

Jackson, B. D. (1928): A Glossary of Botanic Terms. 4th ed. London, New York (Reprint 1953).

Krach, B., & E. Krach (1989): *Tephroseris integrifolia* subsp. *vindelicorum* – das Augsburger Steppengreiskraut. Ber. Naturw. Vereins f. Schwaben e. V. 93 (1), 2–13.

Krach, B. (1988): *Tephroseris integrifolia* subsp. *vindelicorum* – eine neue Sippe vom Augsburger Lechfeld. Mitt. Bot. Staatssamml. München 27, 73–86.

Küppers, H. (1978): DuMont's Farben-Atlas. Köln: DuMont.

Lawrence, G. H. M. (1955): An Introduction to Plant Taxonomy. New York.

– (1962): Taxonomy of Vascular Plants. 6th Printing. New York.

Leenhouts, P. W. (1966 a): Keys in Biology. A survey and proposal of a new kind. Proceed. Nederl. Akad. der Wetenschapen C, 69, 571–596.

– (1966 b): The compact key. Flora Malesiana Bull. 21, 1428–1431.

– (1967): A conspectus of the Genus *Allophylus* (Sapindaceae). The problem of the complex species. Blumea 15, 301–358.

– (1968): A Guide to the Practice of Herbarium Taxonomy. Regn. Veg. 58. Utrecht.

Lindley, J. (1832): Introduction to Botany. London.

Mayr, E., & P. D. Ashlock (1991): Principles of Systematic Zoology. 2nd Ed. New York etc.: Mc Graw-Hill, Inc.

Mayr, E. (1975): Grundlagen der zoologischen Systematik. Aus dem Englischen übertragen und bearbeitet von O. Kraus. Hamburg: Parey.

Natho, G., & I. Natho (1963): Herbartechnik. 3. Aufl. Wittenberg, Lutherstadt.

Ogden, E. C. (1953): Key to the North American Species of *Potamogeton*. N. Y. State Mus. Circular 31, 3–9.

Pankhurst, R. (1991): Practical taxonomic computing. Cambridge University Press.

Pitt, J. I. (1974): A synoptic key to the genus *Eupenicillium* and to sclerotigenic *Penicillium* species. Journ. Bot. 52, 2231–2236.

Pulle, A. A. (1952): Compendium van de Terminologie Nomenklatuur en Systematiek der Zaadplanten. 3. Aufl. Utrecht.

Rothmaler, W. (1955): Allgemeine Taxonomie und Chorologie der Pflanzen. 2. Aufl. Jena.

Sachs, L. (1984): Angewandte Statistik. 6. Aufl. Berlin, Heidelberg, New York, Tokio: Springer-Verlag.

Schweizer, W. (Hrsg.) (1973): Wahrscheinlichkeitsrechnung und Statistik (bearb. von A. Schmid u. J. Stark). Mathemat. Unterrichtswerk Lambacher-Schweizer. Stuttgart: Klett.

Stace, C. A. (1989): Plant Taxonomy and Biosystematics. 2nd ed. London, New York, Melbourne, Auckland: E. Arnold.

Stearn, W. T. (1973): Botanical Latin. 2nd. ed. Edinburgh.

Stumpp, J., & A. Szeptycki (1989): *Eosentomon rusekianum* sp. n., a new species of Protura (Arthropoda: Insecta) from South Germany. Carolinea 47, 141–146. Karlsruhe.

Tucker, A. O., M. J. Maciarello & S. S. Tucker (1991): A survey of color charts for biological descriptions. Taxon 40, 201–214.

Vogel, E. F. de (1987): Manual of Herbarium Taxonomy. Theory and Practice. UNESCO, Regional Office for Science and Technology for South East Asia. Jakarta.

Weberling, F. (1978): Monographie der Gattung *Nardostachys* DC. Bot. Jahrb. Syst. 99, 188–221.

4.3.4 Nomenklatur (*Zoologie)

Gilmour, J. S. L. (chairman), et al. (Hrsg.) (1969): International code of nomenclature of cultivated plants – 1969. Regn. Veg. 64. Utrecht.

Greuter, W., et al. (Hrsg.) (1989): Internationaler Code der Botanischen Nomenklatur, angenommen durch den XIV. Intern. Botan. Kongreß, Berlin Juli–August 1987, ins Deutsche übertragen von W. Greuter & P. Hiepko. Englera 11. Berlin.

International Code of Zoological Nomenclature. 3rd Ed. adopted by the XX General Assembly of the International Union of Biological Sciences (1985). Erhältlich über die Internat. Commission on Zoological Nomenclature, c/o The Natural History Museum, Cromwell Road, London SW 7 5 BD, Great Britain. [*].

International Code of Nomenclature of Cultivated Plants. Regn. Veget. 64. Utrecht 1969.

Kraus, O. (Hrsg.) (1952): Internationale Regeln für die Zoologische Nomenklatur, beschlossen vom XV. Internationalen Kongreß für Zoologie. Deutscher Text. (Senckenberg. Naturforsch. Gesellsch.) Frankfurt a. M. [*].

– (1964): Nachträge zu: Internationale Regeln für die Zoologische Nomenklatur. Senckenbergia lethaea 45 (5), 441–442. Frankfurt a. M. [*].

– (1976): Zoologische Systematik in Mitteleuropa. Sonderbände des Naturwissenschaftlichen Vereins in Hamburg. Bd. 1.

Mansfeld, R. (1949): Die Technik der wissenschaftlichen Pflanzenbenennung. Einführung in die Internationalen Regeln der botanischen Nomenklatur. Berlin.

McVaugh, R., R. Ross & F. A. Stafleu (1968): An annotated glossary of botanical nomenclature. Regn. Veg. 56. Utrecht.

Zander, R. (1984): Handbuch der Pflanzennamen. 13. Aufl. von F. Encke, G. Buchhelm und S. Seybold. Stuttgart.

Nachtrag

Conert, H. J., Gutmann, W. F., Janssen, R., Mollenhauer, D., Peters, D. S., Storch, G., Struve, W., Türkay, M., u. Ziegler, W. (1990): Grundlagen und Anwendungsbezug von Taxonomie und Systematik. Frankfurt a. M.: Waldemar Kramer.

Sudhaus, W., & K. Rehfeld (1992): Einführung in die Phylogenetik und Systematik. Stuttgart, Jena, New York: Fischer. [*]

GLOSSAR

Acetolyse, 83, Verfahren zur Aufbereitung von Pollen für mikroskopische Untersuchungen, dabei bleibt nur die Pollenwand erhalten, Zellinhalt und ev. vorhandener Pollenkitt werden entfernt (vgl. die einschlägige Literatur).

acidophil, 76, säureliebend.

Agameon, 44, aus nicht sexueller Vermehrung hervorgegangene Population oder Art.

Akademiestreit, 22, Auseinandersetzung an der Académie Française (zwischen Cuvier und St. Hilaire) über die Konstanz der Arten.

Allelfrequenz, 32, Häufigkeit eines Allels eines Genes in einer Population.

allopatrisch, 25, in getrennten Gebieten beheimatet.

Analogie, 57, nicht vergleichend-morphologisch begründete Übereinstimmung.

anatrem, 81, Lage des Keimporus des Pollenkornes am distalen Pol.

Aneuploidie, 102, Vermehrung oder Verminderung des Chromosomensatzes um einzelne Chromosomen durch Fehler bei Meiose oder Mitose.

Anpassungsmerkmale, 17, Autapomorphien, Merkmale, die in Anpassung an veränderte Lebensbedingungen neu entstehen.

Apogameon, 43, eine aus geschlechtlich und ungeschlechtlich sich fortpflanzenden Individuen bestehende Population.

Arten, kryptische, 40, Arten, die zwar einer Artdefinition genügen, aber mit einfachen Methoden nicht differenziert werden können, da sie in morphologischen Merkmalen übereinstimmen und gemeinsam vorkommen, sich aber nicht untereinander sexuell fortpflanzen.

Arten, vikariierend, 39, ähnliche, eng verwandte allopatrische Arten, die sich in benachbarten Arealen gegenseitig ersetzen.

Attribut, 154, Eigenschaft, wird für die Kombination aus Merkmal und Merkmalszustand bei der EDV-gerechten Beschreibung verwendet, gleichbedeutend mit Merkmal im üblichen wiss. Sprachgebrauch.

Außengruppe, Taxon oder Gruppe von Taxa, die als nächstverwandte Gruppe angesehen und in eine Kladistik-Analyse eingesetzt wird. Dabei sollen Übereinstimmungen mit der Außengruppe nach Möglichkeit als Plesiomorphien gewertet werden.

Autapomorphie, 118 ff., neu auftretendes, abgeleitetes Merkmal.

Autonym, 157, Name, der automatisch durch Wiederholung des vorausgehenden Epithetons gebildet wird, z. B. *Paepalanthus planifolius* KOERN. var. *planifolius*.

Baculum, 82, pl. Bacula, radial angeordnete Stäbchen in der äußeren Schicht der Pollenwand.

Basionym, 131, der das Epitheton liefernde Name in einer neuen Kombination; der ursprüngliche Name, auf dem der jetzt verwendete Name basiert. Vgl. S. 135: *Othonna integrifolia*.

Betalaine, 95, stickstoffhaltige rote oder gelbe Farbstoffe z. B. bei *Beta vulgaris* (Rote Beete) oder *Bougainvillea*.

biparental, 109, zweieltrig, der normale, geschlechtliche Vermehrungsmodus, bei dem jedes Individuum zwei Eltern hat, im Gegensatz zu Parthenogenese oder anderen nichtsexuellen Fortpflanzungssystemen.

circumtethysch, 71, rund um die Tethys (ein vom Paläozoicum bis zum Tertiär zwischen Europa und Afrika bis nach Indien sich erstreckendes Meer, dessen Rest das Mittelmeer ist).

clausimarginat, 86, mit geschlossenem Ringwulst um die innere Apertur eines Pollenkornes.

Clusteranalyse, 126, statistisches Verfahren zur Bildung von Ähnlichkeitsgruppen, das auch zur Verwandtschaftsanalyse in der Systematik eingesetzt werden kann.

colporat, 81, Bezeichnung für ein Pollenkorn, bei dem die äußere Apertur colpat (schlitz- bzw. faltenförmig), die innere dagegen porenförmig ist.

Corymbodium, 139, „Ebenstrauß", bei dem nicht einzelne Blüten, sondern komplexe Blütenstände in einer Ebene angeordnet sind und einen „Blütenstand 2. Ordnung" bilden.

crassinucellat, 87, mit vielschichtigem Nucellusgewebe.

Dendrogramm, 116, jede stammbaumartige Darstellung von Beziehungen.

Deszendenztheorie, 21 ff., 78, Abstammungslehre.

Determinante, 107, der die Antigen-Antikörper-Reaktion bestimmende Abschnitt eines Proteins.

Diagnose, 137, in der Systematik eine Zusammenstellung der Merkmale, die ein Taxon von allen anderen bekannten Taxa unterscheidet. Entsprechend der Definition müssen Diagnosen nach Bekanntwerden neuer Taxa zwangsläufig überprüft werden.

Diaspore, Verbreitungseinheit jeglicher Art.

Diasporologie, 69, Lehre von den Diasporen.

Disseminule, 69, älterer Begriff für Diaspore.

Drift, genetische, 33, besonders bei geringen Populationsgrößen können sich zufällige Veränderungen der Allelfrequenzen ergeben, die dem Hardy-Weinberg-Gesetz nicht entsprechen. Diese Abweichungen werden als genetische Zufallsdrift oder gen. Drift bezeichnet.

Dysploidie, 43, 101, schrittweise Veränderung der Chromosomenzahl.

Dysploidion, 43, Artengruppe, deren Glieder in einer dysploiden Reihe angeordnet werden können.

Endospermhaustorium, 90, Teil des Endosperms, das zur Aufnahme von Nährstoffen aus der Samenanlage umgebildet ist.

Endospor, 81, innere Schicht der Sporenwand bzw. Pollenwand.

Epicuticularwachse, 95, auf der Cuticula der Blattoberfläche aufgelagerte, vom Blatt sezernierte wachsartige Stoffe.

evolutionäres Artkonzept, 30, Artkonzept, bei dem die Existenz einer Art mit der Aufspaltung in andere Taxa beendet ist und die Stammesgeschichte ausschließlich durch Tochterarten fortgesetzt wird.

Exine, 81, äußere, durch → Acetolyse leicht isolierbare Wandschicht des Pollenkornes.
Exospor, 81, äußere Wandschicht einer Spore, wenn ein mehrschichtiger Wandaufbau vorliegt.

Flagellentrichom, 135, peitschenförmiges Haar.
Formenkreis, 30, Gruppe von systematisch eng verwandten Taxa, meist unterhalb des Artniveaus.

Gamodem, 6, 31, Fortpflanzungsgemeinschaft, panmiktische Population, innerhalb der keine bestimmten Paarungen bevorzugt sind.
genealogisch, 24, in der stammesgeschichtlichen Generationenfolge.
Genmutation, 32, Mutation eines Genes, führt zu einem anderen Allel.
Genoelement, 71, Gruppe von Sippen mit gleichem Ursprungsgebiet.
Genommutation, 32, Mutation, bei der sich die Zahl der Chromosomen ändert, z.B. Dysploidie, Polyploidie.
Genotypus, 21, Gesamtheit der Erbanlagen.
gondwanisch, 71, aus dem Gondwanagebiet, dem südlichen Urkontinent (aus Afrika, Südamerika, Australien, Indien, Madagaskar und der Antarktis) stammend.
Gründer-Population, 37, Anfangspopulation in einem neuen Lebensraum; da sie meist sehr klein ist, wirkt sich die → genetische Drift hier besonders stark aus, was als Gründer-Effekt oder Founder Effect bezeichnet wird.
Gürtellamelle, 99, in den Plastiden umlaufende Lamelle aus drei Thylakoiden (bei den *Chromophyta*, einer Algengruppe).

Hardy-Weinberg-Gesetz, 32, besagt, daß die Häufigkeit von Allelen sich innerhalb einer Population nicht verändert, wenn die Paarungen zufällig erfolgen und keine Selektion stattfindet.
helobial, 89, besondere Form der Endospermbildung in der Gruppe der *Helobiae*, die teils zellulär und teils nukleär erfolgt.
Heterobathmie, 65, gleichzeitiges Vorkommen von ursprünglichen und abgeleiteten Merkmalen bei einem Taxon.
Heterogameon, 43, eine aus Rassen bestehende Art, die bei Selbstbestäubung morphologisch stabile Populationen ergibt, sich bei Kreuzung aber in verschiedene fertile Typen aufteilt. Voraussetzung hierfür ist eine hochgradige Heterozygotie.
Homogeneon, 43, Population oder Art, die morphologisch und genetisch homogen ist.
homolog, 19, entsprechend; vergleichend-morphologisch gleichwertig.
Homologiekriterien, 19, 51, 57, Kriterien, nach denen in der Praxis vergleichend-morphologische (und damit auch stammesgeschichtliche) Gleichwertigkeit (Homologie) festgestellt werden kann.
Homoplasie, 118, Sammelbegriff für Parallelismus und Konvergenz, entspricht weitgehend dem Begriff Analogie.
HTU, 117, Hypothetical Taxonomic Unit; ein Taxon, das bei der Kladistikanalyse als hypothetischer Vorfahre konstruiert wird.
Hüllzisterne, 99, aus dem endoplasmatischen Reticulum gebildete Plastiden„hülle“.

Innengruppe, 124, die bei einer Kladistikanalyse zu analysierende Gruppe, wird der dabei als verwandt angenommenen und zur Hilfe herangezogenen Außengruppe gegenübergestellt.
Intine, 81, innere Wandschicht des Pollenkornes.
intraluminar, 86, im Lumen befindlich.
isoreagent, 12, gleich reagierend.
Isotypus, 156, eine Dublette des als Holotypus bezeichneten Beleges einer neuen Art.

Karyotyp, 104, Typ des Chromosomenbildes in der Metaphase.
Kladistik, 116, Verfahren zur Erstellung von Dendrogrammen.
Kladogramm, 116, mit Hilfe der Kladistik erstelltes Dendrogramm.
Kleistogameon, 43, sich kleistogam fortpflanzende Art oder Population.
konstitutiv, 17, durch die Abstammung bedingt, im Gegensatz zu adaptativ.
kryptisch, siehe: Arten.

Merkmalsgeographie, vergleichende, 69, Analyse der geographischen Verbreitung bestimmter Merkmale.
Micton, 43, aus der Bastardierung von zwei oder mehr Spezies entstanden.
Milieutheorie, 23, erste Form der Deszendenztheorie, von Lamarck formuliert und besser als Lamarckismus bekannt; geht von der Voraussetzung aus, daß im Verlaufe des Lebens „erworbene" Anpassungen sich vererben können.
multilakunär, 66, mit vielen Lakunen.

Neophyten, 70, Neubesiedler; Pflanzen, die in einem anderen Gebiet evoluiert sind und sich durch Verschleppung oder Ausbreitung ein neues Verbreitungsgebiet erobert haben.

Ontogenie, 62, Lebensgeschichte bzw. Entwicklungsgeschichte des Individuums.
Organisationsmerkmal, 17, → konstitutives Merkmal.
Organogenese, 65, Organentwicklung.
OTU, 117, Operational Taxonomic Unit; diejenigen Einheiten, die in einer Verwandtschaftsanalyse als gegeben vorausgesetzt werden und deren Beziehung zueinander analysiert wird.

Pangea, 71, Nordkontinent des Erdaltertums, aus Europa und Asien sowie Nordamerika und Grönland.
Parageneon, 43, Art oder Population, die in kleinerem Umfang abweichende Genotypen umfaßt.
Phänetik, 18, Verfahren der Verwandtschaftsanalyse, bei dem die Verwandtschaft aus allgemeiner Ähnlichkeit erschlossen wird und keine Unterscheidung in der Bewertung von ursprünglichen oder abgeleiteten Merkmalen gemacht wird; ist in der Regel als Vorstufe zur Kladistik erforderlich.
Phänon, 43, Population aus phänotypisch nicht unterscheidbaren Individuen, evtl. auch genotypisch verschiedenen und nicht kreuzbaren Teilarten.
Phänotypus, Erscheinungsbild oder Ausprägung eines Genotypus.
Phylogenetik, 23, Abstammungslehre.

Phylogenie, 24, Stammesgeschichte.
Plasmonmutation, 32, Mutationen von nicht im Zellkern lokalisiertem genetischem Material.
Polymorphismus, 10, Vielgestaltigkeit.
polytypisch, 29, viele unterscheidbare Typen umfassend.

Radiation, adaptive, 33, Aufspaltung einer Art in mehrere Arten innerhalb eines Areals ohne räumliche Differenzierung.
Rassenkreis, 30, Gruppe von Arten oder infraspezifischen Taxa, die in einer engen genetischen Beziehung stehen und zusammen ein geschlossenes Rekombinationssystem bilden, obwohl die allopatrischen Vertreter nicht mehr miteinander kreuzbar sind.
Reaktionsnorm, 8, normale Reaktion unter Berücksichtigung einer gewissen Variabilität.
reine Linien, 30, Linien, die bei Selbstung nicht aufspalten und daher genetisch so einheitlich sind, daß die Selektion innerhalb dieser Linien wirkungslos bleibt.
Rekombinationssystem, 35, alle Genome einer oder verschiedener Sippen, die bei Kreuzung zu einer Rekombination von genetischem Material beitragen können.

Saisondimorphismus, 10, jahreszeitlich verschiedene morphologische Ausbildung der Individuen einer Art, z. B. Sommer- und Winterformen.
Schwesterarten, Tochterarten, die aus derselben Ausgangsart hervorgegangen sind.
Schwestergruppe, Taxa, die Tochtergruppen (→ -arten s. u. Schwesterarten) der gleichen Stammart sind.
Sexualdimorphismus, 10, verschiedene morphologische Ausbildung der Geschlechter; kann soweit führen, daß die verschiedenen Geschlechter zunächst für eigene Arten gehalten werden.
Speziation, sympatrische, 34, → Radiation, adaptive.
sympatrisch, 25, im gleichen Gebiet vorkommend.

teratologisch, 46, als Mißbildung zu interpretieren.
Typus, nomenklatorischer, das Belegexemplar, das der Beschreibung einer neuen Art zugrunde gelegen hat.
Typus, systematischer, Abstraktion eines idealen Vertreters einer Gruppe.

Variabilität, diskontinuierliche, 6ff., nicht durch lückenlose Übergänge verbundene Kette von Variationen innerhalb eines Taxons.
vikariierend, siehe: Arten.

xerotherm-pangeisch, 71, in den trocken-warmen Bereichen von → Pangea lebend.

REGISTER

Namen

Sachen